프런트엔드 개발을 위한

테스트 입문

フロントエンド開発のためのテスト入門
(Frontend Kaihatsu no tameno Test Nyumon: 7818-9)

© 2023 Takefumi Yoshii

Original Japanese edition published by SHOEISHA Co.,Ltd.
Korean translation rights arranged with SHOEISHA Co.,Ltd.
in care of The English Agency (Japan) Ltd. through Danny Hong Agency
Korean translation copyright © 2024 by J-Pub Co., Ltd.

프런트엔드 개발을 위한 테스트 입문

1판 1쇄 발행 2024년 6월 21일

지은이 요시이 다케후미
옮긴이 원밀리언라인즈코딩(배언수)
펴낸이 장성두
펴낸곳 주식회사 제이펍

출판신고 2009년 11월 10일 제406-2009-000087호
주소 경기도 파주시 회동길 159 3층 / **전화** 070-8201-9010 / **팩스** 02-6280-0405
홈페이지 www.jpub.kr / **투고** submit@jpub.kr / **독자문의** help@jpub.kr / **교재문의** textbook@jpub.kr

소통기획부 김정준, 이상복, 안수정, 박재인, 송영화, 김은미, 배인혜, 권유라, 나준섭
소통지원부 민지환, 이승환, 김정미, 서세원 / **디자인부** 이민숙, 최병찬

진행 및 교정·교열 김은미 / **내지 및 표지 디자인** 이민숙 / **내지 편집** 성은경
용지 타라유통 / **인쇄** 해외정판사 / **제본** 일진제책사

ISBN 979-11-93926-26-0 (93000)
책값은 뒤표지에 있습니다.

제이펍은 여러분의 아이디어와 원고를 기다리고 있습니다. 책으로 펴내고자 하는 아이디어나 원고가 있는 분께
서는 책의 간단한 개요와 차례, 구성과 지은이/옮긴이 약력 등을 메일(submit@jpub.kr)로 보내주세요.

프런트엔드 개발을 위한

테스트 입문

요시이 다케후미 지음
원밀리언라인즈코딩(배언수) 옮김

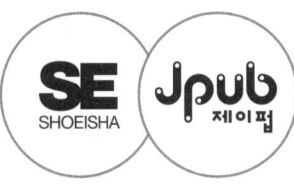

차 례

CHAPTER 1 테스트 목적과 장애물 1

CHAPTER 2 테스트 방법과 테스트 전략 13

CHAPTER 5

UI 컴포넌트 테스트 79

CHAPTER 10   E2E 테스트   239

APPENDIX A

한국어판 부록:
깃허브 액션에서 UI 컴포넌트 테스트 실행하기 281

처음 일본에서 프런트엔드 엔지니어로 참여했던 프로젝트에서 한 시니어 엔지니어에게 들었던 이야기가 있다.

"테스트 코드? 그건 도시 전설이지. 나는 실무에서 한 번도 본 적이 없어. 엑셀에 테스트 케이스 정리하고 스크린숏이나 남기지."

확실히 실무에서는 테스트 코드를 작성하는 팀이 많지 않다. 우리나라는 대부분 문제 발생 여부만 확인한다. 특히 UI 개발을 담당하는 엔지니어일수록 그런 경향이 강하다.

이처럼 테스트 코드를 경험해본 적이 없거나 UI 개발을 할 때는 테스트 코드 작성이 어렵다는 막연한 편견으로 충분한 지식을 쌓기도 전에, <여우와 포도>의 우화처럼 "테스트 코드는 어차피 실제로는 못 쓰는 거야. 괜히 시간 낭비하지 말고 안 배우길 잘했어"라며 포기하는 사람이 많다. 물론 그동안 체계적인 테스트 코드 작성법을 학습할 수 있는 좋은 책이 없었던 것도 사실이기 때문에 이해할 수 있다. 하지만 충분한 지식을 습득한 뒤에 불필요하다는 결론에 다다른 것과 막연한 생각을 근거로 불필요하다는 결론을 내리는 것은 천지 차이다.

이 책은 웹 프런트엔드 환경에 대한 기초 지식만 있다면 이해할 수 있도록 꼼꼼하게 구성되어 있다. 왜 테스트 코드를 작성해야 하는지, 상황별로 어떤 테스트 방법을 사용해야 하며, 구체적으로 어떻게 작성하면 되는지를 풍부한 예제와 함께 풀어낸다. 특히 Next.js로 만든 예제를 포함하고 있기 때문에 최신 흐름을 따라가느라 실무에서 고군분투 중인 분들에게 많은 도움이 될 것이라고 확신한다.

모두에게 테스트 코드가 필요한 것은 아니다. 이미 수십만 줄의 코드가 있고 빌드에만 수십 분이 걸리는 프로젝트라면 현실적으로 도입 시도조차 쉽지 않을 것이다. 그러나 테스트 코드가 완벽하게 버그를 막아주지 못하니까 불필요하다고 쉽게 결론을 내리지 않았으면 한다. 테스트 코드는 비용 절약을 위해 자주 변하지 않는 부분에 한정하여 회귀 테스트를 면제하는 용도로 사용할 수도 있고, 새로 들어온 팀원에게 보여줄 사양서로 활용할 수도 있으며, 리팩터링 시 초보적인 실수를 줄이는 용도로도 사용할 수 있다. 각자의 상황에 맞게 선택할 수 있는 하나의 옵션이라 여기고, 선택 가능한 옵션을 늘린다는 생각으로 접근해볼 것을 권한다.

마지막으로 이 책이 나오기까지 도움을 준 장성두 대표님, 김은미 님, 권유라 님을 포함한 제이펍 관계자와 가족들에게 감사의 말을 전한다.

원밀리언라인즈코딩(배언수)

베타리더 후기

제이펍은 책에 대한 애정과 기술에 대한 열정이 뜨거운 베타리더의 도움으로
출간되는 모든 IT 전문서에 사전 검증을 시행하고 있습니다.

 정태일(삼성SDS)

테스트 코드의 장점을 알지만 다양한 툴에 대한 학습곡선 때문에 작성을 미루는 경우가 있는데,
상황에 맞는 프런트엔드 테스트 툴과 테스트 프레임워크가 무엇인지 빠르게 파악하거나 테스트
코드 작성을 시작해보려는 분들께 추천합니다. 실무에서 활용했던 제스트 등의 툴을 정리하는 느
낌이 좋았습니다.

 정현준

테스트나 테스트 자동화는 개발자들도 선뜻 하겠다고 말하지 못합니다. 좋은 건 알지만 시간이 없
다고 합니다. 저도 팀을 맡을 때마다 비즈니스 업무와 기술 사이에서 어떻게 균형을 잡을지 항상
고민하는데, 이 책을 읽으면서 고민을 덜 수 있겠다는 생각을 했습니다. 실제로 따라해 볼 수 있도
록 구성이 돼 경험이 없더라도 충분히 따라갈 수 있습니다. 하루 빨리 출간된 책을 보며 팀원들과
이야기하고 싶은 마음입니다.

 유정원(아이스캔디)

프런트엔드 개발자를 위한 테스트에 대한 입문서로, 테스트의 중요성과 프로젝트에서의 적용 방법
을 다루고 있습니다. 책의 구성과 설명이 명확하고 직관적이어서 테스트에 대한 이해를 높일 수 있
었고, 실제 예시와 함께 설명되어 있어 이해하기 쉬웠습니다. 특히 실무에서 적용하기 위한 기술에
대한 안내도 상세히 제공되어 실용적이었습니다.

시작하며 _____

현재 프런트엔드 생태계는 수많은 프레임워크가 넘쳐난다. 이렇게 많은 프레임워크가 있는 이유는 프로젝트 특징에 따라 최적의 구현 방법이 다르기 때문이다. 사용자에게 더욱 좋은 서비스 경험을 제공하려면 프런트엔드 생태계와 마주해야 한다. 어떤 상황에서나 정답인 은빛 총알은 없다. 최적의 설루션은 프로젝트를 둘러싼 환경은 물론이고 한 화면의 디자인 때문에 달라지기도 한다.

"스토리북은 필요하지 않아서 유지보수를 포기했다", "E2E 테스트는 비효율적이라 유지보수를 포기했다" 같은 이야기를 듣곤 한다. 이는 해당 테스트 방법들이 비효율적이기 때문만은 아니다. 개발 대상의 특징, 개발팀 구성, 프로젝트 복잡도 등 여러 요인을 종합한 결과, 불필요하다고 판단한 것이다. 각자 처한 상황이 다르기 때문에 이견이 있는 것은 당연하다.

누구나 실패하지 않는 최선의 선택을 내리고 싶어 한다. 하지만 프로젝트에서의 최선의 선택은 시간이 흐르면서 달라진다. 다행히도 프런트엔드 생태계에는 수많은 상황에 대응할 수 있는 다양한 테스트 방법이 있다. 그 덕분에 상황에 맞는 도구를 유연하게 선택해서 구현 코드 및 테스트 코드를 작성할 수 있다. CI 부분에서 테스트를 자동화하는 내용은 부록에 담았다. 사용법이 어렵지 않은 깃허브 액션으로 예제를 구성했기 때문에 CI를 설정한 적이 없어도 쉽게 할 수 있을 것이다. 반드시 도전해보기를 바란다.

마지막으로, 이 책이 나올 수 있게 도움을 준 출판사 및 개발자 여러분께 감사 인사를 드리고 싶다. 그리고 이 책을 마지막까지 읽어준 독자에게도 진심으로 감사하다.

요시이 다케후미

최근 몇 년간 강력한 라이브러리와 프레임워크의 등장으로 프런트엔드 개발에서 많은 변화가 있었다. 싱글 페이지 애플리케이션을 필두로 한 모던 프런트엔드 기술들은 이미 많은 제품에 적용되어 사실상 표준으로 자리잡았다. 그러나 개발 환경의 변화와는 대조적으로 테스트에 대한 관점은 다음과 같이 이전과 큰 차이가 없다.

- 테스트 코드를 작성해본 경험이 없는데 이대로 괜찮은 건지 모르겠다.
- 테스트 코드를 작성하고 있지만 제대로 작성하는 건지 자신이 없다.
- 다른 개발자들은 어떻게 테스트 코드를 작성하는지 궁금하다.

테스트 코드 작성을 어려워하는 개발자가 많다. 게다가 프런트엔드 테스트는 UI 컴포넌트 테스트, 시각적 회귀 테스트,[1] 스토리북, E2E 테스트 등 테스트 방법이 너무 많아서 언제, 어떤 테스트가 필요한지 판단하기 어렵다.

반대로 생각해보자. 선택지가 많다는 것은 상황에 맞는 최적의 방법을 고를 수 있다는 의미이기도 하다. 다양한 테스트 도구들을 하나씩 배워가다 보면 최적의 테스트 도구를 선택할 수 있을 것이다. 최근 가장 주목받는 프레임워크인 Next.js를 통해 최신 개발 환경과 함께 어떤 상황에서 어떤 테스트를 해야 하는지 살펴보겠다.

이 책에서는 상황에 맞는 테스트 방법의 조합 행위를 '테스트 전략'이라고 정의한다. 테스트 전략은 이 책을 관통하는 핵심 주제다. 이 점을 염두에 두고 읽으면 더욱 많은 배움을 얻을 수 있을 것이다.

---

1   특정 시점을 기준으로 전후의 차이를 비교하여 예상하지 못한 버그가 발생하는지 검증하는 테스트를 말한다.

이 책을 통해 자신감 있게 테스트 코드를 작성하는 개발자가 많아지기를 희망한다.

대상 독자

1~4장은 테스트 코드를 처음 작성하는 개발자를 대상으로 했다. 초반이기 때문에 더욱 많은 웹 개발자가 읽을 수 있도록 다음과 같이 대상 독자를 폭넓게 설정했다.

- 프런트엔드 개발 경험이 없는 개발자
- 테스트 코드 작성 경험이 없는 개발자
- 데이터베이스를 포함한 E2E 테스트 작성 경험이 없는 개발자

5장부터는 모던 프런트엔드 기술을 사용한다. 리액트와 Next.js로 개발한 예제를 사용하므로 프런트엔드 개발에 익숙하지 않다면 미리 관련 내용을 학습한 후 읽는 것이 좋다. 만약 책을 읽다가 어렵다고 느껴지면 잠시 책을 덮고 지금까지 읽은 내용을 복습 차원에서 코드로 작성해볼 것을 권한다. 기능 구현뿐만 아니라 테스트도 직접 코드를 작성하면서 배우는 것이 가장 효과적인 학습 방법이다.

개발 환경

이 책의 예제 코드는 다음 환경에서 작성했다.

- macOS 13.1 벤투라
- Node.js v18.13.0

다른 운영체제 사용자를 위해 추가 설명을 한 부분도 있으나 다른 환경에서 실행하면 모든 코드가 동일하게 작동하지 않을 수 있다는 것을 미리 밝힌다.

테스트 목적과 장애물

1.1 이 책의 구성

두 개의 예제를 사용한다.[1] 중반부까지 사용하는 예제에서는 단위 테스트만 실시한다. 테스트 코드를 처음 작성하는 개발자에게 적당한 내용으로 구성했다. 프런트엔드 라이브러리에 익숙하지 않더라도 이해할 수 있도록 했다.

- 원서: https://github.com/frontend-testing-book/unittest
- 번역서: https://github.com/frontend-testing-book-kr/unittest

후반부에서 사용하는 예제는 Next.js 프레임워크를 사용한 애플리케이션이다. 테스트 코드 학습이 목적에 맞게끔 애플리케이션 기능은 너무 복잡하지 않게 만들었다. 실전과 비슷하게 테스트 코드를 작성해 실무에 가까운 경험을 할 수 있다.

- 원서: https://github.com/frontend-testing-book/nextjs
- 번역서: https://github.com/frontend-testing-book-kr/nextjs

---

1 [옮긴이] 번역서의 예제 결과를 그대로 보고 싶다면 번역서 깃허브를 활용하면 된다. 원서에는 책에 나온 내용을 저장소에는 포함시키지 않거나 중간 과정을 생략하기도 했는데, 번역서에서는 이를 보완하면서 주석을 추가했다.

1.1.1 다양한 테스트 방법

이 책은 웹 프런트엔드에서 사용하는 다양한 테스트 방법을 다룬다. 자바스크립트JavaScript(타입스크립트)로 테스트 코드를 작성하는 방법뿐만 아니라 언제, 어떤 테스트를 실시해야 하는지 알아본다.

1 함수 단위 테스트

브라우저에서 작동하는 싱글 페이지 애플리케이션도, Node.js에서 작동하는 **BFF**backend for frontend도 여러 함수의 조합으로 만들어진 것이다. 테스트 코드를 작성하면서 신뢰할 수 있는 함수[2]를 하나씩 만들다 보면 코드에서 발생할 수 있는 문제를 빠르게 발견할 수 있다. 테스트 코드 작성법을 배우기 위해 함수마다 단위 테스트를 작성하며, 테스트 자동화 방법까지 배워본다.

2 UI 컴포넌트와 단위 테스트

UI 컴포넌트는 모던 프런트엔드 개발의 핵심 요소다. 함수로 만든 UI 컴포넌트일수록 단위 테스트가 쉽다. 최근에는 웹 접근성 품질까지 단위 테스트로 검증할 수 있는 환경이 갖춰졌다. 가상의 폼을 대상으로 코드를 작성하며 UI 컴포넌트를 테스트하는 방법을 살펴본다.

3 UI 컴포넌트와 통합 테스트

UI 컴포넌트는 데이터를 화면에 그리는 일 외에도 많은 일을 한다. 입력이 발생하면 비동기 처리를 하고, 비동기 응답이 오면 화면을 갱신한다. 통합 테스트는 이와 같은 외부 요인을 포함한 테스트다. 목 서버를 통합 테스트에서 활용하는 방법도 알아보겠다.

4 UI 컴포넌트와 시각적 회귀 테스트

CSS가 적용된 출력 결과를 검증하려면 시각적 회귀 테스트가 필요하다. 시각적 회귀 테스트는 UI 컴포넌트 단위로 실행할 때 더욱 세밀한 검증이 가능하다.

5 E2E 테스트

헤드리스 브라우저headless browser[3]로 E2E 테스트를 하면 실제 애플리케이션에 가까운 테스트가 가능하다. E2E 테스트는 브라우저 고유의 API를 사용하거나 화면 간 테스트가 필요할 때 적합하다.

---

2   옮긴이 테스트 코드에 의해 검증된 함수라는 의미다.
3   그래픽 사용자 인터페이스(graphical user interface, GUI)가 없는 브라우저를 의미한다.

실제 애플리케이션은 데이터베이스 서버에 접속하거나 외부 스토리지 서버에 접속한다. E2E 테스트는 실제 애플리케이션에 가깝게 상황을 재현해 더욱 광범위한 테스트를 실시한다.

1.1.2 라이브러리와 도구

예제 코드에는 다양한 라이브러리가 등장한다. 테스트 코드 중 일부는 특정 라이브러리를 알아야 이해할 수 있다. 하지만 배워야 할 요점은 동일하다. 테스팅 라이브러리로 작성한 테스트 코드는 UI 컴포넌트 라이브러리가 변경되어도 대부분 그대로 사용할 수 있다.

❶ 타입스크립트

타입스크립트가 대세로 자리 잡으면서 자바스크립트의 단점 때문에 발생하던 품질 문제가 해결되고 있다. 품질 향상을 위해 이 책의 예제 코드도 타입스크립트로 작성했다.

❷ 프런트엔드 라이브러리 및 프레임워크

예제에서 사용하는 라이브러리와 프레임워크는 다음과 같다.

- 리액트React: UI 컴포넌트 라이브러리
- Zod: 유효성 검사validation 라이브러리
- React Hook Form: 리액트에서 폼form을 쉽게 다루게 해주는 라이브러리
- Next.js: 리액트를 기반으로 만든 웹 애플리케이션 프레임워크
- 프리즈마Prisma: 데이터베이스에 접속하는 객체 관계 매핑 라이브러리

리액트는 자바스크립트의 확장 문법인 JSXJavaScript XML로 UI 컴포넌트를 만드는 라이브러리이며, Next.js는 프런트엔드뿐만 아니라 BFF 서버로도 사용하는 프레임워크다. 각 라이브러리와 프레임워크 기능은 예제를 이해하는 데 필요한 정도만 설명하겠다. 더 구체적인 사용법을 알고 싶다면 공식 문서를 참고하자.

❸ 테스트 프레임워크 및 도구

예제에서 사용하는 테스트 도구는 다음과 같다.

- 제스트Jest: 명령줄 인터페이스 기반 테스트 프레임워크testing framework 및 테스트 러너(테스트 실행기)

- 플레이라이트: 헤드리스 브라우저를 포함한 테스트 프레임워크 및 테스트 러너
- reg-suit: 시각적 회귀 테스트 프레임워크
- 스토리북: UI 컴포넌트 탐색기

테스트 프레임워크 및 테스트 러너는 제스트[4]와 플레이라이트를, 시각적 회귀 테스트에는 reg-suit를, UI 컴포넌트 탐색기는 스토리북을 사용한다. 앞서 언급했듯이 각 라이브러리의 자세한 사용법은 다루지 않고, 테스트 코드를 작성하면서 어떻게 좋은 테스트를 작성할 수 있는지 중점적으로 살펴보겠다.

1.2 테스트를 작성해야 하는 이유

실무에서 테스트를 작성하지 않아 불안한 마음에 이 책을 읽기 시작했을 수도 있다. 혹은 업계에서 유명한 개발자들이 테스트 작성이 필요하다고 하는 것을 들었거나 버그가 줄어든다고 들었을 수도 있다. 하지만 테스트가 왜 필요한지 깨닫는 데는 많은 시간이 필요하다. 테스트 작성이 왜 필요한지 살펴보자.

1.2.1 사업의 신뢰성

버그가 포함된 채로 배포된 서비스는 불편함을 주는 것에서 끝나지 않는다. 버그는 서비스 이미지를 추락시킨다. 한 번 추락한 이미지를 회복하려면 많은 시간과 비용이 필요하다. 이때 테스트 코드가 예상하지 못한 버그를 조기에 발견해 서비스 이미지를 지켜주는 역할을 한다(그림 1-1).

모던 프런트엔드 개발에서는 BFF 개발에 프런트엔드 개발자가 참여하는 일이 많아졌다. BFF는 **인증**authentication, **인가**authorization와 같이 버그가 있을 경우 치명적인 보안 기능을 주로 담당한다. 테스트 코드를 작성하는 습관을 들이면 BFF 같은 핵심 기능에 발생할 수 있는 버그를 사전에 발견할 수 있다.

---

4 옮긴이 https://jestjs.io/

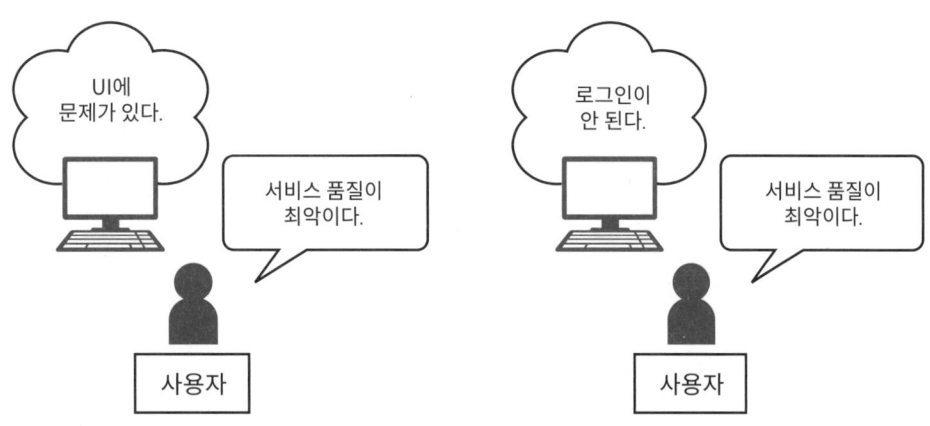

그림 1-1 UI나 시스템의 버그는 서비스의 이미지와 직결된다.

1.2.2 높은 유지보수성

개발을 진행하다 보면 같은 코드를 여러 곳에서 반복적으로 작성해야 하는 상황이 자주 있다. 이때 공통으로 사용할 수 있는 모듈을 만드는 **리팩터링**refactoring이 필요하다. 하지만 테스트 코드가 없으면 이미 구현이 끝난 기능에 문제가 생길지도 모른다는 불안감에 자신 있게 리팩터링을 시작하는 것이 어렵다. 만약 작성한 테스트 코드가 있다면 기존 기능에 문제가 생겼는지 반복적으로 확인할 수 있어 적극적으로 리팩터링을 진행할 수 있다는 안정감을 느끼게 해준다.

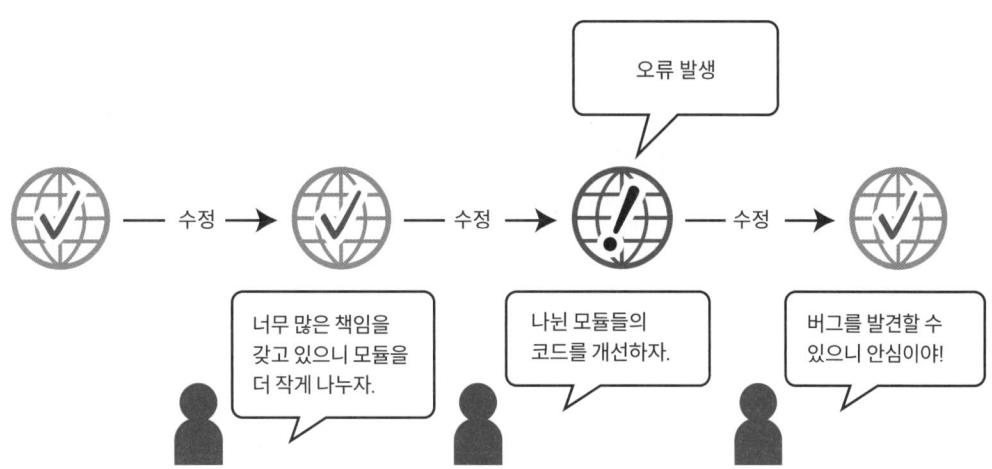

그림 1-2 테스트는 지속적인 리팩터링을 돕는다.

코드 수정은 새로운 기능을 개발할 때만 필요한 것이 아니다. 모던 프런트엔드 개발은 수많은 라이브러리에 의존할 수밖에 없기 때문에 라이브러리를 업데이트할 때도 코드를 수정해야 한다. 물론 **디펜다봇**Dependabot을 사용하면 의존하는 라이브러리가 업데이트됐을 때 발생할 수 있는 취약성을 자동으로 검사해 **풀 리퀘스트**pull request를 만들어준다. 하지만 디펜다봇이 모든 취약성을 걸러낼 것이라고 생각해서는 안 된다. 작성해놓은 테스트 코드가 있다면 '마이너 업데이트는 테스트를 통과하면 병합merge할 수 있다' 같은 원칙을 세워야 한다.

1.2.3 코드 품질 향상

테스트 코드는 구현 코드의 품질을 되돌아보도록 한다. 어떤 구현 코드의 테스트 작성이 어렵다면 해당 코드가 너무 많은 역할을 한다는 신호일 수 있다. 이 경우 일부 책임을 더 작은 부분으로 나눌 수 있는지 재검토해 더 좋은 코드를 작성할 수 있다.

예를 들어 렌더링 분기 처리, 유효성 검사, 비동기 처리, 갱신 처리 등 많은 책임을 가진 UI 컴포넌트가 있다고 가정해보자. 해당 컴포넌트를 테스트하려면 어디서부터 어떻게 테스트를 작성해야 할까? 한 컴포넌트가 하나의 책임만 가지도록 여러 개의 컴포넌트로 분리하면 구현 코드의 책임을 파악하기 쉬운 것은 물론 테스트 작성도 쉬워진다.

테스트 코드는 웹 접근성을 높이는 데에도 기여한다(그림 1-3). **웹 접근성**web accessibility이란 신체적, 정신적 특성에 따른 차이 없이 동등하게 정보에 접근할 수 있어야 한다는 개념이다. UI 컴포넌트는 테스트 시 웹 접근성에서 유래한 API로 테스트 대상을 선택할 때가 많다. 따라서 웹 접근성을 지키지 않으면 원하는 테스트 대상을 편하게 얻지 못하게 된다. 테스트 코드를 작성하면 자연스럽게 스크린 리더 등의 보조 기기를 사용하는 사용자에게도 콘텐츠가 인식될 수 있는지 알 수 있다.

그리고 구현 코드와 테스트 코드를 같이 작성하면 그 과정에서 지속적으로 구현 코드를 반추하게 되므로 자연스럽게 코드 품질이 향상된다.

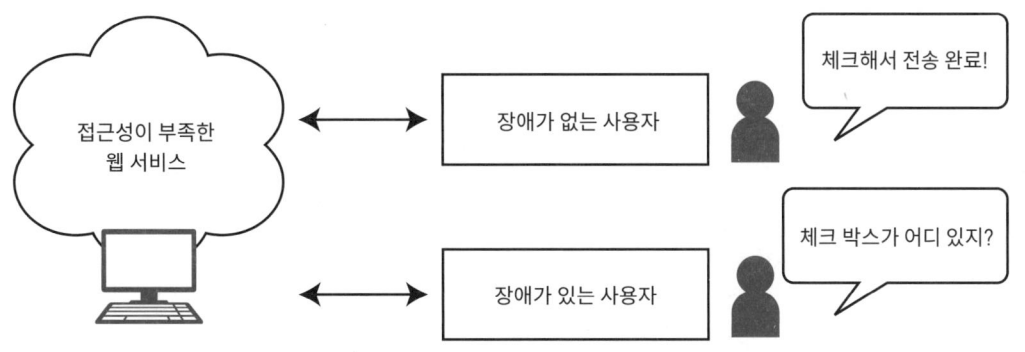

그림 1-3 웹 접근성을 좌우하는 UI 컴포넌트의 품질

원활한 협업

팀 단위 개발에서는 다른 개발자에 대한 배려가 필요하다. 팀이 코드 리뷰 규칙을 가지고 있어도 리뷰어가 놓친 부분이나 착각한 부분이 있을 수 있다. 코드가 제대로 작동하는지 확인하려면 상당한 시간을 리뷰에 할애해야 하고, 새로운 프로젝트에 참가하게 되면 프로젝트 코드나 문서를 읽어야 한다. 개발 서버를 돌려서 작동을 확인하거나 프로젝트 전반을 파악하는 데 많은 시간이 걸린다. 이처럼 협업은 어렵고 많은 시간이 필요하다. 즉 원활한 협업을 위한 세심한 배려와 커뮤니케이션이 팀 전체의 개발 속도를 결정한다. 이때 개발자는 코드 외의 사양서를 남기기도 한다.

테스트 코드는 글로 작성된 문서보다 우수한 사양서다(그림 1-4). 각 테스트에는 제목이 있어 테스트할 구현 코드가 어떤 기능을 제공하고, 어떤 방식으로 작동하는지 파악할 수 있다. 테스트를 통과했다면 사양서대로 코드가 구현되어 있다고 예상 가능하다. 단, 제목과 테스트 내용에 차이가 있는 경우도 있으니 주의하자.

기술적인 오류뿐만 아니라 사양서대로 구현됐는지 테스트 코드로 확인할 수도 있다. 사양서와 테스트 코드를 비교하며 코드를 확인하면 리뷰어의 부담은 줄어든다. 여기에 CI(지속적 통합)continuous integration를 통과한 후 리뷰를 요청하는 규칙이 있다면 리뷰와 수정을 거듭하는 시간도 줄일 수 있다. 이처럼 테스트 코드는 제품의 사양을 파악하는 수단으로서 개발자 간 협업이 원활해지도록 도와준다.

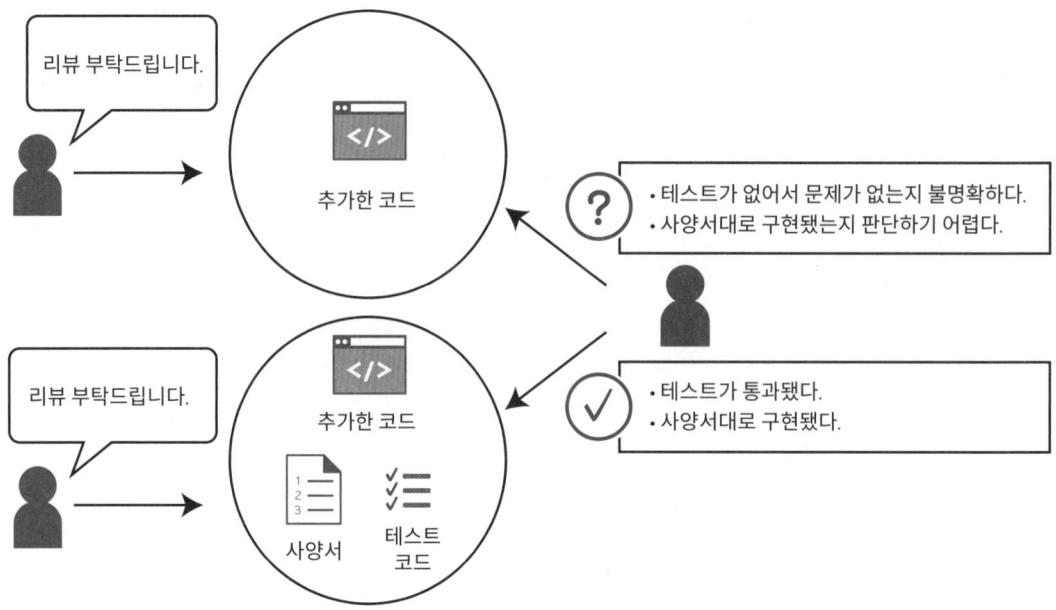

그림 1-4 **리뷰에서 추가한 코드 및 사양서, 테스트 코드를 확인한다.**

1.2.5 회귀 테스트 줄이기

리팩터링할 때 회귀 테스트를 줄이고자 테스트 코드를 작성하기도 한다. 테스트 자동화는 회귀 테스트를 줄이는 최적의 방법이다.

모듈을 더 작게 나누면 한 모듈이 가진 책임은 줄어들고 테스트도 쉬워진다. 하지만 모듈이 많아지면 나눠진 모듈을 다시 조합하는 과정에서 모듈 간 의존관계가 생기고, 의존 중인 모듈이 변경됐을 때 미치는 영향을 검증하고자 자주 회귀 테스트를 해야 한다. 모던 프런트엔드 개발에서도 자주 발생하는 문제다(그림 1-5).

모듈(UI 컴포넌트)의 조합으로 만들어진 기능의 테스트는 7장에서 통합 테스트를 설명하며 자세히 알아보겠다. UI 컴포넌트는 기능과 함께 시각적 결과물(스타일)도 제공한다. 단위 테스트가 있어도 시각적 결과물에는 회귀 테스트가 필요하다. 시각적 결과물 테스트는 9장에서 알아보겠다.

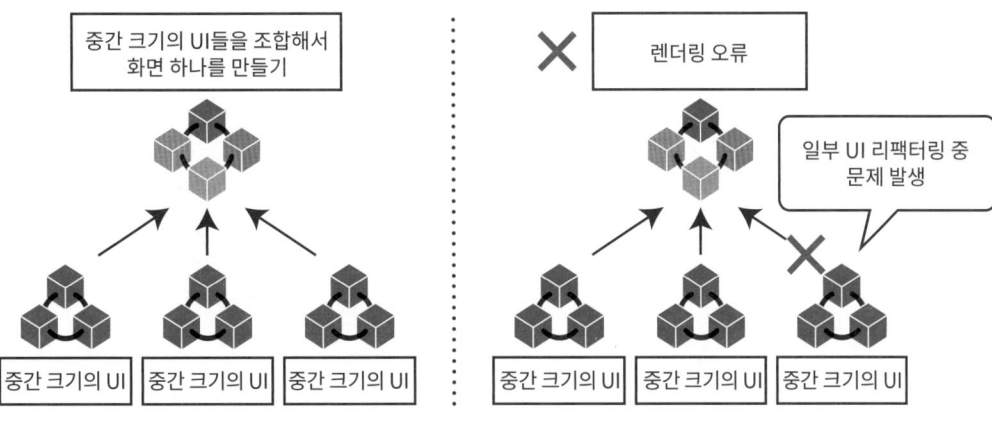

그림 1-5 **일부 UI 리팩터링 중 발생한 렌더링 오류**

1.3 테스트 작성의 장벽

테스트를 작성해야 한다는 필요성에는 공감하지만 다음과 같은 장벽 때문에 좀처럼 실천으로 이어지지 않을 수도 있다.

- 테스트를 작성하는 습관이 없어서 어떻게 시작해야 할지 모르겠다.
- 테스트를 작성할 시간에 기능을 추가하고 싶다.
- 팀원들의 기술력이 부족해 유지할 자신이 없다.

그렇다면 이런 장벽들을 넘어 팀에 테스트 코드를 작성하는 문화를 정착시키려면 어떻게 해야 할까?

1.3.1 어려운 테스트 방법

프런트엔드 개발에서는 프로젝트에 새로운 라이브러리를 도입하는 일이 자주 있다. 하지만 라이브러리를 처음 사용할 때는 공식 문서를 보며 따라 해도 생각한 대로 구현하기란 좀처럼 쉽지 않다.

프로젝트에 기능을 추가했던 경험을 떠올려보자. 이전 커밋들을 참고하면서 코딩 컨벤션coding convention에 맞춰 코드를 작성했을 것이다. 이렇게 실제로 작성된 코드를 참고하는 것이 공식 문서를 열심히 보는 것보다 높은 학습 효과를 보인다. 테스트 코드도 마찬가지다. 참고할 수 있는 테스트 코드가 많을수록 효과적으로 학습할 수 있다.

만약 프로젝트에 참고할 테스트 코드가 없다면 이 책의 샘플 코드를 참고하면 된다. 작성된 코드를 따라 하거나 복사/붙여넣기라도 반복하다 보면 테스트 작성에 익숙해진다. 실무에 가까운 테스트 예제를 많이 수록했으니 연습하다 보면 어느새 테스트의 장인이 되어 있을 것이다.

다양한 테스트 방법을 수록했지만 모든 테스트를 해보는 것은 어렵다. 우선 핵심적인 내용은 책으로 배우되 실제로 어떤 방법을 얼마나 적용할지는 실무자가 직접 결정해야 한다.

1.3.2 테스트 작성 시간의 부족

테스트 코드가 필요하다는 점은 알지만 작성할 시간이 없을 수도 있다. 실제로 테스트 코드까지 커밋하게 되면 단기적으로 개발 속도가 느려질 가능성이 있다. 충분한 시간을 확보하려면 모두가 신속히 테스트 코드를 작성할 수 있는 능력을 길러야 하나 모든 팀원이 금방 능숙해지기는 어렵다.

구현 코드와 테스트 코드를 같이 커밋하려면 작업량이 많아진 만큼 그에 맞는 충분한 시간이 필요하다. 시간을 확보하려면 테스트 작성을 업무 계획에 포함시켜야 하는데, 먼저 테스트 코드가 반드시 필요하다고 모두 동의해야 한다.

라이브러리나 프레임워크 변화가 빠르기 때문에 프런트엔드 코드는 수명이 짧다는 인식이 있다. 많은 공을 들여 코드를 작성해도 일정 시간이 지나면 갈아엎는 경우가 많은 것은 사실이다. 갈아엎는 일이 많기 때문에 테스트 코드를 작성할 필요가 없다는 의견도 있다. 이에 대한 답변으로는 필자의 프로젝트 경험으로 대신하겠다.

필자는 릴리스 후 반년밖에 지나지 않은 프로젝트 UI를 갈아엎었던 적이 있다. 빠른 개발 속도와 함께 기업 브랜딩에 어울리는 UI로 재구축해야 했다. 릴리스한 지 얼마 지나지 않았기 때문에 당분간 큰 변경은 없을 것이라 생각했지만, 예상은 크게 빗나갔다.

당황스러웠지만 습관적으로 작성해둔 테스트 코드가 기능에 문제점이 생길 때마다 알려줬고, 덕분에 걱정했던 것보다 큰 문제없이 빠른 속도로 프로젝트를 재구축할 수 있었다.

1.3.3 테스트를 작성하면 시간이 절약되는 이유

단기적인 관점에서 보면 테스트 작성은 많은 시간을 소모하지만 장기적인 관점에서 보면 오히려 시간이 절약된다. 한 개발자가 작성한 코드에 버그가 발견된 상황을 가정하고 비교해보자. 기능 구현에는 열여섯 시간이, 테스트 자동화에는 네 시간이 걸린다고 가정하겠다.

테스트 자동화를 한 경우 네 시간 이내에 버그를 발견하여 해결할 가능성이 높다. 걸린 시간은 총 스무 시간이다. 테스트 자동화를 하지 않은 경우 걸린 시간은 총 열여섯 시간이다. 단순히 걸린 시간만 보면 테스트 자동화를 하지 않은 쪽이 빠르다.

그러나 QA팀의 수동 테스트 과정에서 버그가 발견됐다면 어떻게 될까? 버그에 대한 티켓[5]을 만들고 개발자에게 수정을 부탁하고 버그가 제대로 해결됐는지 수동으로 재검토하는 반복 작업을 해야 한다. 반복 작업은 적어도 네 시간이 걸린다. 즉 테스트를 작성하지 않아도 버그가 발견되면 개발에 걸리는 시간은 스무 시간이 넘는다.

결국 테스트 코드를 작성한 개발자와 작성하지 않은 개발자 간 걸리는 시간은 비슷하지만, 자동화된 테스트 코드의 유무라는 큰 차이가 생긴다. 게다가 장기적으로는 자동화된 테스트 코드가 반복 작업에 걸리는 시간을 줄여준다(그림 1-6).

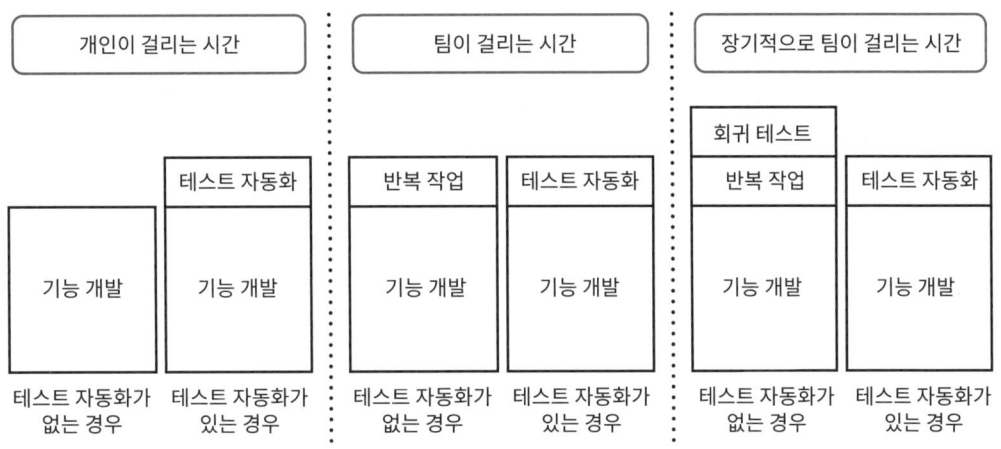

그림 1-6 **테스트 자동화는 장기적으로 시간을 절약해준다.**

물론 예시는 버그가 발생한다는 전제로 대략적인 시간을 계산했다. 하지만 장기적인 시계열을 놓고 보면 시간이 절약된다는 점을 알 수 있을 것이다. 제한된 시간을 최대한 절약하는 것이 팀에 중요한 만큼 장기적으로 봤을 때 시간을 절약해주는 테스트 코드는 팀에 큰 도움이 된다.

---

5   옮긴이 지라(Jira) 등의 협업 도구에서 버그나 의견 제시 등 논의가 필요한 하나의 작업 단위를 말한다.

1.3.4 팀원들을 설득하는 방법

지금까지 아무도 테스트를 작성하지 않았기 때문에 테스트 코드를 작성하지 않는 팀도 많다. 릴리스된 후에는 방침을 바꾸는 것이 매우 어렵다. 그렇기 때문에 아무도 작성한 적이 없어 작성하지 않는다는 암묵적인 규칙이 생긴 것이다.

'다음부터 테스트를 작성하자'는 접근법은 성공하기 어렵다. 이해관계자들을 설득하는 것이 어려운 것은 물론 프로젝트 관리 방법에도 큰 변화가 생긴다. 생각보다 훨씬 힘든 일이기에 필자는 '다음부터 테스트를 작성하자'고 결정했다가 후회한 적이 있다. 게다가 시간의 흐름에 따라 테스트할 구현 코드가 늘어날수록 테스트 작성 문화를 정착시키기는 것은 더 어려웠다.

팀에 테스트 코드를 작성하는 문화를 정착시킬 수 있는지 없는지는 초기 단계에서 결정된다. 구현 코드가 적을 때는 어떻게 테스트를 작성할지 방침을 세우기 쉽다. 방침에 따라 작성한 테스트 코드가 커밋되기 시작하면 테스트에 익숙하지 않은 멤버들도 커밋된 테스트 코드를 참고하면서 테스트를 작성할 수 있다.

팀 전원이 테스트를 작성하도록 설득하려면 참고할 수 있는 테스트 코드가 있어야 한다. 아직 마땅한 자료를 찾지 못했다면 이 책을 참고할 수 있는 교재로 사용해보자.

CHAPTER 2

테스트 방법과 테스트 전략

2.1 테스트 범위와 목적

테스트 작성법부터 배우면 상황에 맞는 테스트를 작성하는 것이 어렵다. 이런 혼란을 피하려면 먼저 프런트엔드 테스트의 범위와 목적을 이해해야 한다. 범위와 목적을 이해해야 테스트 자동화의 장점까지 누릴 수 있다.

이번 장은 책을 다 읽은 후 내용을 정리하는 차원에서 다시 읽는 것을 권한다. 테스트 작성법을 익히고 다시 읽으면 프런트엔드 테스트의 전체적인 흐름을 더 잘 이해할 수 있을 것이다.

2.1.1 테스트 범위

웹 애플리케이션은 여러 모듈을 조합해 만든다. 한 가지 기능을 구현할 때도 다음과 같이 많은 모듈을 활용한다.

❶ 라이브러리가 제공하는 함수

❷ 로직을 담당하는 함수

❸ UI 관련 함수

❹ 웹 API 클라이언트

❺ API 서버

❻ 데이터베이스 서버

테스트를 작성할 때는 어디부터 어디까지 커버하는 테스트인지 주의해야 한다. 프런트엔드 개발의 테스트 범위(테스트 레벨)는 크게 네 가지로 분류한다.

❶ 정적 분석

타입스크립트나 ESLint가 제공하는 기능을 활용한다. 각 모듈 내부의 검증뿐만 아니라 ❷~❸ 검증, ❸~❹ 검증처럼 인접 모듈을 연계해 사용할 때의 문제점도 검증한다.

❷ 단위 테스트

한 가지 모듈에 한정하여 해당 모듈이 제공하는 기능을 검증하는 테스트다. 독립된 환경에서 검증하기 때문에 실제로 애플리케이션을 사용할 때는 거의 발생하지 않는 케이스(**코너 케이스**corner case) 검증에 적합하다.

❸ 통합 테스트

❶~❹, ❷~❸처럼 모듈 조합으로 제공되는 기능을 검증하는 테스트다. 범위가 넓어질수록 효율적인 테스트가 가능하지만 상대적으로 대략적인 검증에 그치게 된다.

❹ E2E 테스트

❶~❹를 통틀어 헤드리스 브라우저와 UI 자동화 도구를 결합하여 검증하는 테스트다. 가장 광범위한 통합 테스트다. 실제로 애플리케이션을 사용할 때와 가장 유사한 테스트이기도 하다.

2.1.2 테스트 목적

테스트 타입은 테스트 목적에 따라 분류된다. 소프트웨어 테스트 분야에서 많이 알려진 테스트 타입에는 기능 테스트, 비기능 테스트, 화이트박스 테스트, 회귀 테스트가 있다.

테스트 타입은 검증 목적에 맞게 설정해야 하며, 테스트 타입마다 적절한 테스트 도구가 있다. 한 가지 도구 혹은 여러 도구를 조합해 검증하는 경우도 있다. 웹 프런트엔드의 대표적인 테스트 타입을 살펴보자.

❶ 기능 테스트(인터랙션 테스트)

개발된 기능에 문제가 없는지 검증하는 테스트다. 웹 프런트엔드의 대부분 기능은 UI 컴포넌트 조작(인터랙션interaction)에서 시작하기 때문에 인터랙션 테스트가 기능 테스트가 될 때가 많으며, 중요성 또한 높다. 실제 브라우저 API를 사용하는 것이 중요한 테스트라면 헤드리스 브라우저와 UI 자동화 도구를 사용하는 것이 좋다.

2 비기능 테스트(접근성 테스트)

신체적, 정신적 특성에 따른 차이 없이 동등하게 제품을 사용할 수 있는지 검증하는 테스트다. 최근에는 전 세계적으로 웹 접근성 관련 API가 여러 플랫폼에 추가돼 테스트 자동화를 할 때 객관적으로 검증할 수 있는 환경이 갖춰지고 있다.

3 회귀 테스트

특정 시점을 기준으로 전후 차이를 비교하여 문제가 있는지 검증하는 테스트다. 웹 프런트엔드는 시각적으로 보이는 UI 컴포넌트를 개발하기 때문에 시각적 회귀 테스트가 중요하다.

2.2 프런트엔드 테스트의 범위

앞서 간략하게 살펴본 프런트엔드 테스트의 범위를 좀 더 자세히 살펴보자.

2.2.1 정적 분석

타입스크립트를 활용하는 **정적 분석**static analysis은 버그를 조기에 발견할 수 있도록 한다. 특히 타입 추론type inference은 런타임 작동을 예측해주기 때문에 아주 유용하다. 예를 들어 `if` 문 분기에 타입 추론이 적용되면 값을 안전하게 다룰 수 있다(코드 2-1).

코드 2-1 런타임 작동을 예측할 수 있게 해주는 타입 추론

```TypeScript
function getMessage(name: string | undefined) {
  const a = name; // a: string | undefined
  if (!name) {
    return `Hello anonymous!`;
  }
  // if 문 분기와 return으로 undefined가 아니라는 것이 판정된다.
  const b = name; // b: string
  return `Hello ${name}!`;
}
```

함수의 반환값이 생각한 타입과 일치하는지 검증할 때도 도움이 된다. 코드 2-2에서는 반환 타입이 `string | undefined`(문자열 혹은 `undefined`)이 되지 않도록 함수 블록 마지막에 예외를 발생

시킨다. 이 처리 덕분에 반환 타입이 반드시 string(문자열)이 되는 타입 추론이 가능해진다.

코드 2-2 반환 타입 추론은 string | undefined이므로 일치하지 않아 타입 오류가 발생

```typescript
function checkType(type: "A" | "B" | "C"): string {
  const message: string = "valid type";
  if (type === "A") {
    return message;
  }
  if (type === "B") {
    return message;
  }
  // 예외 발생 처리 유무에 따라 함수의 반환 타입 추론이 바뀐다.
  // throw new Error('invalid type')
}
```

코드 가이드라인을 제공하는 ESLint도 정적 분석 도구 중 하나다. ESLint는 부적절한 구문을 수정해서 잠재적으로 발생할 수 있는 버그를 사전에 방지한다(코드 2-3). 특별한 이유가 없다면 라이브러리 개발자가 권장하는 설정을 적용하는 것이 좋다. 지원 중단 API_deprecated API를 경고하거나 올바른 코드 작성법을 지속적으로 알려준다.

코드 2-3 라이브러리가 권장하는 코딩 가이드라인 위반 사례

```typescript
useEffect(() => {
  console.log(name);      참조 중인 name을 배열에 포함시켜야
}, []);        ◄────      한다는 Lint 오류가 발생
```

2.2.2 단위 테스트

단위 테스트_unit test_는 가장 기초적인 테스트다. 테스트할 모듈이 특정 입력값을 받아 기대하는 출력값을 반환하는지 테스트한다. 싱글 페이지 애플리케이션 개발에서 UI 컴포넌트는 테스트하기 쉽다. UI 컴포넌트는 입력값(Props)에 알맞은 출력값(HTML 블록)을 반환하기 때문에 일반적인 함수와 같은 방법으로 테스트할 수 있기 때문이다.

모듈에 따라서 거의 발생하지 않는 케이스(코너 케이스)에 한해서만 예외를 발생시키는 것이 나은 경우도 있다. 이처럼 단위 테스트는 어떤 상황에서 예외를 발생시켜야 할지 판단할 때 도움이 된다. '이런 상황은 일어날 수 없을까? 일어날 수 있다면 어떻게 처리해야 하는가'와 같은 거듭된 검토 과정에서 미처 고려하지 못했던 부분을 발견할 수 있다(그림 2-1).

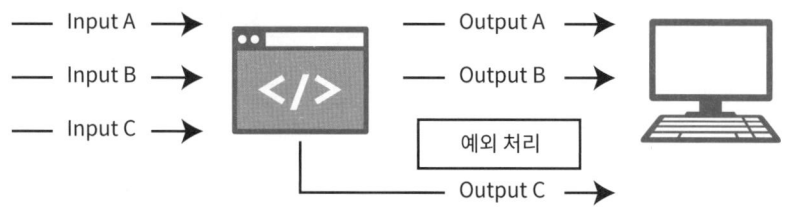

그림 2-1 단위 테스트로 함수가 고려하지 못한 부분이 없는지 검증

2.2.3 통합 테스트

통합 테스트integration test는 여러 모듈을 연동한 기능을 테스트한다. 커다란 UI 컴포넌트는 여러 모듈을 조합해 기능을 제공하며, 기능은 주로 인터랙션에서 시작된다. 다음과 같은 목록 화면이 있는 웹 애플리케이션을 떠올려보자.

❶ 셀렉트 박스를 조작한다.

❷ URL 검색 쿼리가 변경된다.

❸ 검색 쿼리가 변경되어 데이터 취득 API가 호출된다.

❹ 목록 화면 내용을 갱신한다.

셀렉트 박스를 조작하는 인터랙션을 시작으로 최종적으로 목록 화면 내용을 갱신하는 처리가 이뤄진다. '❶을 실행하면 ❹도 실행된다' 같은 테스트가 통합 테스트다.

❶~❹까지 실행되는 넓은 범위의 통합 테스트다. ❶과 ❷만 실행되는 것처럼 좁은 범위의 테스트가 효율적일 때도 있다. 예를 들어 코너 케이스 때문에 테스트가 복잡해지면 범위를 좁혀서 통합 테스트를 실시해야 테스트 목적이 명확해진다.

2.2.4 E2E 테스트

E2E 테스트end to end test는 UI 테스트뿐만 아니라 외부 스토리지와 같이 연동 중인 하위 시스템을 포함하는 테스트다. 입력 내용에 따라 저장된 값이 갱신되기 때문에 UI는 물론 연동된 외부 기능이 정상적으로 작동하는지 검증할 수 있다.

2.3 프런트엔드 테스트의 목적

이번에는 프런트엔드 테스트의 목적을 좀 더 자세히 살펴보겠다.

2.3.1 기능 테스트(인터랙션 테스트)

웹 프런트엔드의 주요 개발 대상은 사용자가 조작할 UI 컴포넌트다. UI 컴포넌트는 사용자가 조작하면 상태를 변경하고, 사용자가 원하는 정보를 제공하기 위해 화면을 갱신한다. 이와 같은 UI 컴포넌트의 특성 때문에 웹 프런트엔드의 **기능 테스트**functional test는 **인터랙션 테스트**interaction test가 대부분이다. 이 책에서 다루는 대부분 테스트 코드도 인터랙션 테스트다.

인터랙션 테스트라고 하면 **크로미엄**Chromium 같은 실제 브라우저를 **헤드리스 모드**headless mode로 실행하여 UI 테스트 자동화를 실시하는 이미지가 떠오를 것이다. 하지만 리액트 같은 라이브러리로 구현된 UI 컴포넌트에는 브라우저 없이도 테스트할 수 있는 가상 브라우저 환경이 있다. 가상 브라우저는 3장에서 자세히 알아보자.

실제 브라우저가 없어도 가능한 인터랙션 테스트 실제 사례

- 버튼을 클릭하면 콜백 함수가 호출된다.
- 문자를 입력하면 전송 버튼이 활성화된다.
- 로그아웃 버튼을 클릭하면 로그인 화면으로 이동한다.

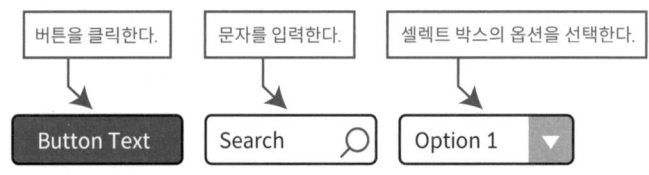

그림 2-2 실제 브라우저가 없어도 가능한 인터랙션 테스트 실제 사례

그런데 가상 브라우저만으로는 스크롤이나 세션 스토리지 같은 기능은 테스트할 수 없다. 실제 브라우저가 없으면 수행하기 어려운 기능의 테스트는 헤드리스 브라우저와 UI 자동화 도구를 사용한다.

실제 브라우저가 필요한 인터랙션 테스트 실제 사례

- 맨 아래까지 스크롤을 내리면 추가 데이터를 가져온다.

- 세션 스토리지에 저장된 값을 불러온다.

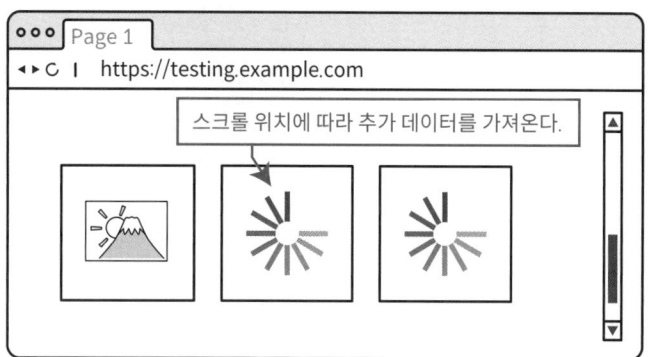

그림 2-3 **실제 브라우저가 필요한 인터랙션 테스트 실제 사례**

2.3.2 비기능 테스트(접근성 테스트)

접근성 테스트accessibility test는 **비기능 테스트**non-functional test의 한 종류다. '키보드만으로 웹사이트를 이용할 수 있는가', '명암비contrast ratio, CR가 시인성에 문제는 없는가'와 같은 다양한 검증 항목이 있다. 검증할 때는 검증 항목에 알맞은 적절한 테스트 도구를 사용한다.

각 검증 항목에는 다양한 테스트 도구가 있지만, 이 책의 접근성 테스트는 기능 테스트 때와 동일한 가상 브라우저와 실제 브라우저를 사용한다. 같은 도구를 사용하면 기능 테스트의 초보자가 접근성 품질을 높이는 출발점으로 삼는 데 도움이 된다.

접근성 테스트 실제 사례

- 체크 박스를 체크할 수 있다.

- 오류 응답을 받았을 때 오류 문구를 렌더링한다.

- 렌더링된 화면에 접근성 위반 사례가 있는지 검사한다.

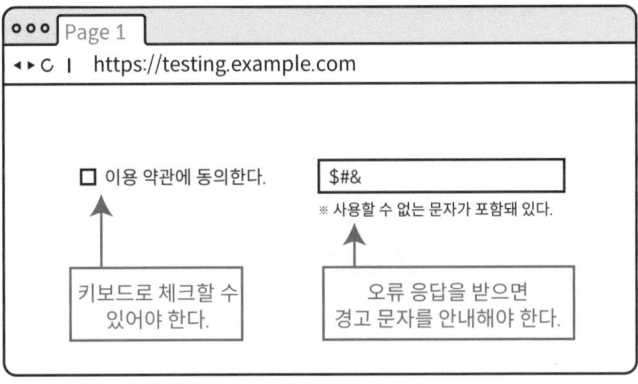

그림 2-4 **접근성 테스트**

2.3.3 시각적 회귀 테스트

CSS(종속형 시트)Cascading Style Sheet는 UI 컴포넌트에 정의된 스타일뿐만 아니라 브라우저에 적용된 모든 스타일의 영향을 받는다. **회귀 테스트**regression test 중 하나인 **시각적 회귀 테스트**visual regression test에서는 헤드리스 브라우저에 그려진 내용을 캡처하여 캡처된 이미지 간 차이를 검증한다. 초기에 렌더링된 상태만 캡처하여 비교하는 것에 그치지 않고 사용자 조작으로 변경된 화면까지 캡처하여 비교한다.

시각적 회귀 테스트 실제 사례

* 버튼 스타일에 차이가 없다.
* 메뉴 바를 열었을 때 화면에 차이가 없다.
* 렌더링된 화면에 차이가 없다.

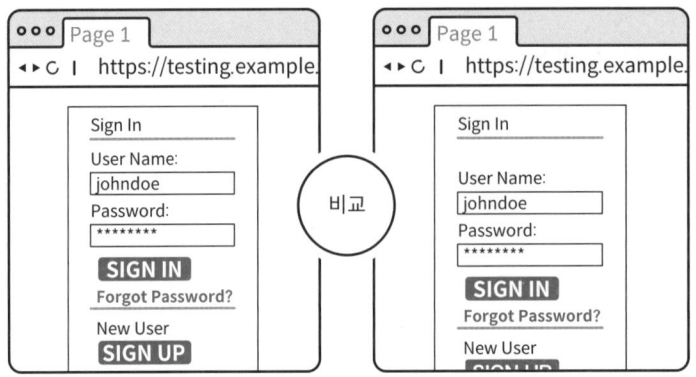

그림 2-5 **시각적 회귀 테스트**

2.4 테스트 전략 모델

지금까지 설명한 테스트 방법을 그림 2-6처럼 몇 가지 계층으로 분류할 수 있다. 위로 갈수록 실제 제품과 유사한 테스트가 가능하다. 실제 제품과 유사한 상층부 테스트가 많을수록 좋은 테스트 전략인 것처럼 생각할 수 있으나, 상층부 테스트는 많은 시간과 비용이 필요하다. 테스트용 데이터베이스 서버를 준비하는 등 실제 환경과 최대한 유사한 환경을 구축해야 하고, 테스트할 때마다 제품과 연동된 외부 시스템의 응답도 기다려야 한다.

발생 비용은 개발팀에 큰 영향을 미치기 때문에 충분한 논의를 해야 한다. 테스트 계층 간 비용 분배는 테스트 전략을 세울 때 가장 중요한 검토 사항이다. 지금부터 비용 분배 최적화에 참고할 수 있는 테스트 전략 모델을 몇 가지 살펴보자.

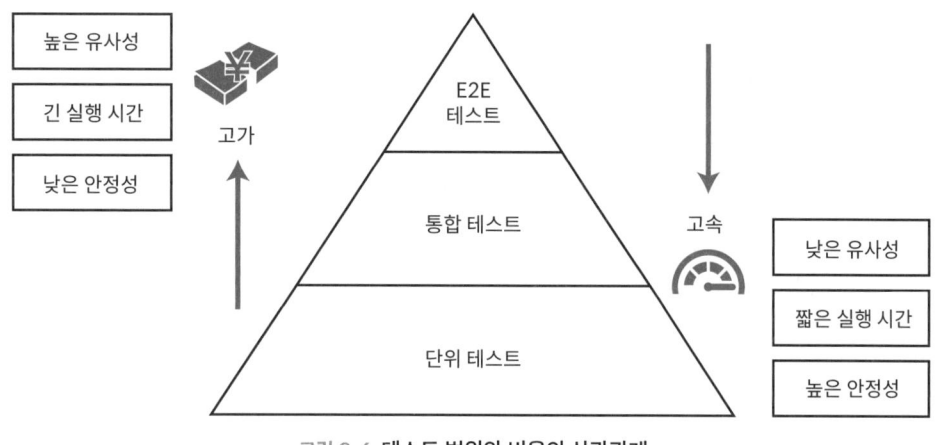

그림 2-6 **테스트 범위와 비용의 상관관계**

2.4.1 아이스크림 콘과 테스트 피라미드

상층부 테스트의 비중이 높은 **아이스크림 콘**ice cream cone은 **안티패턴**anti-pattern으로 자주 언급되는 테스트 전략 모델이다. 운용 비용이 높을 뿐만 아니라 외부 모듈의 의존성 때문에 아주 가끔씩 실패하는 불안정한 테스트가 비교적 많다.

만약 모든 테스트가 통과되는 데 수십 분 이상이 걸린다면 개발 흐름에 나쁜 영향을 주게 된다. 더 나은 개발 환경을 만들고자 테스트를 자동화한 것이 오히려 개발 경험을 해치는 상황이 발생하는 것이다. 그러나 실행 시간을 줄이려고 실행 빈도를 줄이면 테스트 자동화의 신뢰성은 낮아진다.

테스트 피라미드testing pyramid는 마이크 콘Mike Cohn의 저서인 《경험과 사례로 풀어낸 성공하는 애자일》(인사이트, 2012)에서 등장한 테스트 전략 모델이다. 하층부 테스트의 비중이 높을수록 더욱 안정적이고 가성비 높은 테스트가 가능하다는 것이 테스트 피라미드의 핵심이다.

브라우저를 포함하는 상층부 테스트는 실행 시간이 길어서 신속성이 떨어진다. 반면 하층부 테스트는 실행 시간이 짧아 신속성이 높고, 신속성이 높기 때문에 자주 실행할 수 있어서 안정성도 높아진다. 그렇기 때문에 프런트엔드 테스트 자동화에도 테스트 피라미드가 우수한 전략이라는 의견이 지배적이다(그림 2-7).

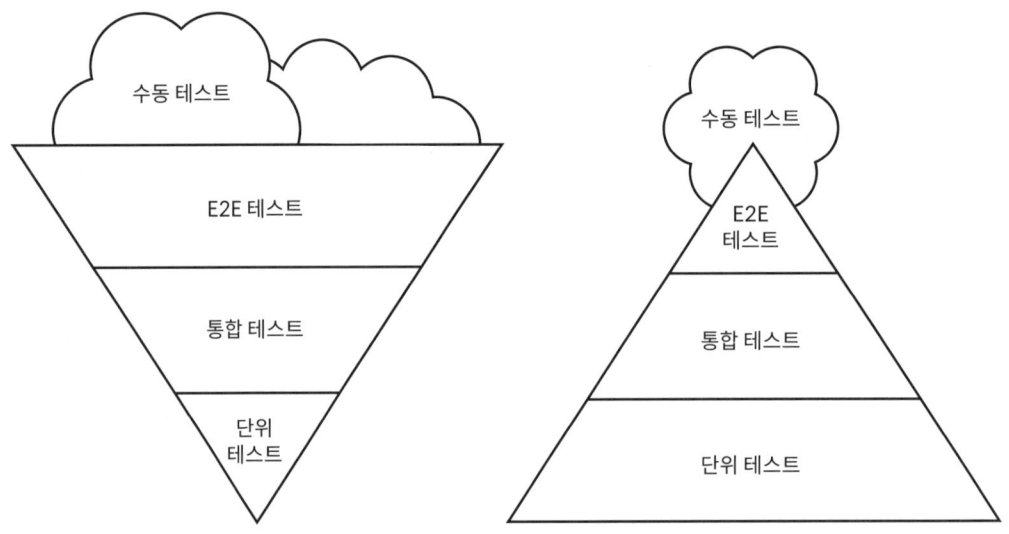

그림 2-7 아이스크림 콘 모델(왼쪽)과 테스트 피라미드 모델(오른쪽)

2.4.2 테스팅 트로피

테스팅 트로피testing trophy는 이 책에서 중점적으로 다루는 테스팅 라이브러리를 개발한 켄트 도즈Kent C. Dodds가 만든 테스트 전략 모델이다. 이 모델의 핵심은 통합 테스트 비중이 가장 높아야 한다는 것이다.

프런트엔드 개발에서 단일 UI 컴포넌트로 구현되는 기능은 거의 없다. 예를 들어 버튼을 누르면 외부 API를 호출하는 기능도 여러 컴포넌트의 조합으로 구현된다. 또한, 프런트엔드 기능은 버튼을 누르는 것과 같은 사용자 조작(인터랙션)에서 시작한다. 테스팅 트로피에는 사용자 조작을 기점으로 한 통합 테스트 비중이 높을수록 더욱 우수한 테스트 전략이라는 의도가 있다(그림 2-8).

테스팅 라이브러리와 제스트를 사용하면 헤드리스 브라우저 없이도 사용자 조작을 재현해 테스트할 수 있어서 실행 속도가 빠르면서도 실제 제품과 유사한 테스트가 가능하다.

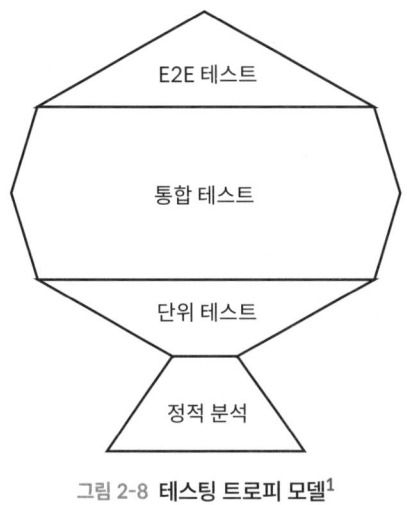

그림 2-8 **테스팅 트로피 모델**[1]

2.5 테스트 전략 계획

테스트 전략 모델을 참고해 프로젝트에 최적인 전략을 수립하려면 테스트 대상 및 목적에 따른 판단 기준을 정립해야 한다. 이번 절에서는 테스트 전략을 수립할 때 판단 기준으로 참고가 될 만한 사례들을 살펴보겠다.

2.5.1 테스트가 없어 리팩터링이 불안한 경우

릴리스된 프로젝트에 테스트 코드가 없으면 리팩터링이 불안할 수 있다. 이때는 먼저 릴리스된 기능을 목록으로 정리해야 한다. 정리가 됐다면 변경 전후로 결함이 발생하지 않았는지 검증하는 회귀 테스트를 작성한다. 작성된 회귀 테스트가 있으면 자신감 있게 리팩터링을 시작할 수 있다.

웹 API 서버에 대한 의존성이 깔끔하게 분리되지 않으면 테스트 작성이 어렵다. 이때 목 서버를 활용하여 통합 테스트를 실시한다. 목 서버를 활용한 통합 테스트는 7장에서 자세히 설명한다. 목 서버를 활용하면 구현 코드를 수정하지 않아도 테스트할 수 있어 리팩터링 시작 전에 테스트를 작성

---

1   https://kentcdodds.com/blog/write-tests

하고 싶은 개발자에게 유용하다. 특히 릴리스된 프로젝트에서 효과적이다.

통합 테스트가 늘어날수록 안심하고 리팩터링할 수 있는 기능도 많아진다. 점진적으로 테스트를 늘리면서 리팩터링을 실시하면 더욱 안정된 테스트 피라미드 모델을 만들 수 있다(그림 2-9).

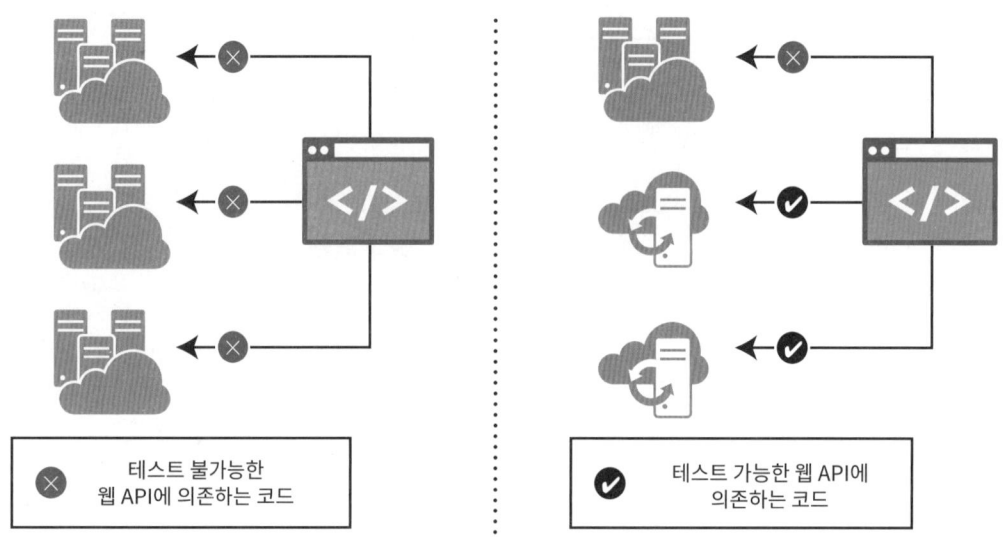

그림 2-9 **목 서버로 대체하여 단계적으로 테스트를 작성한다.**

2.5.2 반응형으로 제작된 프로젝트

반응형 웹은 하나의 HTML에서 여러 형태의 화면을 제공한다. 예를 들어 CSS, 자바스크립트, 사용자 에이전트user agent가 변하면 다른 화면이 나타난다. 하나의 파일로 여러 화면을 제공하면 PC용 디자인만 수정하려고 했으나 모바일 디자인까지 수정되는 상황이 발생한다(그림 2-10).

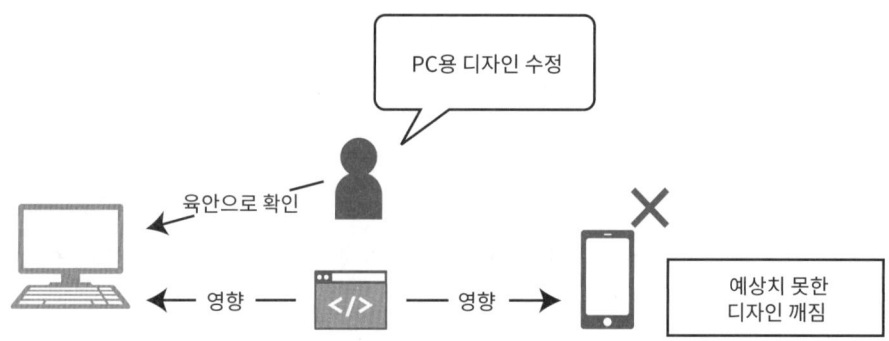

그림 2-10 **부족한 대응으로 발생한 예상치 못한 디자인 깨짐**

반응형 웹은 테스팅 라이브러리만으로 스타일을 포함한 세밀한 테스트가 어렵다. 반응형처럼 디바이스 간 서로 다른 스타일을 제공하는 경우, CSS가 적용된 렌더링 결과를 검증할 브라우저 테스트가 필요하다. 이런 상황에서 실시하는 테스트가 브라우저를 사용한 시각적 회귀 테스트다.

스토리북은 UI 컴포넌트 단위로 시각적 회귀 테스트가 가능하다. 반응형으로 프로젝트를 제작해야 한다면 스토리북을 사용해서 테스트를 작성하는 것이 효율적이다. 스토리북을 사용한 UI 컴포넌트 테스트는 8장에서, reg-suit를 활용한 시각적 회귀 테스트는 9장에서 자세히 알아보겠다.

2.5.3 데이터베이스를 포함한 E2E 테스트가 필요한 경우

목 서버가 아닌 실제 웹 API 서버를 사용해서 E2E 테스트를 하고 싶다면 테스트용 **스테이징 환경** staging environment을 사용해야 한다. 스테이징 환경이란 실제로 배포할 환경에 가까운 형태로 만든 테스트용 환경을 의미한다. E2E 테스트는 테스트 엔지니어가 프로젝트를 릴리스하기 전에 테스트 계획서를 보면서 수동으로 하는 경우가 많고, 브라우저를 사용한 UI 자동화 방식으로 테스트하는 경우도 있다.[2]

스테이징 환경을 만들지 않고도 실시할 수 있는 테스트 자동화 방법도 있다. 테스트할 시스템을 컨테이너화해 CI 환경에서 실행한 후 연동 중인 여러 시스템과 함께 테스트하는 것이다. 비교적 환경 구축 비용이 적고 개발자 혼자서도 구축할 수 있는 장점이 있다(그림 2-11).

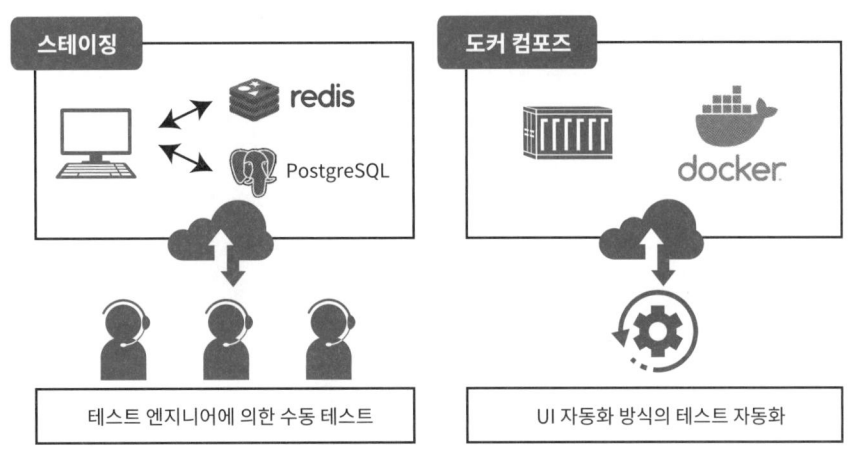

그림 2-11 스테이징 환경과 테스트용 컨테이너의 차이

---

2 브라우저를 사용한 UI 자동화는 아이스크림 콘 모델에 가까운 테스트 전략이 되기 쉽다. 명확한 목적을 가지고 더욱 작은 범위의 테스트로도 괜찮은지 먼저 검토해야 한다.

컨테이너를 활용해 테스트하려면 E2E 테스트 프레임워크의 사용법뿐만 아니라 컨테이너 가상화 지식, 연관 시스템 설정 지식이 필요하다. 데이터베이스를 포함한 E2E 테스트 방법은 10장에서 설명한다.

COLUMN   **테스트를 너무 많이 작성하는 것은 아닌지 되돌아보자**

테스트 타입 및 전략은 무수히 많다. 여러 종류의 테스트를 작성하다 보면 테스트 범위가 중복되는 것을 발견할 수 있다. 이때 스토리북이나 E2E 테스트가 중요한 프로젝트라면 UI 컴포넌트 테스트는 오류 패턴을 검증하는 것으로 충분하다는 결정을 내릴 수도 있다.

이와 같은 테스트 범위 중복은 테스트를 활발하게 작성하는 시기에 발견된다. 이전에 기능을 개발하기 위해 작성한 테스트 규모는 새 기능을 개발할 때 어느 정도로 테스트를 작성해야 하는지 결정하는 참고 지표로 활용된다. 이 참고 지표는 팀에 일정 규모 이상의 테스트를 작성하도록 유도한다.

그런데 이런 방식은 프로젝트 전체적인 관점에서 보면 테스트를 너무 많이 작성하는 것은 아닌지 고민하게 만든다. 지나치게 많이 작성한 테스트를 발견했다면 과감하게 줄여야 한다. 이 책에는 수많은 테스트 코드가 있다. 하지만 모든 프로젝트에서 이 정도의 테스트 코드가 필요하지는 않다. 프로젝트에 알맞은 기술 구성은 무엇이며, 어떤 테스트 전략이 프로젝트에 적합한지 항상 되돌아보자.

CHAPTER 3

처음 시작하는 단위 테스트

3.1 환경 설정

이 책에서는 테스트 코드를 작성할 때 자바스크립트(타입스크립트)에서 가장 인기 있는 테스트 프레임워크이자 테스트 러너인 제스트를 사용한다. 간단한 설정만으로도 사용할 수 있으며, **목 객체**mock object와 **코드 커버리지**code coverage 수집 기능까지 갖춘 메타(전 페이스북)의 오픈소스다.

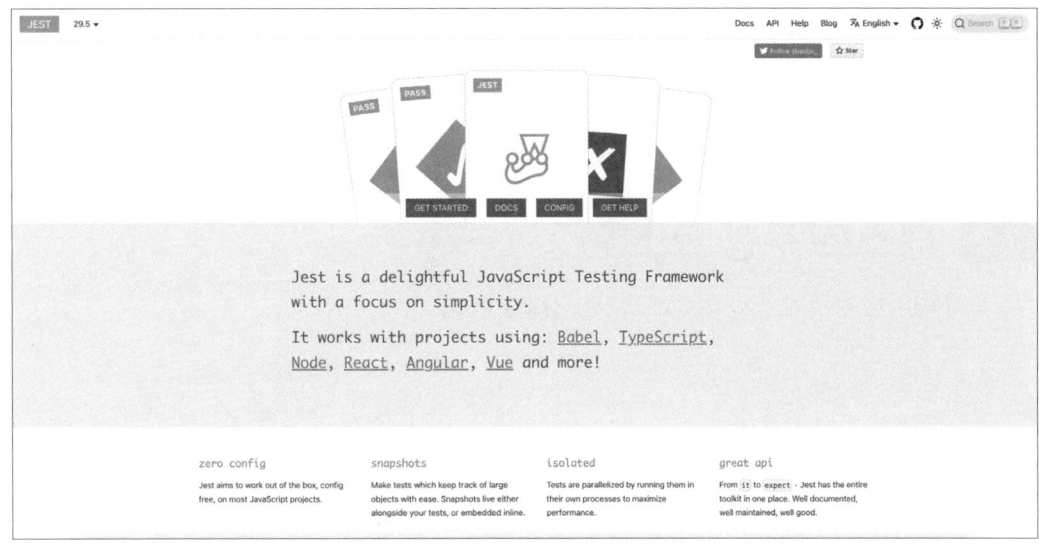

그림 3-1 제스트 웹사이트 메인 화면

개발 환경 설정

개발을 시작하기 전에 최신 버전의 Node.js가 설치됐는지 확인하자. 집필 시점의 최신 LTS(장기 지원 버전)long term support 버전은 18.13.0[1]이다. 최신 버전 설치가 완료되면 다음 예제 코드 저장소를 원하는 경로에 클론한다.

- https://github.com/frontend-testing-book-kr/unittest

클론을 완료했다면 클론한 경로로 이동한 뒤 다음 커맨드로 모듈을 설치하자. 테스트 코드를 실행할 환경 설정이 완료된다.

```bash
$ npm i
```

3.1.2 예제 코드 저장소 구조

앞서 설치한 저장소에는 3~6장 코드가 있다. 실제로 테스트 코드를 실행하면서 책을 읽는다면 더 심도 깊게 이해할 수 있을 것이다.

폴더 구성

3.2 테스트 구성 요소

지금부터 테스트 구성 요소의 역할과 명칭을 살펴보겠다.

- 예제 코드: src/03/02

---

1   [옮긴이] 번역 시점의 최신 LTS 버전은 20.11.0이며, 정상적으로 실행된다.

3.2.1 가장 단순한 테스트

다음은 합을 구하는 함수로(코드 3-1), 매개변수 a와 b를 더한 값을 반환한다.

코드 3-1 **src/03/02/index.ts**

```typescript
export function add(a: number, b: number) {
return a + b;
}
add(1, 2);    ◄──┐ 결과는 3이 된다.
```

코드 3-1에 대한 테스트는 코드 3-2로, 1과 2의 합이 3임을 검증한다.

코드 3-2 **src/03/02/index.test.ts**

```typescript
import { add } from "./";

test("add: 1 + 2는 3", () => {
  expect(add(1, 2)).toBe(3);
});
```

테스트는 구현 파일에 작성하지 않고 별도의 파일을 만들어 테스트 대상(이 예시에서는 add 함수)을 import로 불러와서 테스트한다.

- 구현 파일: src/03/02/index.ts
- 테스트 파일[2]: src/03/02/index.test.ts

이 책의 예제 코드는 '구현 파일명.ts'에 대한 테스트 파일을 '구현 파일명.test.ts'의 형식으로 명명했다. 테스트 파일을 반드시 구현 파일과 같은 디렉터리 안에 둘 필요는 없다. 저장소 최상위에 __ test__라는 디렉터리를 만들고 이 디렉터리 안에 있는 테스트 파일들을 테스트하는 방식도 많이 사용한다.

3.2.2 테스트 구성 요소

테스트는 제스트가 제공하는 API인 test 함수로 정의한다. test 함수는 두 개의 매개변수를 받는다.

---

2   옮긴이 원서 저장소에는 책에 기재된 중간 과정을 생략하고 최종 결과물만 남긴 부분들이 있다. 번역서 저장소에는 독자의 편의를 위해 중간 과정을 추가하고 주석 처리했다. 주석을 해제해 중간 과정을 실제로 테스트하고 필요하면 수정도 하면서 책을 읽기 바란다.

```typescript
test(테스트명, 테스트 함수);
```
`TypeScript`

첫 번째 인수인 테스트명에는 테스트 내용을 잘 나타내는 제목을 할당한다.

```typescript
test("1 + 2는 3");
```
`TypeScript`

두 번째 인수인 테스트 함수에는 단언문을 작성한다. 단언문은 검증값이 기댓값과 일치하는지 검증하는 문statement이다.

```typescript
test("1 + 2는 3", () => {
  expect(검증값).toBe(기댓값);
});
```
`TypeScript`

단언문은 expect 함수와 이에 덧붙이는 **매처**matcher로 구성되어 있다. 제스트는 공식적으로 여러 종류의 매처를 제공한다.

- 단언문: expect(검증값).toBe(기댓값)
- 매처: toBe(기댓값)

이 절의 예제에서는 등가 비교 매처인 toBe를 사용하겠다.

3.2.3 테스트 그룹 작성

연관성 있는 테스트들을 그룹화하고 싶을 때는 describe 함수를 사용한다. 예를 들어 add 함수의 테스트를 그룹화하면 코드 3-3과 같이 작성할 수 있다. describe 함수는 test 함수와 유사하게 describe(그룹명, 그룹 함수) 형식, 즉 두 개의 매개변수로 구성된다.

코드 3-3 src/03/02/index.test.ts

```typescript
describe("add", () => {
  test("1 + 1은 2", () => {
    expect(add(1, 1)).toBe(2);
  });
  test("1 + 2는 3", () => {
    expect(add(1, 2)).toBe(3);
  });
});
```
`TypeScript`

`test` 함수는 중첩시킬 수 없지만 `describe` 함수는 중첩이 가능하다. 코드 3-4와 같이 뺄셈 함수
인 `sub`의 테스트 그룹을 추가할 수 있다. `add` 함수 그룹과 `sub` 함수 그룹은 다시 사칙연산으로 묶
을 수 있기 때문에 사칙연산 그룹 안에 중첩시켜 정리하는 것이 가능하다.

코드 3-4 src/03/02/index.test.ts

```typescript
describe("사칙연산", () => {
  describe("add", () => {
    test("1 + 1은 2", () => {
      expect(add(1, 1)).toBe(2);
    });
    test("1 + 2는 3", () => {
      expect(add(1, 2)).toBe(3);
    });
  });
  describe("sub", () => {
    test("1 - 1은 0", () => {
      expect(sub(1, 1)).toBe(0);
    });
    test("2 - 1은 1", () => {
      expect(sub(2, 1)).toBe(1);
    });
  });
});
```

3.3 테스트 실행 방법

작성한 테스트를 개발 환경에서 실행하는 방법은 크게 두 가지가 있다.

3.3.1 명령줄 인터페이스로 실행

제스트가 설치된 프로젝트의 `package.json`에 `npm script`를 추가한다(클론한 예제 코드에는 이미 추
가되어 있다).

```json
{
  "scripts": {
    "test": "jest"
  }
}
```

스크립트를 추가하면 다음 커맨드로 테스트를 실행할 수 있다. 프로젝트에 포함된 모든 테스트 파일을 찾아서 전부 실행할 수 있는 커맨드다.

```bash
$ npm test
```

모든 테스트를 실행하려면 시간이 많이 걸린다. 다음과 같이 파일 경로를 지정하면 지정된 테스트 파일만 실행하므로 시간을 절약할 수 있다.

```bash
$ npm test 'src/03/02/index.test.ts'
```

테스트 코드를 새롭게 추가할 때는 이처럼 파일을 하나씩 실행하면서 코드를 작성한다.

3.3.2 제스트 러너로 실행

개별 파일 경로를 터미널에 직접 입력해서 실행하면 번거로운 것은 물론 파일명을 틀리기 쉽다. 비주얼 스튜디오 코드Visual Studio Code, VS Code 같은 코드 에디터에는 개별 파일 실행을 쉽게 도와주는 제스트용 확장 프로그램extension이 있다. 비주얼 스튜디오 코드 사용자라면 **제스트 러너**Jest Runner를 추천한다. 자세한 내용은 다음 URL을 참고해주길 바란다.

- https://marketplace.visualstudio.com/items?itemName=firsttris.VSCode-jest-runner

설치가 완료되면 테스트와 테스트 그룹 좌측 상단에 Run | Debug라는 텍스트가 나타난다. [Run] 버튼을 누르면 해당 테스트 혹은 테스트 그룹이 비주얼 스튜디오 코드의 터미널에서 실행된다(그림 3-2). 이 확장 프로그램을 사용하면 터미널에 실행할 파일 경로를 직접 입력할 필요가 없어지므로 테스트 코드 작성에 집중할 수 있다.

```
describe("add", () => {
  test("1 + 1은 2", () => {
    expect(add(1, 1)).toBe(2);
  });
  test("1 + 2는 3", () => {
    expect(add(1, 2)).toBe(3);
  });
});
```

```
Run | Debug
describe("add", () => {
  Run | Debug
  test("1 + 1은 2", () => {
    expect(add(1, 1)).toBe(2);
  });
  Run | Debug
  test("1 + 2는 3", () => {
    expect(add(1, 2)).toBe(3);
  });
});
```

그림 3-2 제스트 러너 설치 전(좌)과 설치 후(우)

모든 테스트를 실행하고 싶을 때는 터미널에 npm test를 실행하고, 특정 테스트를 실행하고 싶으면 제스트 러너로 실행하는 것이 편리하다.

3.3.3 실행 결과 확인

테스트를 실행하면 프로젝트에 있는 테스트 파일의 실행 결과가 한 줄씩 표시된다. 각 행의 맨 앞에 PASS가 표시되면 해당 파일이 테스트를 통과했다는 것을 뜻한다.

```bash
PASS   src/03/06/index.test.ts
PASS   src/03/05/index.test.ts
PASS   src/03/07/index.test.ts
PASS   src/04/06/index.test.ts
PASS   src/04/04/index.test.ts
```

1 테스트가 전부 성공한 경우

테스트가 완료되면 테스트 결과 개요가 터미널에 출력된다. 29개의 테스트 파일(Test Suites)을 찾았고, 126개의 테스트 중 122개의 테스트가 통과됐다. 또한, 네 개는 생략됐으며 실행 시간은 2.745초가 걸렸다.

```bash
Test Suites: 29 passed, 29 total
Tests:       4 skipped, 122 passed, 126 total
Snapshots:   9 passed, 9 total
Time:        2.745 s, estimated 3 s
Ran all test suites.
```

❷ 실패한 테스트가 있는 경우

실패한 테스트가 있는 경우를 살펴보자. 예제 코드에서 1 + 1의 기댓값을 2에서 3으로 만들어 반드시 실패하도록 변경하겠다(코드 3-5).

코드 3-5 src/03/02/index.test.ts

```TypeScript
// test("1 + 1은 2", () => {
//   expect(add(1, 1)).toBe(2);
// });
test("1 + 1은 3", () => {
  expect(add(1, 1)).toBe(3);
});
```

변경 사항을 저장하고 테스트를 실행해보면 해당 테스트 파일의 결과 앞에 FAIL이라는 글자가 표시된 것을 확인할 수 있다.

```bash
FAIL  src/03/02/index.test.ts
```

터미널 메시지에는 테스트가 실패한 부분과 이유가 자세히 기술되어 있다. Expected: 3, Received: 2는 1 + 1의 기댓값은 3이지만 실제 결과는 2라는 의미다.

```bash
FAIL  src/03/02/index.test.ts
  ● 사칙연산 › add › 1 + 1은 3

    expect(received).toBe(expected) // Object.is equality

    Expected: 3
    Received: 2

      4 |   describe("add", () => {
      5 |     test("1 + 1은 3", () => {
    > 6 |       expect(add(1, 1)).toBe(3);
        |                         ^
      7 |     });
      8 |     test("1 + 2는 3", () => {
      9 |       expect(add(1, 2)).toBe(3);

      at Object.<anonymous> (src/03/02/index.test.ts:6:25)
```

테스트 결과 개요를 보면 직전과 달리 한 개의 테스트가 실패했다.

```bash
Test Suites:   1 failed, 28 passed, 29 total
Tests:         1 failed, 4 skipped, 121 passed, 126 total
Snapshots:     9 passed, 9 total
Time:          2.574 s, estimated 3 s
```

이 경우에는 테스트 코드에 문제가 있는 것이 명확하기 때문에 테스트 코드를 수정해야 한다. 만약 테스트 코드에도, 테스트 대상에도 문제가 없는데 실패한다면 버그가 있다는 의미이기 때문에 테스트 결과를 단서로 버그를 찾아 수정한다.

3.4 조건 분기

테스트는 테스트할 모듈이 의도(사양)대로 구현됐는지 검증할 때 도움이 된다. 특히 사양이 복잡할수록 조건 분기에서 버그가 많이 생긴다. 조건 분기가 있는 부분에는 특별히 주의하면서 테스트를 작성해야 한다.

- 예제 코드: src/03/04

3.4.1 상한이 있는 덧셈 함수 테스트

앞서 소개한 add 함수는 첫 번째 매개변수와 두 번째 매개변수의 합을 구하는 단순한 함수다(코드 3-6).

코드 3-6 src/03/04/index.ts

```TypeScript
export function add(a: number, b: number) {
  return a + b;
}
add(1,2);
```

보통 이런 단순한 계산에는 + 같은 연산자를 사용한다. 그럼에도 일부러 함수로 분리해서 정의할 때는 내부에 어떤 작업을 추가하려는 의도가 있는 경우가 대부분이다.

예를 들어 add 함수에 반환값의 상한을 100으로 제한하는 코드를 추가해보겠다(코드 3-7).

코드 3-7 src/03/04/index.ts

```TypeScript
export function add(a: number, b: number) {
  const sum = a + b;
```

```
  if (sum > 100) {
    return 100;
  }
  return sum;
}
```

이 함수에 대해 코드 3-8과 같이 테스트 코드를 작성할 수 있다. 실행하면 모든 테스트가 통과한다.

코드 3-8 테스트 내용을 표현하는 테스트명(src/03/04/index.test.ts)

```typescript
test("50 + 50은 100", () => {
  expect(add(50, 50)).toBe(100);
});

test("70 + 80은 100", () => {
  expect(add(70, 80)).toBe(100);
});
```

테스트는 통과했지만 70 + 80이 100이 된다는 것은 이해할 수 없다. 따라서 테스트명을 함수 기능에 부합하는 더 적절한 이름으로 변경해야 한다(코드 3-9).

코드 3-9 테스트 대상의 기능을 나타내는 테스트명

```typescript
test("반환값은 첫 번째 매개변수와 두 번째 매개변수를 더한 값이다", () => {
  expect(add(50, 50)).toBe(100);
});
test("반환값의 상한은 '100'이다", () => {
  expect(add(70, 80)).toBe(100);
});
```

`test` 함수를 사용할 때는 테스트 코드가 어떤 의도로 작성됐으며, 어떤 작업이 포함됐는지 테스트명으로 명확하게 표현해야 한다.

3.4.2 하한이 있는 뺄셈 함수 테스트

덧셈 함수와 유사하게 뺄셈 함수인 `sub`에는 반환값의 하한을 `0`으로 제한하는 조건을 추가해보겠다(코드 3-10).

코드 3-10 src/03/04/index.ts

```typescript
export function sub(a: number, b: number) {
  const sum = a - b;
```

```
  if (sum < 0) {
    return 0;
  }
  return sum;
}
```

앞선 덧셈 함수를 참고해서 코드 3-11과 같이 테스트 코드를 작성할 수 있다.

코드 3-11 src/03/04/index.test.ts

```
test("반환값은 첫 번째 매개변수에서 두 번째 매개변수를 뺀 값이다", () => {     TypeScript
  expect(sub(51, 50)).toBe(1);
});
test("반환값의 하한은 '0'이다", () => {
  expect(sub(70, 80)).toBe(0);
});
```

3.5 에지 케이스와 예외 처리

모듈을 사용할 때 실수 등의 이유로 예상하지 못한 입력값을 보낼 때가 있다. 만약 모듈에 예외 처리를 했다면 예상하지 못한 입력값을 받았을 때 실행 중인 **디버거**debugger로 문제를 빨리 발견할 수 있다.

- 예제 코드: src/03/05

3.5.1 타입스크립트로 입력값 제약 설정

앞서 살펴본 add 함수는 첫 번째, 두 번째 매개변수로 number 타입의 값을 받도록 구현했다. 이처럼 타입스크립트를 사용하는 프로젝트는 함수의 매개변수에 **타입 애너테이션**type annotation을 붙일 수 있다. 타입 애너테이션을 붙일 경우 다른 타입의 값이 할당되면 실행하기 전에 오류가 발생한다(코드 3-12).

코드 3-12 함수의 매개변수에 타입 애너테이션 붙이기(src/03/05/index.ts)

```
export function add(a: number, b: number) {     TypeScript
  const sum = a + b;
  if (sum > 100) {
    return 100;
  }
```

```
  return sum;
}
add(1, 2);  ◄──┐ 타입 오류가 발생하지 않는다.
add("1", "2");  ◄──┐ 타입 오류가 발생한다.
```

타입스크립트를 사용하면 입력값인 a, b에 number 타입 외의 값을 할당하는 실수를 빨리 발견할 수 있어 예외를 발생시키는 처리를 추가하지 않아도 된다.

하지만 정적 타입을 붙이는 것만으로는 부족할 때가 있다. 예를 들어 특정 범위로 입력값을 제한하고 싶을 때는 런타임에 예외를 발생시키는 처리를 추가해야 한다.

3.5.2 예외 발생시키기

add 함수에 '매개변수 a, b는 0에서 100까지 숫자만 받을 수 있다'는 조건을 추가해보자. 타입 애너테이션만으로는 커버할 수 없으며, 이전 절에서의 구현은 코드 3-13처럼 입력값으로 -10이나 110을 받아들여서 조건을 충족시키지 못한다.

코드 3-13 타입 애너테이션의 한계(src/03/05/index.test.ts)

```TypeScript
test("반환값의 상한은 '100'이다", () => {
  expect(add(-10, 110)).toBe(100);
});
```

add 함수에 코드 3-14와 같은 코드를 추가하면 조건을 충족시킬 수 있다. 수정된 코드는 입력값이 기댓값과 다르면 예외를 발생시켜 값을 반환하기 전에 프로그램을 중지시킨다.

코드 3-14 에지 케이스 검증 코드(src/03/05/index.ts)

```TypeScript
export function add(a: number, b: number) {
  if (a < 0 || a > 100) {
    throw new Error("0～100 사이의 값을 입력해주세요");
  }
  if (b < 0 || b > 100) {
    throw new Error("0～100 사이의 값을 입력해주세요");
  }
  const sum = a + b;
  if (sum > 100) {
    return 100;
  }
  return sum;
}
```

이처럼 분기를 추가하면 앞서 작성한 테스트는 다음과 같은 메시지를 출력하며 실패한다. 테스트 함수 안에서 처리되지 않은 예외가 발생해도 테스트는 실패한다.

```bash
0~100 사이의 값을 입력해주세요
```

이와 같이 함수에 예외 처리를 추가하면 구현 중에 발생하는 문제를 빠르게 발견할 수 있다.

3.5.3 예외 발생 검증 테스트

이 함수에 기대하는 작동은 '범위 밖의 값을 할당하면 예외를 발생시킨다'이기 때문에 검증을 위한 단언문으로 변경해보겠다. 먼저 `expect` 인수로 값이 아닌 예외가 발생하는 함수를 할당하고, 매처로 `toThrow`를 사용한다.

```TypeScript
expect(예외가 발생하는 함수).toThrow();
```

예외가 발생하는 함수는 코드 3-15와 같이 화살표 함수_{arrow function}로 감싸서 작성한 함수다. 화살표 함수를 사용하면 함수에서 예외가 발생하는지 검증할 수 있다.

코드 3-15 예외 발생을 검증하는 단언문(src/03/05/index.test.ts)

```TypeScript
// 잘못된 작성법
expect(add(-10, 110)).toThrow();
// 올바른 작성법
expect(() => add(-10, 110)).toThrow();
```

예외가 발생하지 않는 입력값으로도 테스트해보자(코드 3-16).

코드 3-16 예외가 발생하지 않으므로 실패하는 테스트(src/03/05/index.test.ts)

```TypeScript
expect(() => add(70, 80)).toThrow();
```

코드 3-16의 입력값은 예외를 발생시키지 않으므로 테스트가 실패한다.

```bash
expect(received).toThrow()

Received function did not throw
```

```
 2 |
 3 | test("예외가 발생하지 않으므로 실패한다", () => {
> 4 |   expect(() => add(70, 80)).toThrow();
   |                             ^
 5 | });
 6 |
```

3.5.4 오류 메시지를 활용한 세부 사항 검증

예외 처리용 매처인 `toThrow`에 인수를 할당하면 예외에 대해 더욱 상세한 내용을 검증할 수 있다. 앞서 살펴본 예제에서는 `Error` 인스턴스를 생성하면서 `0~100 사이의 값을 입력해주세요`라는 메시지를 인수로 할당했다(코드 3-17).

코드 3-17 **Error 인스턴스 생성**

```TypeScript
throw new Error("0~100 사이의 값을 입력해주세요");
```

이 메시지를 코드 3-18과 같이 `toThrow` 매처의 인수로 할당하여 검증해보자.

코드 3-18 **오류 메시지가 기댓값과 일치하는지 검증하기(src/03/05/index.test.ts)**

```TypeScript
test("인수가 '0~100'의 범위 밖이면 예외가 발생한다", () => {
  expect(() => add(110, -10)).toThrow("0~100 사이의 값을 입력해주세요");
});
```

인수를 `0~1000`으로 수정해서 다시 테스트를 실행하면 테스트는 실패한다(코드 3-19).

코드 3-19 **오류 메시지가 기댓값과 다르면 실패한다(src/03/05/index.test.ts)**

```TypeScript
expect(() => add(110, 10)).toThrow("0~1000 사이의 값을 입력해주세요");
```

의도적으로 예외를 발생시키기도 하지만 의도치 않은 버그가 생겨서 발생할 때도 있다. 의도했는지 아닌지 구분하기 위해 '의도한 대로 예외가 발생하고 있는가'라는 관점으로 접근하자. 더욱 좋은 테스트 코드를 작성할 수 있을 것이다.

3.5.5 instanceof 연산자를 활용한 세부 사항 검증

`Error` 클래스를 더욱 구체적인 상황에 맞춰 작성해보자. 설계의 폭을 넓힐 수 있다. 코드 3-20을 보면 `Error`를 상속받은 두 개의 클래스가 있다. 아직 `Error`를 `extends` 키워드로 상속받은 것일

뿐이지만, 이것만으로도 `HttpError`와 `RangeError`로 생성된 인스턴스는 `instanceof` 연산자를 사용해서 다른 인스턴스와 구분할 수 있다(코드 3-20).

코드 3-20 상속받은 클래스는 세부 구현 없이도 인스턴스 검증 시 유용(src/03/05/index.ts)

```typescript
export class HttpError extends Error {}
export class RangeError extends Error {}

if (err instanceof HttpError) {
  // 발생한 오류가 HttpError인 경우
}
if (err instanceof RangeError) {
  // 발생한 오류가 RangeError인 경우
}
```

상속받은 클래스들을 활용해 입력값을 체크하는 함수를 작성해보자. 먼저 작성해볼 함수는 인수가 `0~100` 사이의 값이 아니면 `RangeError` 인스턴스를 `throw`하는 함수다(코드 3-21).

코드 3-21 RangeError 인스턴스를 throw하는 함수

```typescript
function checkRange(value: number) {
  if (value < 0 || value > 100) {
    throw new RangeError("0~100 사이의 값을 입력해주세요");
  }
}
```

`checkRange` 함수를 `add` 함수에 활용해보자. 코드 3-22를 보자. 이전에 작성했던 `add` 함수와 비교하면 매개변수 `a`와 `b`를 검증해 예외를 발생시키는 부분인 `if (value < 0 || value > 100)`을 `checkRange` 함수 한 곳에서 처리할 수 있어서 더욱 좋은 코드가 된다.

코드 3-22 add 함수에서 checkRange 함수 사용하기

```typescript
export function add(a: number, b: number) {
  checkRange(a);
  checkRange(b);
  const sum = a + b;
  if (sum > 100) {
    return 100;
  }
  return sum;
}
```

checkRange 함수에서 사용하는 `RangeError`는 테스트 검증에도 사용할 수 있다. 코드 3-23과 같이 `toThrow` 매처의 인수에는 메시지뿐만 아니라 클래스도 할당이 가능하다. 이와 같이 테스트를 작성하면 발생한 예외가 특정 클래스의 인스턴스인지 검증할 수 있다.

코드 3-23 특정 클래스의 인스턴스인지 검증하기(src/03/05/index.test.ts)

```typescript
// 발생한 예외가 RangeError이므로 실패한다.
expect(() => add(110, -10)).toThrow(HttpError);
// 발생한 예외가 RangeError이므로 성공한다.
expect(() => add(110, -10)).toThrow(RangeError);
// 발생한 예외가 Error를 상속받은 클래스이므로 성공한다.
expect(() => add(110, -10)).toThrow(Error);
```

이때 세 번째처럼 `RangeError`의 부모 클래스인 `Error`를 인수로 지정하는 것을 주의해야 한다. 서로 다른 클래스이지만 `RangeError`가 `Error`를 상속받은 클래스이므로 테스트가 성공한다. 이 경우에는 오류를 세부적으로 구분하고자 `RangeError`를 만든 것이기 때문에 단언문을 작성할 때 `Error` 대신 `RangeError`를 지정하는 것이 적절하다.

이번에 살펴본 예제 코드는 코드 3-24와 같다.

코드 3-24 src/03/05/index.ts

```typescript
export class RangeError extends Error {}
function checkRange(value: number) {
  if (value < 0 || value > 100) {
    throw new RangeError("0~100 사이의 값을 입력해주세요");
  }
}

export function add(a: number, b: number) {
  checkRange(a);
  checkRange(b);
  const sum = a + b;
  if (sum > 100) {
    return 100;
  }
  return sum;
}

export function sub(a: number, b: number) {
  checkRange(a);
  checkRange(b);
  const sum = a - b;
```

```
  if (sum < 0) {
    return 0;
  }
  return sum;
}
```

추가한 테스트는 코드 3-25와 같다.

코드 3-25 src/03/05/index.test.ts

```typescript
import { add, RangeError, sub } from ".";
describe("사칙연산", () => {
  describe("add", () => {
    /* 생략 */
    test("인수가 '0~100'의 범위 밖이면 예외가 발생한다", () => {
      const message = "0~100 사이의 값을 입력해주세요";
      expect(() => add(-10, 10)).toThrow(message);
      expect(() => add(10, -10)).toThrow(message);
      expect(() => add(-10, 110)).toThrow(message);
    });
  });
  describe("sub", () => {
    /* 생략 */
    test("인수가 '0~100'의 범위 밖이면 예외가 발생한다", () => {
      expect(() => sub(-10, 10)).toThrow(RangeError);
      expect(() => sub(10, -10)).toThrow(RangeError);
      expect(() => sub(-10, 110)).toThrow(Error);
    });
  });
});
```

3.6 용도별 매처

단언문은 테스트 대상이 기댓값과 일치하는지 매처로 검증한다. 지금부터 테스트 검증에 사용하는 다양한 매처를 살펴보겠다.

• 예제 코드: src/03/06

3.6.1 진릿값 검증

toBeTruthy는 참true인 값과 일치하는 매처다. 반대로 toBeFalsy는 거짓false인 값과 일치하는 매처다. 각 매처의 앞에 not을 추가하면 진릿값을 반전시킬 수 있다(코드 3-26).

코드 3-26 src/03/06/index.test.ts

```typescript
test("참인 진릿값 검증", () => {
  expect(1).toBeTruthy();
  expect("1").toBeTruthy();
  expect(true).toBeTruthy();
  expect(0).not.toBeTruthy();
  expect("").not.toBeTruthy();
  expect(false).not.toBeTruthy();
});
test("거짓인 진릿값 검증", () => {
  expect(0).toBeFalsy();
  expect("").toBeFalsy();
  expect(false).toBeFalsy();
  expect(1).not.toBeFalsy();
  expect("1").not.toBeFalsy();
  expect(true).not.toBeFalsy();
});
```

null이나 undefined도 toBeFalsy와 일치한다. 하지만 null인지 undefined인지 검증하고 싶을 때
는 코드 3-27처럼 toBeNull이나 toBeUndefined를 사용하는 것이 좋다.

코드 3-27 src/03/06/index.test.ts

```typescript
test("null과 undefined 검증", () => {
  expect(null).toBeFalsy();
  expect(undefined).toBeFalsy();
  expect(null).toBeNull();
  expect(undefined).toBeUndefined();
  expect(undefined).not.toBeDefined();
});
```

3.6.2 수치 검증

수치 검증에는 코드 3-28처럼 등가 비교나 대소 비교 관련 매처를 사용한다.

코드 3-28 src/03/06/index.test.ts

```typescript
describe("수치 검증", () => {
  const value = 2 + 2;
  test("검증값이 기댓값과 일치한다", () => {
    expect(value).toBe(4);
```

```
    expect(value).toEqual(4);
  });
  test("검증값이 기댓값보다 크다", () => {
    expect(value).toBeGreaterThan(3); // 4 > 3
    expect(value).toBeGreaterThanOrEqual(4); // 4 >= 4
  });
  test("검증값이 기댓값보다 작다", () => {
    expect(value).toBeLessThan(5); // 4 < 5
    expect(value).toBeLessThanOrEqual(4); // 4 <= 4
  });
});
```

자바스크립트는 소수 계산에 오차가 있다. 10진수인 소수를 2진수로 변환할 때 발생하는 문제다. 소수를 정확하게 계산해주는 라이브러리를 사용하지 않고 계산한 소숫값을 검증할 때는 toBeCloseTo 매처를 사용한다(코드 3-29). 두 번째 인수에는 몇 자릿수까지 비교할 것인지 지정하는 것도 가능하다.

코드 3-29 src/03/06/index.test.ts

`TypeScript`

```typescript
test("소수 계산은 정확하지 않다", () => {
  expect(0.1 + 0.2).not.toBe(0.3);
});
test("소수 계산 시 지정한 자릿수까지 비교한다", () => {
  expect(0.1 + 0.2).toBeCloseTo(0.3); // 두 번째 인수의 기본값은 2다.
  expect(0.1 + 0.2).toBeCloseTo(0.3, 15);
  expect(0.1 + 0.2).not.toBeCloseTo(0.3, 16);
});
```

3.6.3 문자열 검증

문자열 검증은 등가 비교 혹은 문자열 일부가 일치하는지 검증하는 toContain이나 정규표현식 regular expression을 검증하는 toMatch와 같은 매처를 사용한다. 문자열 길이는 toHaveLength로 검증할 수 있다(코드 3-30).

코드 3-30 src/03/06/index.test.ts

`TypeScript`

```typescript
const str = "Hello World";
test("검증값이 기댓값과 일치한다", () => {
  expect(str).toBe("Hello World");
  expect(str).toEqual("Hello World");
});
test("toContain", () => {
```

```typescript
  expect(str).toContain("World");
  expect(str).not.toContain("Bye");
});
test("toMatch", () => {
  expect(str).toMatch(/World/);
  expect(str).not.toMatch(/Bye/);
});
test("toHaveLength", () => {
  expect(str).toHaveLength(11);
  expect(str).not.toHaveLength(12);
});
```

stringContaining이나 stringMatching은 객체에 포함된 문자열을 검증할 때 사용한다. 검증할 객체의 **프로퍼티**property 중 기댓값으로 지정한 문자열의 일부가 포함됐으면 테스트가 성공한다(코드 3-31).

코드 3-31 src/03/06/index.test.ts

```typescript
const str = "Hello World";                                    TypeScript
const obj = { status: 200, message: str };
test("stringContaining", () => {
  expect(obj).toEqual({
    status: 200,
    message: expect.stringContaining("World"),
  });
});
test("stringMatching", () => {
  expect(obj).toEqual({
    status: 200,
    message: expect.stringMatching(/World/),
  });
});
```

3.6.4 배열 검증

배열에 **원시형**primitive type인 특정값이 포함됐는지 확인하고 싶다면 toContain을 사용한다. 배열 길이를 검증하고 싶을 때는 toHaveLength를 사용한다(코드 3-32).

코드 3-32 src/03/06/index.test.ts

```typescript
const tags = ["Jest", "Storybook", "Playwright", "React", "Next.js"];    TypeScript
test("toContain", () => {
  expect(tags).toContain("Jest");
```

```typescript
  expect(tags).toHaveLength(5);
});
```

배열에 특정 객체가 포함됐는지 확인할 때는 `toContainEqual`을 사용한다. `arrayContaining`을 사용하면 인수로 넘겨준 배열의 요소들이 전부 포함돼 있어야 테스트가 성공한다. 두 매처 모두 등가 비교다(코드 3-33).

코드 3-33 src/03/06/index.test.ts

```typescript
const article1 = { author: "taro", title: "Testing Next.js" };
const article2 = { author: "jiro", title: "Storybook play function" };
const article3 = { author: "hanako", title: "Visual Regression Testing" };
const articles = [article1, article2, article3];
test("toContainEqual", () => {
  expect(articles).toContainEqual(article1);
});
test("arrayContaining", () => {
  expect(articles).toEqual(expect.arrayContaining([article1, article3]));
});
```

3.6.5 객체 검증

객체 검증은 `toMatchObject`를 사용한다. 부분적으로 프로퍼티가 일치하면 테스트를 성공시키고, 일치하지 않는 프로퍼티가 있으면 테스트는 실패한다. 객체에 특정 프로퍼티가 있는지 검증할 때는 코드 3-34와 같이 `toHaveProperty`를 사용한다.

코드 3-34 src/03/06/index.test.ts

```typescript
const author = { name: "taroyamada", age: 38 };
test("toMatchObject", () => {
  expect(author).toMatchObject({ name: "taroyamada", age: 38 });
  expect(author).toMatchObject({ name: "taroyamada" });   // ◀─┤ 부분적으로 일치한다.
  expect(author).not.toMatchObject({ gender: "man" });    // ◀─┐ 일치하지 않는
});                                                        //   프로퍼티가 있다.
test("toHaveProperty", () => {
  expect(author).toHaveProperty("name");
  expect(author).toHaveProperty("age");
});
```

`objectContaining`은 객체 내 또 다른 객체를 검증할 때 사용한다. 테스트 대상의 프로퍼티가 기댓값인 객체와 부분적으로 일치하면 테스트는 성공한다(코드 3-35).

코드 3-35 src/03/06/index.test.ts

```typescript
const article = {
  title: "Testing with Jest",
  author: { name: "taroyamada", age: 38 }
};
test("objectContaining", () => {
  expect(article).toEqual({
    title: "Testing with Jest",
    author: expect.objectContaining({ name: "taroyamada" }),
  });
  expect(article).toEqual({
    title: "Testing with Jest",
    author: expect.not.objectContaining({ gender: "man" }),
  });
});
```

3.7 비동기 처리 테스트

자바스크립트 프로그래밍에서 비동기 처리는 필수 요소다. 외부 API에서 데이터를 취득하거나 파일을 읽는 등 온갖 작업에서 비동기 처리가 필요하다. 이번 절에서는 비동기 처리가 포함된 함수의 테스트 방법을 살펴보겠다.

- 예제 코드: src/03/07

3.7.1 테스트할 함수

비동기 처리를 테스트하기 위한 간단한 함수를 코드 3-36과 같이 작성했다. 인수에 대기 시간을 지정하면 지정한 시간만큼 대기하고, 경과 시간을 반환값으로 resolve하는 함수다.

코드 3-36 src/03/07/index.ts

```typescript
export function wait(duration: number) {
  return new Promise((resolve) => {
    setTimeout(() => {
      resolve(duration);
    }, duration);
  });
}
```

이와 같은 비동기 처리가 포함된 함수를 테스트하는 여러 가지 방법이 있다. 하나씩 살펴보도록 하자.

3.7.2 Promise를 반환하는 작성법

첫 번째 방법은 Promise를 반환하면서 then에 전달할 함수에 단언문을 작성하는 방법이다(코드 3-37). wait 함수를 실행하면 Promise 인스턴스가 생성된다. 해당 인스턴스를 테스트 함수의 반환 값으로 return하면 Promise가 처리 중인 작업이 완료될 때까지 테스트 판정을 유예한다.

코드 3-37 src/03/07/index.test.ts

```typescript
test("지정 시간을 기다린 뒤 경과 시간과 함께 resolve된다", () => {
  return wait(50).then((duration) => {
    expect(duration).toBe(50);
  });
});
```

두 번째 방법은 resolves 매처를 사용하는 단언문을 return하는 것이다. wait 함수가 resolve됐을 때의 값을 검증하고 싶다면 첫 번째 방법보다 간편하다(코드 3-38).

코드 3-38 src/03/07/index.test.ts

```typescript
test("지정 시간을 기다린 뒤 경과 시간과 함께 resolve된다", () => {
    return expect(wait(50)).resolves.toBe(50);
});
```

3.7.3 async/await를 활용한 작성법

세 번째는 테스트 함수를 async 함수로 만들고 함수 내에서 Promise가 완료될 때까지 기다리는 방법이다. resolves 매처를 사용하는 단언문도 await로 대기시킬 수 있다(코드 3-39).

코드 3-39 src/03/07/index.test.ts

```typescript
test("지정 시간을 기다린 뒤 경과 시간과 함께 resolve된다", async () => {
  await expect(wait(50)).resolves.toBe(50);
});
```

네 번째 방법은 검증값인 Promise가 완료되는 것을 기다린 뒤 단언문을 실행하는 것이다. 가장 간략한 방법이다(코드 3-40).

코드 3-40 src/03/07/index.test.ts

```typescript
test("지정 시간을 기다린 뒤 경과 시간과 함께 resolve된다", async () => {
  expect(await wait(50)).toBe(50);
});
```

async/await 함수를 사용하면 비동기 처리가 포함된 단언문이 여럿일 때 한 개의 테스트 함수 내에서 정리할 수 있는 장점도 있다.

3.7.4 Reject 검증 테스트

반드시 reject되는 코드 3-41의 함수를 사용해 reject된 경우를 검증하는 테스트를 작성해보겠다.

코드 3-41 src/03/07/index.ts

```typescript
export function timeout(duration: number) {
  return new Promise((_, reject) => {
    setTimeout(() => {
      reject(duration);
    }, duration);
  });
}
```

첫 번째는 Promise를 return하는 방법이다. 코드 3-42와 같이 catch 메서드에 전달할 함수에 단언문을 작성한다.

코드 3-42 src/03/07/index.test.ts

```typescript
test("지정 시간을 기다린 뒤 경과 시간과 함께 reject된다", () => {
  return timeout(50).catch((duration) => {
    expect(duration).toBe(50);
  });
});
```

두 번째는 rejects 매처를 사용하는 단언문을 활용하는 방법이다. 코드 3-43과 같이 단언문을 return하거나 asnyc/await를 사용한다.

코드 3-43 src/03/07/index.test.ts

```typescript
test("지정 시간을 기다린 뒤 경과 시간과 함께 reject된다", () => {
  return expect(timeout(50)).rejects.toBe(50);
});
```

```typescript
test("지정 시간을 기다린 뒤 경과 시간과 함께 reject된다", async () => {
  await expect(timeout(50)).rejects.toBe(50);
});
```

세 번째 방법은 `try-catch` 문을 사용하는 방법이다. 코드 3-44와 같이 `Unhandled Rejection`을 `try` 블록에서 발생시키고, 발생한 오류를 `catch` 블록에서 받아 단언문으로 검증한다.

코드 3-44 src/03/07/index.test.ts

```typescript
test("지정 시간을 기다린 뒤 경과 시간과 함께 reject된다", async () => {
  expect.assertions(1);
  try {
    await timeout(50);
  } catch (err) {
    expect(err).toBe(50);
  }
});
```

3.7.5 테스트 결과가 기댓값과 일치하는지 확인하기

코드 3-45에는 실수로 작성한 코드가 있다. 테스트는 주석에 적혀 있듯이 실행하고 싶은 단언문에 도달하지 못한 채로 성공하며 종료된다.

코드 3-45 src/03/07/index.test.ts

```typescript
test("지정 시간을 기다린 뒤 경과 시간과 함께 reject된다", async () => {
  try {
    await wait(50); // timeout 함수를 사용할 생각이었는데 실수로 wait을 사용했다.
    // 오류가 발생하지 않으므로 여기서 종료되면서 테스트는 성공한다.
  } catch (err) {
    // 단언문은 실행되지 않는다.
    expect(err).toBe(50);
  }
});
```

이와 같은 실수를 하지 않으려면 테스트 함수 첫 줄에 `expect.assertions`를 호출해야 한다. 이 메서드는 실행되어야 하는 단언문의 횟수를 인수로 받아 기대한 횟수만큼 단언문이 호출됐는지 검증한다(코드 3-46).

코드 3-46 src/03/07/index.test.ts

```typescript
test("지정 시간을 기다린 뒤 경과 시간과 함께 reject된다", async () => {
  expect.assertions(1); // 단언문이 한 번 실행되는 것을 기대하는 테스트가 된다.
  try {
    await wait(50);
    // 단언문이 한 번도 실행되지 않은채로 종료되므로 테스트는 실패한다.
  } catch (err) {
    expect(err).toBe(50);
  }
});
```

비동기 처리 테스트를 할 때는 첫 번째 줄에 `expect.assertions`을 추가하면 사소한 실수를 줄일 수 있다.

앞서 설명한 것처럼 비동기 처리 테스트는 다양한 방식으로 작성할 수 있으니 자유롭게 선택하자. 다만 `.resolves`나 `.rejects` 매처를 사용할 때는 주의해야 한다. 예를 들어 `wait` 함수는 2000밀리 초를 기다리면 2000을 반환하는 함수이기 때문에 코드 3-47은 실패할 것 같지만, 실제로 실행하면 성공한다. 좀 더 정확하게 표현하면 테스트가 성공한 것이 아니라 단언문이 한 번도 평가되지 않고 종료된 것이다.

코드 3-47 src/03/07/index.test.ts

```typescript
test("return하고 있지 않으므로 Promise가 완료되기 전에 테스트가 종료된다", () => {
  // 실패할 것을 기대하고 작성한 단언문
  expect(wait(2000)).resolves.toBe(3000);
  // 올바르게 고치려면 다음 주석처럼 단언문을 return해야 한다.
  // return expect(wait(2000)).resolves.toBe(3000);
});
```

주석에 있듯이 비동기 처리를 테스트할 때 테스트 함수가 **동기 함수**synchronous function라면 반드시 단언문을 `return`해야 한다. 테스트에 따라서는 단언문을 여러 번 작성해야 할 때가 있는데, 단언문을 여러 번 작성하다 보면 `return`하는 것을 잊기 쉽다. 이 같은 실수를 하지 않으려면 비동기 처리가 포함된 부분을 테스트할 때 다음과 같은 원칙을 가지고 접근해야 한다.

- 비동기 처리가 포함된 부분을 테스트할 때는 테스트 함수를 `async` 함수로 만든다.
- `.resolves`나 `.rejects`가 포함된 단언문은 `await`한다.
- `try-catch` 문의 예외 발생을 검증할 때는 `expect.assertions`를 사용한다.

## CHAPTER 4

목 객체

4.1 목 객체를 사용하는 이유

테스트는 실제 실행 환경과 유사할수록 재현성이 높다. 하지만 재현성을 높이다 보면 실행 시간이 너무 많이 걸리거나 환경 구축이 어려워지는 경우가 있다. 대표적인 경우가 웹 API에서 취득한 데이터를 다뤄야 할 때, 웹 API에서 데이터를 취득하면 네트워크 오류 같은 이유로 실패할 때가 있다. 웹 API를 사용하면 '성공하는 경우'뿐만 아니라 '실패하는 경우'도 테스트해야 한다.

성공하는 경우는 실제 웹 API 서버를 테스트 환경과 연동할 수 있다면 테스트할 수 있다. 실패하는 경우를 웹 API 서버에 테스트하는 코드를 추가하는 것은 옳지 않다. 게다가 외부 서비스의 웹 API는 테스트용 구현을 추가하는 것이 애초에 불가능하다.

지금 테스트하는 대상은 웹 API 자체가 아니라 취득한 데이터에 대한 처리라는 것을 명심하자. 웹 API 서버가 테스트 환경에 반드시 필요한 것은 아니다. 이때 취득한 데이터 대역으로 사용하는 것이 목 객체(**테스트 더블**test double)다. 목 객체를 사용하면 테스트가 어려운 부분을 테스트할 수 있는 것은 물론 더욱 효율적인 테스트가 가능하다.

4.1.1 목 객체 용어

스텁, 스파이 등은 목 객체를 상황에 따라 세분화한 객체의 명칭이다. 스텁 혹은 스파이는 개발 언어에 상관없이 테스트 자동화 관련 문헌에서 정의한 용어다. 일반적으로 제라드 메스자로스Gerard

Meszaros의 저서인 《xUnit 테스트 패턴》(에이콘출판사, 2010)을 인용한다.

스텁이나 스파이 같은 용어가 분류된 이유를 살펴보자.

1 스텁을 사용하는 이유

스텁stub은 주로 대역으로 사용한다.

- 의존 중인 컴포넌트의 대역
- 정해진 값을 반환하는 용도
- 테스트 대상에 할당하는 입력값

테스트 대상이 의존 중인 컴포넌트에 테스트하기 어려운 부분이 있을 때 사용하는 예로서, 웹 API에 의존 중인 대상을 테스트하는 경우가 대표적인데, '웹 API에서 이런 값을 반환받았을 때는 이렇게 작동해야 한다'와 같은 테스트에 스텁을 사용한다. 테스트 대상이 스텁에 접근하면 스텁은 정해진 값을 반환한다(그림 4-1).

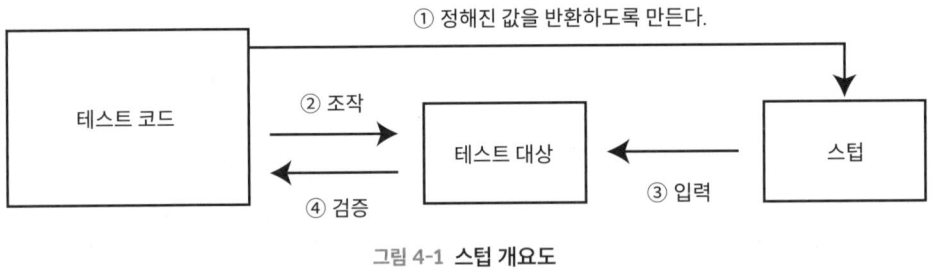

그림 4-1 **스텁 개요도**

2 스파이를 사용하는 이유

스파이spy는 주로 기록하는 용도다.

- 함수나 메서드의 호출 기록
- 호출된 횟수나 실행 시 사용한 인수 기록
- 테스트 대상의 출력 확인

스파이는 테스트 대상 외부의 출력을 검증할 때 사용한다. 대표적인 경우가 인수로 받은 **콜백 함수**callback function를 검증하는 것이다. 콜백 함수가 실행된 횟수, 실행 시 사용한 인수 등을 기록하기 때문에 의도대로 콜백이 호출됐는지 검증할 수 있다(그림 4-2).

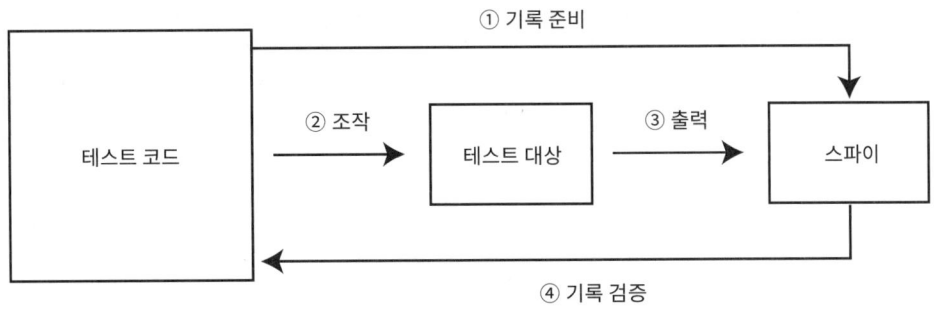

그림 4-2 **스파이 개요도**

4.1.2 제스트의 용어 혼란

제스트의 API는 《xUnit 테스트 패턴》의 용어 정의를 충실하게 따르지 않는다. 제스트는 스텁, 스파이를 구현할 때 **목 모듈**mock module(`jest.mock`) 혹은 **목 함수**mock function(`jest.fn`, `jest.spyOn`)라는 API를 사용한다. 제스트는 이를 구현한 테스트 대역을 목 객체라고 부르는 등 《xUnit 테스트 패턴》에서 정의한 용어와는 다른 부분이 많다.

이 책에서는 앞서 설명한 스텁 혹은 스파이로서 사용하는 명확한 이유가 있을 때는 '스텁', '스파이'라고 구분하고, 여러 가지 이유로 사용될 때는 '목 객체'라고 하겠다.

4.2 목 모듈을 활용한 스텁

제스트의 목 모듈로 의존 중인 모듈의 스텁을 만드는 방법을 살펴보자.[1] 단위 테스트나 통합 테스트를 실시할 때 구현이 완성되어 있지 않거나 수정이 필요한 모듈에 의존 중인 경우가 있다. 이때 해당 모듈로 대체하면 테스트할 수 없었던 대상을 테스트할 수 있게 된다(그림 4-3).

- 예제 코드: src/04/02

---

1 https://jestjs.io/docs/jest-object#mock-modules

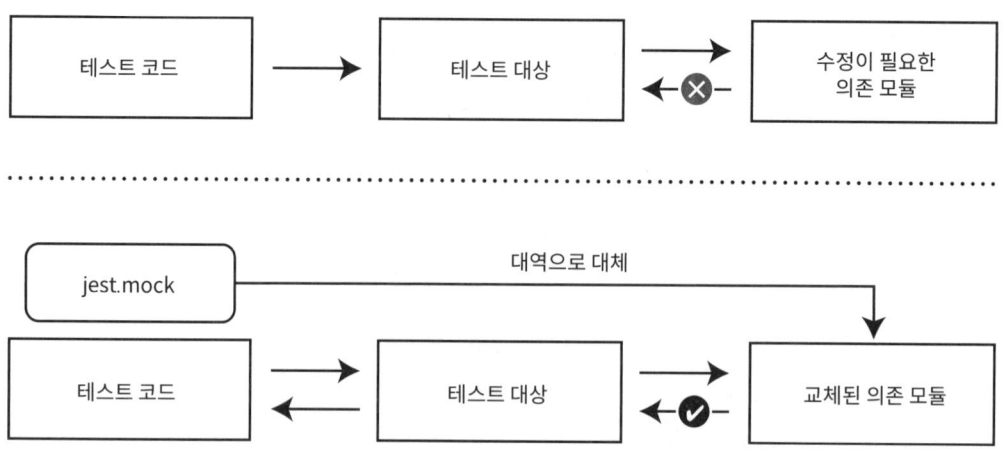

그림 4-3 목 모듈을 활용한 의존 모듈의 스텁화

4.2.1 테스트할 함수

먼저 테스트할 함수를 살펴보자(코드 4-1). 인사말을 반환하는 함수가 두 개 있다. 이 중에서 sayGoodBye는 아직 구현되지 않기 때문에 테스트가 어렵다. 테스트를 위해서 sayGoodBye 함수를 대체해보겠다.

코드 4-1 src/04/02/greet.ts

```typescript
export function greet(name: string) {
  return `Hello! ${name}.`;
}

export function sayGoodBye(name: string) {
  throw new Error("미구현");
}
```

4.2.2 일반적인 테스트

첫 번째 테스트 파일을 살펴보자(코드 4-2). import한 greet 함수는 의도한 대로 테스트에 성공한다.

코드 4-2 src/04/02/greet1.test.ts

```typescript
import { greet } from "./greet";

test("인사말을 반환한다(원래 구현대로)", () => {
  expect(greet("Taro")).toBe("Hello! Taro.");
});
```

두 번째 테스트 파일에서는 테스트 이전에 jest.mock 함수를 호출한다 (코드 4-3). 해당 함수를 호출하면 직전 예제에서는 잘 작동하던 greet 함수가 undefined를 반환하게 된다. jest.mock이 테스트 전에 호출되면서 테스트할 모듈들을 대체했기 때문이다.

코드 4-3 **src/04/02/greet2.test.ts**

```typescript
import { greet } from "./greet";

jest.mock("./greet");  ◀──┘ jest.mock을 추가

test("인사말을 반환하지 않는다(원래 구현과 다르게)", () => {
  expect(greet("Taro")).toBe(undefined);
});
```

4.2.3 모듈을 스텁으로 대체하기

세 번째 테스트 파일에는 대체할 함수가 구현되어 있다(코드 4-4). jest.mock의 두 번째 인수에는 대체할 함수를 구현할 수 있다. 여기서는 sayGoodBye 함수를 대체한다. 원래 sayGoodBye는 Error를 반환하도록 구현돼 있었지만 다른 것으로 대체해 테스트가 성공하도록 변경했다. 이처럼 모듈의 일부를 테스트에서 대체하면 의존 중인 모듈의 테스트가 어렵더라도 테스트가 가능하게 만들 수 있다.

코드 4-4 **src/04/02/greet3.test.ts**

```typescript
import { greet, sayGoodBye } from "./greet";

jest.mock("./greet", () => ({
  sayGoodBye: (name: string) => `Good bye, ${name}.`,
}));

test("인사말이 구현되어 있지 않다(원래 구현과 다르게)", () => {
  expect(greet).toBe(undefined);
});

test("작별 인사를 반환한다(원래 구현과 다르게)", () => {
  const message = `${sayGoodBye("Taro")} See you.`;
  expect(message).toBe("Good bye, Taro. See you.");
});
```

대체한 구현부에 greet 함수는 구현하지 않았다. 따라서 제대로 구현됐던 greet 함수가 undefined를 반환한다(코드 4-5). 코드 4-4처럼 모든 모듈을 대체하지 않고 greet처럼 일부는 원래 구현대로

사용하고 싶다면 코드 4-6을 보자.

코드 4-5 **src/04/02/greet3.test.ts**

```
test("인사말이 구현되어 있지 않다(원래 구현과 다르게)", () => {        TypeScript
  expect(greet).toBe(undefined);
});
```

4.2.4 모듈 일부를 스텁으로 대체하기

네 번째 테스트 파일인 코드 4-6을 살펴보자. `jest.requireActual` 함수를 사용하면 원래 모듈의 구현을 `import`할 수 있다. 이 함수로 `sayGoodBye`만 대체할 수 있게 된다.

코드 4-6 **src/04/02/greet4.test.ts**

```
import { greet, sayGoodBye } from "./greet";                          TypeScript

jest.mock("./greet", () => ({
  ...jest.requireActual("./greet"),
  sayGoodBye: (name: string) => `Good bye, ${name}.`,
}));

test("인사말을 반환한다(원래 구현대로)", () => {
  expect(greet("Taro")).toBe("Hello! Taro.");
});

test("작별 인사를 반환한다(원래 구현과 다르게)", () => {
  const message = `${sayGoodBye("Taro")} See you.`;
  expect(message).toBe("Good bye, Taro. See you.");
});
```

4.2.5 라이브러리 대체하기

이번에는 수정이 필요한 모듈의 일부를 대체하는 방법을 살펴보자. 실무에서는 라이브러리를 대체할 때 목 모듈을 가장 많이 사용한다. 7장부터 사용할 예제에서는 다음과 같이 대체해 모든 테스트를 실시하도록 설정됐다.

```
jest.mock("next/router", () => require("next-router-mock"));          TypeScript
```

위 코드는 `next/router`라는 의존 모듈 대신 `next-router-mock`이라는 라이브러리를 적용한다.

모듈을 불러오는 방법에는 **ESM**ES Module과 **CJS**CommonJS Modules가 있다. 이 절에서는 `import`를 사용하는 ESM을 적용해서 설명했으며, `import`를 사용할 때는 테스트 전에 `jest.mock`을 호출하도록 구현했다.

한 테스트 대상에 여러 가지로 방법으로 대체하고 싶다면 예제 코드처럼 테스트 파일별로 나눠서 만드는 것을 권장한다. `import`를 사용해서 목 모듈을 적용하는 방법은 다양하다. 자세한 내용은 공식 문서를 참고하자.[2]

4.3 웹 API 목 객체 기초

웹 애플리케이션에서 웹 API 서버와 통신하여 데이터를 취득하고 갱신하는 작업은 필수다. 테스트를 할 때는 웹 API 관련 코드를 웹 API 클라이언트의 대역인 스텁으로 대체하여 테스트를 작성한다. 스텁이 실제 응답은 아니지만 응답 전후의 관련 코드를 검증할 때 유용하게 사용할 수 있다(그림 4-4).

• 예제 코드: src/04/03

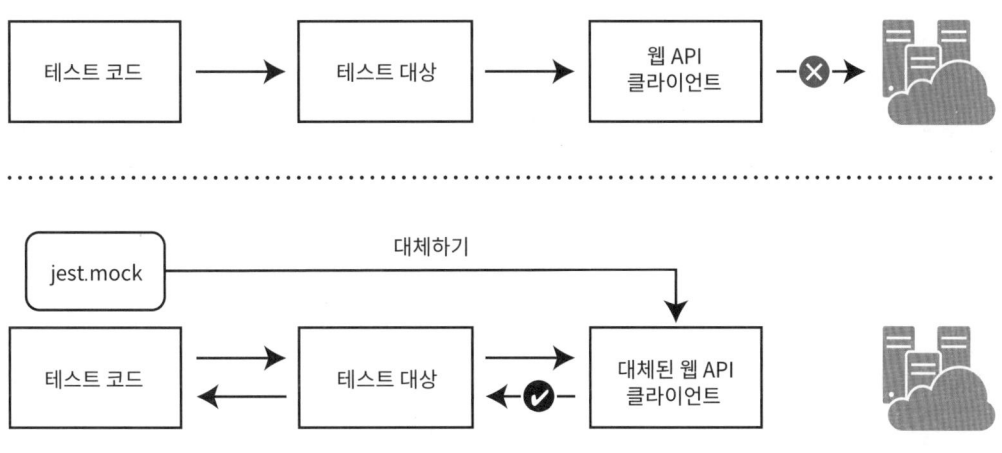

그림 4-4 **목 모듈을 활용한 웹 API 클라이언트의 스텁**

---

2   https://jestjs.io/docs/jest-object#mock-modules

4.3.1 테스트할 함수

웹 API 클라이언트가 어떤 것인지 살펴보자. 일반적으로 웹 API 클라이언트를 구현할 때는 XMLHttpRequest(XHR)를 사용하는 Axios나 공식 API인 Fetch API를 사용한다. 코드 4-7은 Fetch API를 사용해서 로그인한 사용자의 프로필 정보를 취득하는 웹 API 클라이언트 (getMyProfile 함수)다.

코드 4-7 웹 API 클라이언트 구현 예시

```typescript
export type Profile = {
  id: string;
  name?: string;
  age?: number;
  email: string;
};

export function getMyProfile(): Promise<Profile> {
  return fetch("https://myapi.testing.com/my/profile").then(async (res) => {
    const data = await res.json();
    if (!res.ok) {
      throw data;
    }
    return data;
  });
}
```

이렇게 취득한 데이터는 가공된 뒤에 렌더링된다. 로그인된 사용자에 인사말을 반환하는 함수를 살펴볼 수 있는 코드 4-8을 보자. getGreet 함수는 if 문으로 data.name에 따라 반환값이 바뀌도록 분기 처리됐다. 두 가지 간단한 로직을 테스트해보겠다.

코드 4-8 인사말을 반환하는 함수

```typescript
import { getMyProfile } from "../fetchers";

export async function getGreet() {
  const data = await getMyProfile();
  if (!data.name) {
    // ❶ name이 없으면 하드코딩된 인사말을 반환한다.
    return `Hello, anonymous user!`;
  }
  // ❷ name이 있으면 name을 포함한 인사말을 반환한다.
  return `Hello, ${data.name}!`;
}
```

getMyProfile 함수를 호출하면 웹 API 요청이 발생한다. 요청에 응답할 API 서버가 없으면 getGreet 함수는 테스트가 불가능하다. 이때 getMyProfile 함수를 스텁으로 대체하면 실제 서버의 응답 여부를 상관없이 데이터 취득과 관련된 로직을 테스트할 수 있다.

4.3.2 웹 API 클라이언트 스텁 구현

앞서 설명한 스텁 구현 방법과 달리 이번에는 타입스크립트와 상성이 좋은 jest.spyOn을 사용한다. 우선 테스트 파일 상단에 fetchers/index.ts 파일의 모듈을 불러온 뒤 jest.mock 함수를 호출하여 불러온 모듈들을 대체한다.

```TypeScript
import * as Fetchers from "./fetchers";
jest.mock("./fetchers");
```

이어서 jest.spyOn으로 테스트할 객체를 대체한다. 여기서 테스트할 객체는 import * as로 불러온 Fetchers다. 그리고 테스트할 함수 이름은 getMyProfile이다. 만약 Fetchers에 정의되지 않은 함수 이름을 지정하면 타입스크립트가 타입 오류를 발생시킨다(실제로 그런지 확인하려면 getMyProfile을 getMyInfo로 변경해서 테스트해보면 된다).

```TypeScript
jest.spyOn(테스트할 객체, 테스트할 함수 이름);
jest.spyOn(Fetchers, "getMyProfile");
```

4.3.3 데이터 취득 성공을 재현한 테스트

계속해서 데이터 취득이 성공했을 때(resolve) 응답으로 기대하는 객체를 mockResolvedValueOnce에 지정한다(코드 4-9). 여기서 지정한 객체도 타입스크립트의 타입 시스템이 적용된 상태이므로 유지보수가 수월하다.

코드 4-9 **src/04/03/index.test.ts**

```TypeScript
// id, email을 가진 응답 객체를 작성
jest.spyOn(Fetchers, "getMyProfile").mockResolvedValueOnce({
  id: "xxxxxxx-123456",
  email: "taroyamada@myapi.testing.com",
});
```

이제 코드 4-10과 같이 단언문을 작성한다. 우선 '❶ name이 없으면 하드코딩된 인사말을 반환한다'에 해당하는 분기 처리를 테스트한다.

코드 4-10 src/04/03/index.test.ts

```typescript
test("데이터 취득 성공 시 : 사용자 이름이 없는 경우", async () => {
  // getMyProfile이 resolve됐을 때의 값을 재현
  jest.spyOn(Fetchers, "getMyProfile").mockResolvedValueOnce({
    id: "xxxxxxx-123456",
    email: "taroyamada@myapi.testing.com",
  });
  await expect(getGreet()).resolves.toBe("Hello, anonymous user!");
});
```

코드 4-11을 보면 알 수 있듯이 mockResolvedValueOnce에 name을 추가하면 '❷ name이 있으면 name을 포함한 인사말을 반환한다'에 해당하는 테스트도 성공한다. 이와 같이 다양한 반환값 패턴을 만들어 테스트를 작성하면 된다.

코드 4-11 src/04/03/index.test.ts

```typescript
test("데이터 취득 성공 시: 사용자 이름이 있는 경우", async () => {
  jest.spyOn(Fetchers, "getMyProfile").mockResolvedValueOnce({
    id: "xxxxxxx-123456",
    email: "taroyamada@myapi.testing.com",
    name: "taroyamada",
  });
  await expect(getGreet()).resolves.toBe("Hello, taroyamada!");
});
```

4.3.4 데이터 취득 실패를 재현한 테스트

이번에는 getMyProfile 함수가 데이터 취득에 실패하는 경우를 살펴보자(코드 4-12). myapi.testing.com에서 응답으로 받은 HTTP 상태 코드가 200~299 외의 값이면(res.ok가 falsy인 경우) 함수에서 예외를 발생시킨다. data와 함께 예외를 발생시키면 getMyProfile 함수가 반환하는 Promise는 reject된다.

코드 4-12 getMyProfile 함수

```typescript
export function getMyProfile(): Promise<Profile> {
  return fetch("https://myapi.testing.com/my/profile").then(async (res) => {
    const data = await res.json();
```

```
    if (!res.ok) {
      // 200번대 외의 응답인 경우
      throw data;
    }
    return data;
  });
}
```

myapi.testing.com에서 200번대 외의 상태 코드를 응답으로 받으면 코드 4-13과 같은 오류 객체를 반환한다. 이 객체는 코드 4-12에서 예외 발생 시 throw되는 data다.

코드 4-13 오류 객체

```
                                                                          TypeScript
export const httpError: HttpError = {
  err: { message: "internal server error" },
};
```

오류 객체를 mockRejectedValueOnce 인수로 getMyProfile 함수의 reject를 재현하는 스텁을 구현한다(코드 4-14).

코드 4-14 src/04/03/index.test.ts

```
                                                                          TypeScript
 jest.spyOn(Fetchers, "getMyProfile").mockRejectedValueOnce(httpError);
```

코드 4-14 덕분에 getMyProfile 함수가 데이터 취득에 실패했을 때 관련 코드가 어떻게 작동하는지 코드 4-15와 같이 테스트할 수 있게 된다.

코드 4-15 src/04/03/index.test.ts

```
                                                                          TypeScript
test("데이터 취득 실패 시", async () => {
  // getMyProfile이 reject됐을 때의 값을 재현
  jest.spyOn(Fetchers, "getMyProfile").mockRejectedValueOnce(httpError);
  await expect(getGreet()).rejects.toMatchObject({
    err: { message: "internal server error" },
  });
});
```

예외가 발생하고 있는지 검증하고 싶다면 코드 4-16과 같이 작성할 수 있다.

코드 4-16 **src/04/03/index.test.ts**

```typescript
test("데이터 취득 실패 시 오류가 발생한 데이터와 함께 예외가 throw된다",
async () => {
  expect.assertions(1);
  jest.spyOn(Fetchers, "getMyProfile").mockRejectedValueOnce(httpError);
  try {
    await getGreet();
  } catch (err) {
    expect(err).toMatchObject(httpError);
  }
});
```

4.4 웹 API 목 객체 생성 함수

4.3절에서는 웹 API 응답을 고정된 스텁으로 대체해 테스트하는 방법을 살펴봤다. 이번에는 응답 데이터를 대체하는 목 객체 생성 함수의 사용 방법을 살펴보겠다.

- 예제 코드: src/04/04

4.4.1 테스트할 함수

getMyArticleLinksByCategory는 로그인한 사용자가 작성한 기사의 링크 목록을 취득하는 함수다 (코드 4-17). 이 함수는 지정한 태그를 포함하고 있는 기사들로 필터링한 가공된 응답을 반환한다.

코드 4-17 **src/04/04/index.ts**

```typescript
export async function getMyArticleLinksByCategory(category: string) {
  // 데이터 취득 함수(웹 API 클라이언트)
  const data = await getMyArticles();
  // 취득한 데이터 중 지정한 태그를 포함한 기사만 골라낸다.
  const articles = data.articles.filter((article) =>
    article.tags.includes(category)
  );
  if (!articles.length) {
    // 해당되는 기사가 없으면 null을 반환한다.
    return null;
  }
  // 해당되는 기사가 있으면 목록용으로 가공해서 데이터를 반환한다.
  return articles.map((article) => ({
    title: article.title,
    link: `/articles/${article.id}`,
```

```
    }));
  }
```

`data.articles`의 타입은 코드 4-18과 같다. `Article`에 있는 `tags` 배열로 데이터를 필터링한 뒤 가공한다.

코드 4-18 src/04/fetchers/type.ts

```typescript
export type Article = {
  id: string;
  createdAt: string;
  tags: string[];
  title: string;
  body: string;
};

export type Articles = {
  articles: Article[];
};
```

`getMyArticleLinksByCategory` 함수에 대한 테스트는 다음과 같이 작성한다.

- 지정한 태그를 가진 기사가 한 건도 없으면 `null`을 반환한다.
- 지정한 태그를 가진 기사가 한 건 이상 있으면 링크 목록을 반환한다.
- 데이터 취득에 실패하면 예외가 발생한다.

4.4.2 응답을 교체하는 목 객체 생성 함수

테스트할 함수는 웹 API 클라이언트(`getMyArticles` 함수)를 사용한다. 우선 `getMyArticles` 함수 응답을 재현할 코드 4-19와 같은 **픽스처**fixture를 만든다. 픽스처란 응답을 재현하기 위한 테스트용 데이터를 의미한다.

코드 4-19 src/04/fetchers/fixtures.ts

```typescript
export const getMyArticlesData: Articles = {
  articles: [
    {
      id: "howto-testing-with-typescript",
      createdAt: "2022-07-19T22:38:41.005Z",
      tags: ["testing"],
      title: "타입스크립트를 사용한 테스트 작성법",
```

```
      body: "테스트 작성 시 타입스크립트를 사용하면 테스트의 유지보수가 쉬워진다",
    },
    {
      id: "nextjs-link-component",
      createdAt: "2022-07-19T22:38:41.005Z",
      tags: ["nextjs"],
      title: "Next.js의 링크 컴포넌트",
      body: "Next.js는 화면을 이동할 때 링크 컴포넌트를 사용한다",
    },
    {
      id: "react-component-testing-with-jest",
      createdAt: "2022-07-19T22:38:41.005Z",
      tags: ["testing", "react"],
      title: "제스트로 시작하는 리액트 컴포넌트 테스트",
      body: "제스트는 단위 테스트처럼 UI 컴포넌트를 테스트할 수 있다",
    },
  ],
};
```

이번에는 코드 4-20과 같이 목 객체 생성 함수를 사용한다. 목 객체 생성 함수는 테스트에 필요한 설정을 최대한 적은 매개변수로 교체할 수 있게 만드는 유틸리티 함수다. 이 함수의 매개변수인 status는 HTTP 상태 코드를 의미한다.

코드 4-20 src/04/04/index.test.ts

```
function mockGetMyArticles(status = 200) {
  if (status > 299) {
    return jest
      .spyOn(Fetchers, "getMyArticles")
      .mockRejectedValueOnce(httpError);
  }
  return jest
    .spyOn(Fetchers, "getMyArticles")
    .mockResolvedValueOnce(getMyArticlesData);
}
```

해당 유틸리티 함수를 사용하면 테스트할 때마다 jest.spyOn을 작성하지 않아도 돼 한결 편하게 설정할 수 있다.

```
test("데이터 취득 성공", async () => {                                          TypeScript
  mockGetMyArticles();
});
test("데이터 취득 실패", async () => {
```

```
  mockGetMyArticles(500);
});
```

4.4.3 데이터 취득 성공을 재현한 테스트

코드 4-21과 같이 목 객체 생성 함수를 사용해서 테스트를 작성해보자. 미리 만들어둔 픽스처에는 `playwright` 태그가 포함된 기사가 한 건도 없기 때문에 응답은 `null`이 된다. 따라서 `toBeNull` 매처를 사용한 단언문은 성공한다.

코드 4-21 src/04/04/index.test.ts

```
test("지정한 태그를 포함한 기사가 한 건도 없으면 null을 반환한다", async () => {    [TypeScript]
  mockGetMyArticles();
  const data = await getMyArticleLinksByCategory("playwright");
  expect(data).toBeNull();
});
```

코드 4-22의 테스트는 픽스처에 `testing` 태그가 포함된 기사가 두 건이 있어 성공하며, 가공된 링크 URL이 포함됐는지도 검증할 수 있다.

코드 4-22 src/04/04/index.test.ts

```
test("지정한 태그를 포함한 기사가 한 건 이상 있으면 링크 목록을 반환한다",
async () => {    [TypeScript]
  mockGetMyArticles();
  const data = await getMyArticleLinksByCategory("testing");
  expect(data).toMatchObject([
    {
      link: "/articles/howto-testing-with-typescript",
      title: "타입스크립트를 사용한 테스트 작성법",
    },
    {
      link: "/articles/react-component-testing-with-jest",
      title: "제스트로 시작하는 리액트 컴포넌트 테스트",
    },
  ]);
});
```

4.4.4 데이터 취득 실패를 재현한 테스트

앞서 사용했던 목 객체 생성 함수인 `mockGetMyArticles`로 데이터 취득 실패를 재현하는 테스트를 작성해보자(코드 4-23). 300 이상의 인수를 지정하면 실패 응답을 재현할 수 있다.

예외가 발생하는 상황을 테스트를 작성하는 여러 가지 방법이 있지만, 여기서는 Promise의 `catch` 메서드 안에 단언문을 작성하는 방법을 사용한다. 코드 4-23과 같이 기대하는 오류 객체가 `reject`됐는지도 검증할 수 있다.

코드 4-23 src/04/04/index.test.ts

```typescript
test("데이터 취득에 실패하면 reject된다", async () => {
  mockGetMyArticles(500);
  await getMyArticleLinksByCategory("testing").catch((err) => {
    expect(err).toMatchObject({
      err: { message: "internal server error" },
    });
  });
});
```

4.5 목 함수를 사용하는 스파이

이번에는 제스트의 목 함수[3]로 스파이를 구현하는 방법을 살펴보자. 스파이는 테스트 대상에 발생한 입출력을 기록하는 객체다. 스파이에 기록된 값을 검증하면 의도한 대로 기능이 작동하는지 확인할 수 있다.

- 예제 코드: src/04/05

4.5.1 실행됐는지 검증하기

`jest.fn`을 사용해서 목 함수를 작성한다(코드 4-24). 작성한 목 함수는 테스트 코드에서 함수로 사용하며, `toBeCalled` 매처를 사용하면 실행 여부를 검증할 수 있다.

코드 4-24 src/04/05/greet.test.ts

```typescript
test("목 함수가 실행됐다", () => {
  const mockFn = jest.fn();
  mockFn();
  expect(mockFn).toBeCalled();
});
```

---

3   https://jestjs.io/docs/jest-object#mock-functions

```
test("목 함수가 실행되지 않았다", () => {
  const mockFn = jest.fn();
  expect(mockFn).not.toBeCalled();
});
```

4.5.2 실행 횟수 검증

코드 4-25를 보면 알 수 있듯이 목 함수는 실행 횟수를 기록한다. `toHaveBeenCalledTimes` 매처를 사용하면 함수가 몇 번 호출됐는지 검증할 수 있다.

코드 4-25 src/04/05/greet.test.ts

```
test("목 함수는 실행 횟수를 기록한다", () => {                               TypeScript
  const mockFn = jest.fn();
  mockFn();
  expect(mockFn).toHaveBeenCalledTimes(1);
  mockFn();
  expect(mockFn).toHaveBeenCalledTimes(2);
});
```

4.5.3 실행 시 인수 검증

목 함수는 실행 시 인수도 기록한다. 실행했을 때 인수를 검증하고자 코드 4-26과 같이 `greet` 함수를 작성한다. 목 함수는 코드 4-26의 코드처럼 다른 함수 안에 숨길 수도 있다.

코드 4-26 src/04/05/greet.test.ts

```
test("목 함수는 함수 안에서도 실행할 수 있다", () => {                        TypeScript
  const mockFn = jest.fn();
  function greet() {
    mockFn();
  }
  greet();
  expect(mockFn).toHaveBeenCalledTimes(1);
});
```

`greet` 함수에 인수를 추가해보자. 목 함수는 `message`를 인수로 받아 실행된다. 코드 4-27에서 목 함수는 `"hello"`라는 인수를 받아서 실행됐다. 실행했을 때 인수가 기록됐는지 검증하고자 `toHaveBeenCalledWith` 매처를 사용하여 단언문을 작성해보자(코드 4-27).

코드 4-27 src/04/05/greet.test.ts

```typescript
test("목 함수는 실행 시 인수를 기록한다", () => {
  const mockFn = jest.fn();
  function greet(message: string) {
    mockFn(message); // 인수를 받아 실행된다.
  }
  greet("hello"); // "hello"를 인수로 실행된 것이 mockFn에 기록된다.
  expect(mockFn).toHaveBeenCalledWith("hello");
});
```

4.5.4 스파이로 활용하는 방법

목 함수를 사용하는 스파이는 테스트 대상의 인수에 함수가 있을 때 유용하게 활용할 수 있다. 먼저 테스트 대상인 greet 함수를 살펴보자(코드 4-28). 첫 번째 매개변수인 name을 사용해서 두 번째 매개변수인 콜백 함수를 실행한다.

코드 4-28 src/04/05/greet.ts

```typescript
export function greet(name: string, callback?: (message: string) => void) {
  callback?.(`Hello! ${name}`);
}
```

코드 4-29와 같이 테스트를 작성해서 콜백 함수를 실행했을 때 인수를 검증할 수 있다. 실행 시기록된 인수 내역을 검증해서 스파이로 사용할 수 있다.

코드 4-29 src/04/05/greet.test.ts

```typescript
test("목 함수를 테스트 대상의 인수로 사용할 수 있다", () => {
  const mockFn = jest.fn();
  greet("Jiro", mockFn);
  expect(mockFn).toHaveBeenCalledWith("Hello! Jiro");
});
```

4.5.5 실행 시 인수가 객체일 때의 검증

인수가 문자열 같은 원시형이 아닌 배열이나 객체일 때도 검증이 가능하다. config 객체를 정의한후 checkConfig 함수가 config를 콜백 함수의 인수로 넘겨 실행하는 코드 4-30을 살펴보자.

코드 4-30 src/04/05/checkConfig.ts

```typescript
const config = {
  mock: true,
  feature: { spy: true },
};

export function checkConfig(callback?: (payload: object) => void) {
  callback?.(config);
}
```

코드 4-31을 보면 알 수 있듯이 매처는 동일하게 `toHaveBeenCalledWith`를 사용할 수 있다.

코드 4-31 src/04/05/checkConfig.test.ts

```typescript
test("목 함수는 실행 시 인수가 객체일 때에도 검증할 수 있다", () => {
  const mockFn = jest.fn();
  checkConfig(mockFn);
  expect(mockFn).toHaveBeenCalledWith({
    mock: true,
    feature: { spy: true },
  });
});
```

객체가 너무 크면 일부만 검증할 수밖에 없다. `expect.objectContaining`라는 보조 함수auxiliary function를 사용하면 객체의 일부만 검증할 수 있다(코드 4-32).

코드 4-32 src/04/05/checkConfig.test.ts

```typescript
test("expect.objectContaining를 사용한 부분 검증", () => {
  const mockFn = jest.fn();
  checkConfig(mockFn);
  expect(mockFn).toHaveBeenCalledWith(
    expect.objectContaining({
      feature: { spy: true },
    })
  );
});
```

실무에서는 지금까지 설명한 기법들을 활용하여 '폼에 특정 인터랙션이 발생하면 응답으로 받은 값은 OO이다' 같은 테스트를 자주 작성한다. 이러한 테스트는 6장 이후에 살펴보겠다.

4.6 웹 API 목 객체의 세부 사항

이전 절까지는 스텁과 스파이를 사용한 테스트 작성법을 살펴봤다. 이번에는 입력값을 검증한 후 응답 데이터를 교체하는 목 객체의 구현 방법을 자세히 알아본다.

- 예제 코드: src/04/06

4.6.1 테스트할 함수

일반적으로 백엔드에서는 전달받은 데이터를 저장하기 전에 유효성 검사를 실시한다. 코드 4-33의 checkLength는 백엔드에서 실시하는 유효성 검사를 재현한 함수다. 투고된 기사 제목과 본문에는 한 개 이상의 문자가 있고, 백엔드에서 검증한다고 가정한다.

코드 4-33 src/04/06/index.ts

```typescript
export class ValidationError extends Error { }

export function checkLength(value: string) {
  if (value.length === 0) {
    throw new ValidationError("한 글자 이상의 문자를 입력해주세요");
  }
}
```

4.6.2 목 객체 생성 함수 만들기

코드 4-34에서 4.4절 '웹 API 목 객체 생성 함수'와 동일하게 mockPostMyArticle 함수를 만든다. mockPostMyArticle 함수에서는 checkLength 함수로 유효성 검사를 실시하고 있다는 점에 주목하자. 테스트 대상에게 받은 입력값(input)을 검증하고 응답을 반환하는 실무에 가까운 작업을 수행한다.

코드 4-34 src/04/06/index.test.ts

```typescript
function mockPostMyArticle(input: ArticleInput, status = 200) {
  if (status > 299) {
    return jest
      .spyOn(Fetchers, "postMyArticle")
      .mockRejectedValueOnce(httpError);
  }
  try {
    checkLength(input.title);
```

```
    checkLength(input.body);
    return jest
      .spyOn(Fetchers, "postMyArticle")
      .mockResolvedValue({ ...postMyArticleData, ...input });
  } catch (err) {
    return jest
      .spyOn(Fetchers, "postMyArticle")
      .mockRejectedValueOnce(httpError);
  }
}
```

4.6.3 테스트 준비

입력으로 보낼 값을 동적으로 생성할 수 있도록 **팩토리 함수**factory function를 만든다(코드 4-35).

코드 4-35 src/04/06/index.test.ts

```
function inputFactory(input?: Partial<ArticleInput>) {        TypeScript
  return {
    tags: ["testing"],
    title: "타입스크립트를 사용한 테스트 작성법",
    body: "테스트 작성 시 타입스크립트를 사용하면 테스트의 유지보수가 쉬워진다",
    ...input,
  };
}
```

기본적으로 `inputFactory` 함수는 유효성 검사를 통과하는 내용을 반환한다. 필요에 따라 인수를 넘겨서 유효성 검사를 통과하지 못하는 내용으로 덮어써서 반환할 수 있다.

```
// 유효성 검사에 통과하는 객체 반환                          TypeScript
const input = inputFactory();
// 유효성 검사에 통과하지 못하는 객체 반환
const input = inputFactory({ title: "", body: "" });
```

4.6.4 유효성 검사 성공 재현 테스트

준비한 `inputFactory` 함수와 `mockPostMyArticle` 함수로 테스트를 작성한다(코드 4-36). 이 테스트에서는 '응답에 입력 내용이 포함됐는가'와 '목 함수가 호출됐는가'를 중점적으로 검증한다. `toHaveBeenCalled`는 목 함수가 호출됐는지 검증하는 매처다.

코드 4-36 src/04/06/index.test.ts

```typescript
test("유효성 검사에 성공하면 성공 응답을 반환한다", async () => {
  // 유효성 검사에 통과하는 입력을 준비한다.
  const input = inputFactory();
  // 입력값을 포함한 성공 응답을 반환하는 목 객체를 만든다.
  const mock = mockPostMyArticle(input);
  // input을 인수로 테스트할 함수를 실행한다.
  const data = await postMyArticle(input);
  // 취득한 데이터에 입력 내용이 포함됐는지 검증한다.
  expect(data).toMatchObject(expect.objectContaining(input));
  // 목 함수가 호출됐는지 검증한다.
  expect(mock).toHaveBeenCalled();
});
```

4.6.5 유효성 검사 실패 재현 테스트

올바르지 않은 입력값으로 유효성 검사에 실패하는 테스트를 작성해보자(코드 4-37). 목 객체는 성공 응답을 반환하도록 설정되어 있지만, 입력값은 유효성 검사에서 통과하지 못한다. 따라서 이번 테스트에서는 'reject됐는가'와 '목 함수가 호출됐는가'를 중점적으로 검증한다.

코드 4-37 src/04/06/index.test.ts

```typescript
test("유효성 검사에 실패하면 reject된다", async () => {
  expect.assertions(2);
  // 유효성 검사에 통과하지 못하는 입력을 준비한다.
  const input = inputFactory({ title: "", body: "" });
  // 입력값을 포함한 성공 응답을 반환하는 목 객체를 만든다.
  const mock = mockPostMyArticle(input);
  // 유효성 검사에 통과하지 못하고 reject됐는지 검증한다.
  await postMyArticle(input).catch((err) => {
    // 오류 객체가 reject됐는지 검증한다.
    expect(err).toMatchObject({ err: { message: expect.anything() } });
    // 목 함수가 호출됐는지 검증한다.
    expect(mock).toHaveBeenCalled();
  });
});
```

4.6.6 데이터 취득 실패 재현 테스트

코드 4-38에서는 데이터 취득에 실패하는 상황에도 'reject됐는가'와 '목 객체 생성 함수가 호출됐는가'를 중점적으로 검증하겠다.

코드 4-38 **src/04/06/index.test.ts**

```typescript
test("데이터 취득에 실패하면 reject된다", async () => {
  expect.assertions(2);
  // 유효성 검사에 통과하는 입력값을 준비한다.
  const input = inputFactory();
  // 실패 응답을 반환하는 목 객체를 만든다.
  const mock = mockPostMyArticle(input, 500);
  // reject됐는지 검증한다.
  await postMyArticle(input).catch((err) => {
    // 오류 객체가 reject됐는지 검증한다.
    expect(err).toMatchObject({ err: { message: expect.anything() } });
    // 목 함수가 호출됐는지 검증한다.
    expect(mock).toHaveBeenCalled();
  });
});
```

4.6절에서는 웹 API 목 객체 생성 함수의 구현 방법을 자세히 살펴봤다. 이 밖에 네트워크 계층을 목 객체로 만드는 방법도 있다. 네트워크 계층의 입력값을 검증할 수 있기 때문에 더욱 세밀하게 목 객체를 구현할 수 있는 방법으로, 7장에서 살펴보겠다.

4.7 현재 시각에 의존하는 테스트

현재 시각에 의존하는 로직이 테스트 대상에 포함됐다면 테스트 결과가 실행 시각에 의존하게 된다. 이렇게 되면 '특정 시간대에는 CI의 테스트 자동화가 실패하는' 불안정한 테스트가 된다. 이때 테스트 실행 환경의 현재 시각을 고정하면 언제 실행하더라도 같은 테스트 결과를 얻을 수 있다.

- 예제 코드: src/04/07

4.7.1 테스트할 함수

테스트할 함수는 아침, 점심, 저녁마다 다른 인사말을 반환하는 함수다(코드 4-39). 이 함수의 반환값은 실행 시각에 영향을 받는다.

코드 4-39 **src/04/07/index.ts**

```typescript
export function greetByTime() {
  const hour = new Date().getHours();
  if (hour < 12) {
    return "좋은 아침입니다";
```

```
  } else if (hour < 18) {
    return "식사는 하셨나요";
  }
  return "좋은 밤 되세요";
}
```

4.7.2 현재 시각 고정하기

테스트 실행 환경의 현재 시각을 임의의 시각으로 고정하려면 다음과 같은 함수를 사용한다.

- `jest.useFakeTimers`: 제스트에 가짜 타이머를 사용하도록 지시하는 함수
- `jest.setSystemTime`: 가짜 타이머에서 사용할 현재 시각을 설정하는 함수
- `jest.useRealTimers`: 제스트에 실제 타이머를 사용하도록 지시하는 원상 복귀 함수

코드 4-40에서는 `beforeEach`와 `afterEach`에서 타이머를 교체하는 작업을 수행하여 테스트마다 가짜 타이머를 설정하는 코드를 없앴다.

코드 4-40 **src/04/07/index.test.ts**

```typescript
describe("greetByTime(", () => {
  beforeEach(() => {
    jest.useFakeTimers();
  });

  afterEach(() => {
    jest.useRealTimers();
  });

  test("아침에는 '좋은 아침입니다'를 반환한다", () => {
    jest.setSystemTime(new Date(2023, 4, 23, 8, 0, 0));
    expect(greetByTime()).toBe("좋은 아침입니다");
  });

  test("점심에는 '식사는 하셨나요'를 반환한다", () => {
    jest.setSystemTime(new Date(2023, 4, 23, 14, 0, 0));
    expect(greetByTime()).toBe("식사는 하셨나요");
  });

  test("저녁에는 '좋은 밤 되세요'를 반환한다", () => {
    jest.setSystemTime(new Date(2023, 4, 23, 21, 0, 0));
    expect(greetByTime()).toBe("좋은 밤 되세요");
  });
});
```

테스트를 실행하기 전에 공통으로 설정해야 할 작업이 있거나 테스트 종료 후에 공통으로 파기 하고 싶은 작업이 있는 경우가 있다. 이때 설정 작업은 `beforeAll`과 `beforeEach`를, 파기 작업은 `afterAll`과 `afterEach`를 사용할 수 있다. 실행되는 타이밍은 코드 4-41과 같다.

코드 4-41 **설정 및 파기 실행 타이밍(src/04/07/index.test.ts)**

```typescript
beforeAll(() => console.log("1 - beforeAll"));
afterAll(() => console.log("1 - afterAll"));
beforeEach(() => console.log("1 - beforeEach"));
afterEach(() => console.log("1 - afterEach"));

test("", () => console.log("1 - test"));

describe("Scoped / Nested block", () => {
  beforeAll(() => console.log("2 - beforeAll"));
  afterAll(() => console.log("2 - afterAll"));
  beforeEach(() => console.log("2 - beforeEach"));
  afterEach(() => console.log("2 - afterEach"));

  test("", () => console.log("2 - test"));
});

// 1 - beforeAll
// 1 - beforeEach
// 1 - test
// 1 - afterEach
// 2 - beforeAll
// 1 - beforeEach
// 2 - beforeEach
// 2 - test
// 2 - afterEach
// 1 - afterEach
// 2 - afterAll
// 1 - afterAll
```

UI 컴포넌트 테스트

5.1 UI 컴포넌트 테스트 기초 지식

웹 프런트엔드의 주요 개발 대상은 UI 컴포넌트다. UI 컴포넌트에는 렌더링뿐만 아니라 복잡한 로직이 포함될 때가 많다. 5장에서는 UI 컴포넌트를 테스트할 때 어떤 부분에 중점을 두는 것이 좋은지 살펴보겠다.

5.1.1 MPA와 SPA의 차이점

과거 웹 애플리케이션은 '페이지 요청 단위'에 기반하여 사용자와 대화하는 방식으로 개발하는 것이 일반적이었다. 이렇게 여러 HTML 페이지와 HTTP 요청으로 만들어진 웹 애플리케이션은 **멀티 페이지 애플리케이션**multi-page application, MPA이라고 불리며, 현대적인 **싱글 페이지 애플리케이션**single-page application, SPA과 종종 비교된다(그림 5-1). 싱글 페이지 애플리케이션은 이름과 같이 한 개의 HTML 페이지에서 개발하는 웹 애플리케이션이다. 웹 서버가 응답으로 보낸 최초의 HTML 페이지를 사용자 입력에 따라 부분적으로 HTML을 변경한다. 부분적으로 변경할 때 주요 대상이 되는 단위가 UI 컴포넌트다.

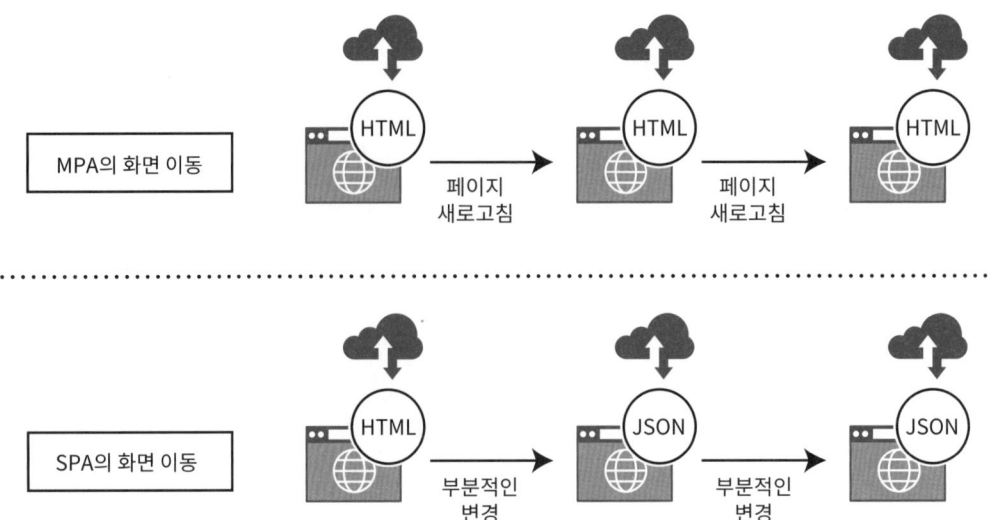

그림 5-1 멀티 페이지 애플리케이션(MPA)과 싱글 페이지 애플리케이션(SPA) 비교

싱글 페이지 애플리케이션은 사용자 입력에 따라 필요한 최소한의 데이터만 취득해 화면을 갱신한다. 필요한 만큼만 데이터를 받기 때문에 응답이 빠르고, 데이터 취득에 사용되는 리소스 부담도 줄일 수 있어 백엔드에도 간접적인 영향을 미친다. 이처럼 싱글 페이지 애플리케이션으로 만들어진 웹 프런트엔드는 시스템 전체적인 관점에서 볼 때도 장점이 있다.

5.1.2 UI 컴포넌트 테스트

UI 컴포넌트의 최소 단위는 버튼과 같은 개별 UI다. 작은 UI 컴포넌트를 조합하여 중간 크기의 UI 컴포넌트를 만들며, 작은 단위부터 하나씩 조합해 화면 단위의 UI를 완성한다. 그리고 화면 단위의 UI가 모여 최종적으로 애플리케이션이 된다(그림 5-2).

만약 고려해야 할 사항을 빠뜨려서 중간 크기의 UI 컴포넌트에 문제가 생기면 어떻게 될까? 최악의 경우 페이지 전체에 문제가 생겨서 애플리케이션을 사용하지 못하게 될 수도 있다. 이것이 바로 UI 컴포넌트에 테스트를 작성해야 하는 이유다.

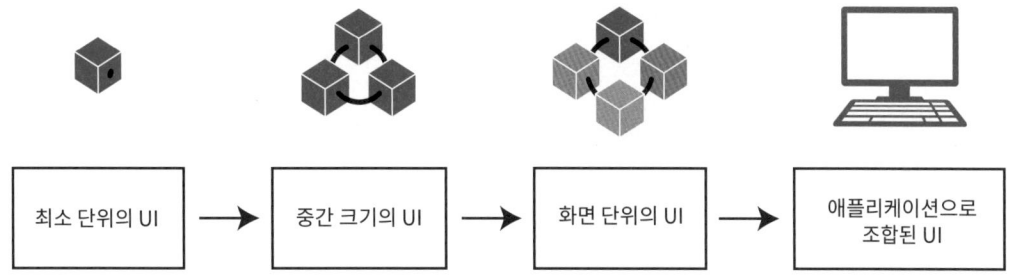

그림 5-2 **빌딩 블록과 같은 UI 컴포넌트**

대표적인 UI 컴포넌트 기능은 다음과 같다.

- 데이터를 렌더링하는 기능
- 사용자의 입력을 전달하는 기능
- 웹 API와 연동하는 기능
- 데이터를 동적으로 변경하는 기능

이 기능들은 테스트 프레임워크와 라이브러리를 사용해서 '의도한 대로 작동하고 있는가'와 '문제가 생긴 부분이 없는가'를 확인해야 한다. 5장에서는 렌더링할 UI 컴포넌트와 연관된 데이터를 중심으로 테스트를 작성해보겠다.

5.1.3 웹 접근성 테스트

신체적, 정신적 특성에 따른 차이 없이 정보에 접근할 수 있는 정도를 웹 접근성이라고 한다. 웹 접근성은 화면에 보이는 문제가 아니기 때문에 의식적으로 신경 써야만 알 수 있다. 디자인대로 화면이 구현됐고, 마우스 입력에 따라 정상적으로 작동한다면 품질에 문제가 없다고 생각하기 때문이다.

하지만 웹 접근성을 신경 쓰지 않으면 사용자 특성에 따라 접근조차 하지 못하는 기능이 생기고 만다. 가장 대표적인 사례가 **체크 박스**check box다. 외관에만 치중한 나머지 input 요소를 CSS로 제거하는 경우가 있다. 이는 마우스 사용자는 예쁘게 치장된 체크 박스를 클릭할 수 있지만, 보조 기기를 쓰는 사용자는 체크 박스의 존재조차 알아차릴 수 없게 된다. 서비스 제공자는 이와 같은 바람직하지 않은 상황이 일어나지 않도록 반드시 충족시켜야 할 품질 기준에 모든 사용자가 사용할 수 있어야 한다는 점을 포함시켜야 한다.

웹 접근성을 향상시키기에는 UI 컴포넌트 테스트가 안성맞춤이다. 마우스를 쓰는 사용자와 보조 기기를 쓰는 사용자가 동일하게 요소들을 인식할 수 있는 쿼리로 테스트를 작성해야 하기 때문이다. 이처럼 UI 컴포넌트 테스트는 기본적인 기능의 테스트뿐만 아니라 웹 접근성 품질 향상에도 도움이 된다.

5.2 라이브러리 설치

4장까지는 제스트로만 테스트를 작성했지만 5장부터는 UI 컴포넌트 테스트에 필요한 다음의 라이브러리를 추가해 테스트를 작성하자. UI 컴포넌트의 테스트 작성법을 학습하고자 예제 코드에서는 UI 라이브러리인 리액트를 사용한다.

- `jest-environment-jsdom`
- `@testing-library/react`
- `@testing-library/jest-dom`
- `@testing-library/user-event`

5.2.1 UI 컴포넌트 테스트 환경 구축

UI 컴포넌트 테스트는 렌더링된 UI를 조작하고, 조작 때문에 발생한 결과를 검증하는 방식으로 진행된다. UI를 렌더링하고 조작하려면 DOM API가 필요하지만 제스트가 테스트를 실행하는 환경인 Node.js는 공식적으로 DOM API를 지원하지 않는다. 이 문제를 해결하려면 **jsdom**[1]이 필요하다.

기본적인 테스트 환경은 jest.config.js의 `testEnvironment`에 지정한다(코드 5-1). 이전 버전에서는 `jsdom`을 지정했지만, 최신 버전의 제스트는 `jsdom`을 개선한 `jest-environment-jsdom`[2]을 사용하기 때문에 별도로 설치해 지정해야 한다.

코드 5-1 jest.config.ts

```typescript
module.exports = {
  testEnvironment: "jest-environment-jsdom",
};
```

---

1   https://github.com/jsdom/jsdom
2   https://github.com/jestjs/jest/tree/main/packages/jest-environment-jsdom

Next.js 애플리케이션처럼 서버와 클라이언트 코드가 공존하는 경우에는 테스트 파일 첫 줄에 다음과 같은 주석을 작성해 파일별로 다른 테스트 환경을 사용하도록 설정할 수 있다.

```typescript
/**
 * @jest-environment jest-environment-jsdom
 */
```

5.2.2 테스팅 라이브러리

테스팅 라이브러리testing library는 UI 컴포넌트를 테스트하는 라이브러리다. 크게 세 가지 역할을 담당한다.

- UI 컴포넌트를 렌더링한다.
- 렌더링된 요소에서 임의의 자식 요소를 취득한다.
- 렌더링된 요소에 인터랙션을 일으킨다.

테스팅 라이브러리의 기본 원칙은 '테스트는 소프트웨어의 사용법과 유사해야 한다'이다. 실제로 클릭, 마우스 오버, 키보드 입력 같은 기능을 사용하여 실제 웹 애플리케이션을 조작할 때와 유사하게 테스트를 작성할 것을 권장한다(그림 5-3).

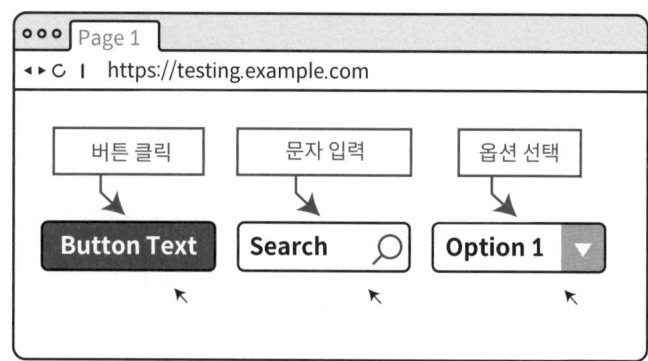

그림 5-3 인터랙션 테스트

UI 컴포넌트를 리액트로 만들고 있다면 리액트용 테스트 라이브러리인 `@testing-library/react`[3] 를 사용해야 한다.

---

3   https://github.com/testing-library/react-testing-library

테스팅 라이브러리는 리액트 외의 다른 UI 라이브러리를 위한 테스트 라이브러리도 제공한다. 이러한 라이브러리들은 공통적으로 `@testing-library/dom`을 코어로 사용한다. 따라서 다른 UI 컴포넌트 라이브러리를 사용하더라도 유사한 테스트 코드를 작성하게 된다.

`@testing-library/dom`[4]은 `@testing-library/react`가 의존하는 패키지이므로 직접 설치할 필요는 없다.

5.2.3 UI 컴포넌트 테스트용 매처 확장

지금까지 살펴봤던 제스트의 단언문과 매처를 UI 컴포넌트 테스트에도 사용할 수 있다. 하지만 DOM 상태를 검증할 때는 제스트 매처만으로는 부족하다. 이때, `@testing-library/jest-dom`[5]을 사용한다. 해당 라이브러리는 **커스텀 매처**custom matchers라는 제스트의 확장 기능을 제공한다. 이 라이브러리를 추가하면 UI 컴포넌트를 쉽게 테스트할 수 있는 여러 매처를 사용할 수 있다.

5.2.4 사용자 입력 시뮬레이션 라이브러리

테스팅 라이브러리는 문자 입력 등의 이벤트를 발생시키고자 fireEvent API를 제공한다. 다만 fireEvent API는 DOM 이벤트를 발생시킬 뿐이기 때문에 실제 사용자라면 불가능한 입력 패턴을 만들기도 한다. 따라서 실제 사용자의 입력에 가깝게 시뮬레이션이 가능한 `@testing-library/user-event`[6]를 추가로 사용하는 것이 좋다. 이후 fireEvent API 사용법도 설명하지만, 기본적으로 user-event를 사용하겠다.

5.3 처음 시작하는 UI 컴포넌트 테스트

먼저 간단하게 구현된 UI 컴포넌트를 확인하면서 UI 컴포넌트 테스트의 기초적인 작성법을 살펴보자. UI 컴포넌트 테스트는 기본적으로 테스트할 컴포넌트를 렌더링하고, 임의의 DOM을 취득한 후 DOM에 입력을 발생시키는 방식으로 진행된다.

테스트할 UI 컴포넌트는 스토리북을 사용해 `npm run storybook` 명령어로 어떤 형태의 UI인지 확인할 수 있다. 스토리북 사용법은 8장에서 자세히 알아보겠다.

---

4   https://github.com/testing-library/dom-testing-library
5   https://github.com/testing-library/jest-dom
6   https://github.com/testing-library/user-event

- 예제 코드: src/05/03

5.3.1 테스트할 UI 컴포넌트

코드 5-2의 UI 컴포넌트는 계정 정보 등록 페이지에서 사용하는 컴포넌트다(그림 5-4). [수정] 버튼
을 만든 후, 클릭하면 계정 정보를 수정하는 화면으로 이동하는 상황을 가정해보자.

코드 5-2 **src/05/03/Form.tsx**

```TypeScript
type Props = {
  name: string;
  onSubmit?: (event: React.FormEvent<HTMLFormElement>) => void;
};
export const Form = ({ name, onSubmit }: Props) => {
  return (
    <form
      onSubmit={(event) => {
        event.preventDefault();
        onSubmit?.(event);
      }}
    >
      <h2>계정 정보</h2>
      <p>{name}</p>
      <div>
        <button>수정</button>
      </div>
    </form>
  );
};
```

그림 5-4 **테스트할 UI 컴포넌트**

5.3.2 UI 컴포넌트 렌더링

테스팅 라이브러리의 render 함수를 사용해 테스트할 UI 컴포넌트를 코드 5-3과 같이 렌더링하면 매개변수 name에 할당한 값이 그대로 화면에 표시된다. name이 '제대로 표시됐는가'를 테스트해보자.

코드 5-3 src/05/03/Form.test.tsx

```typescript
import { render, screen } from "@testing-library/react";
import { Form } from "./Form";

test("이름을 표시한다", () => {
  render(<Form name="taro" />);
});
```

5.3.3 특정 DOM 요소 취득하기

렌더링된 요소 중 특정 DOM 요소를 취득하려면 screen.getByText를 사용한다(코드 5-4). screen.getByText 함수는 일치하는 문자열을 가진 한 개의 텍스트 요소를 찾는 API로, 요소를 발견하면 해당 요소의 참조를 취득할 수 있다. 따라서 screen.getByText("taro")를 실행하면 테스트할 컴포넌트를 취득한다. 만약 요소를 찾지 못하면 오류가 발생하고 테스트는 실패한다.

코드 5-4 src/05/03/Form.test.ts

```typescript
import { render, screen } from "@testing-library/react";
import { Form } from "./Form";

test("이름을 표시한다", () => {
  render(<Form name="taro" />);
  console.log(screen.getByText("taro"));
});
```

5.3.4 단언문 작성

단언문은 @testing-library/jest-dom으로 확장한 커스텀 매처를 사용한다(코드 5-5). toBeInTheDocument()는 '해당 요소가 DOM에 존재하는가'를 검증하는 커스텀 매처다. 이 매처를 사용한 단언문으로 'Props에 넘겨준 이름이 표시됐는가'를 테스트할 수 있다.

코드 5-5 src/05/03/Form.test.tsx

```typescript
import { render, screen } from "@testing-library/react";
import { Form } from "./Form";

test("이름을 표시한다", () => {
  render(<Form name="taro" />);
  expect(screen.getByText("taro")).toBeInTheDocument();
});
```

테스트 파일에 `@testing-library/jest-dom`을 명시적으로 `import`하지 않아도 된다. 저장소 경로에 있는 jest.setup.ts(모든 테스트에 적용할 설정 파일)에서 `import`하고 있기 때문이다. 해당 설정만으로도 모든 테스트 파일에서 커스텀 매처를 사용할 수 있다.

5.3.5 특정 DOM 요소를 역할로 취득하기

테스팅 라이브러리에는 특정 DOM 요소를 역할role로 취득할 수 있는 `screen.getByRole` 함수가 있다. `<Form>` 컴포넌트에는 `<button>`이 포함됐기 때문에 코드 5-6의 테스트는 성공한다.

코드 5-6 src/05/03/Form.test.tsx

```typescript
test("버튼을 표시한다", () => {
  render(<Form name="taro" />);
  expect(screen.getByRole("button")).toBeInTheDocument();
});
```

`<button>` 요소는 명시적으로 button이라는 역할을 하지 않는다. 하지만 button으로 취득할 수 있는 것은 암묵적 역할이라는 식별자를 테스팅 라이브러리가 지원하기 때문이다.

5.3.6 heading이 포함된 단언문

getByRole을 사용해서 다른 요소도 취득해보자. 컴포넌트에는 heading 요소 중 하나인 `<h2>`가 포함됐기 때문에 getByRole("heading")을 실행하면 `<h2>`의 참조를 취득할 수 있다(코드 5-7). h1~h6은 heading이라는 암묵적 역할을 가진다.

코드 5-7 src/05/03/Form.test.tsx

```typescript
test("heading을 표시한다", () => {
  render(<Form name="taro" />);
  expect(screen.getByRole("heading"));
});
```

이제 코드 5-8에서 취득한 `heading` 요소에 원하는 문자가 포함됐는지 테스트해보자. 문자 포함 여부는 `toHaveTextContent`라는 매처로 검증할 수 있다.

코드 5-8 src/05/03/Form.test.tsx

```typescript
test("heading을 표시한다", () => {
  render(<Form name="taro" />);
  expect(screen.getByRole("heading")).toHaveTextContent("계정 정보");
});
```

테스팅 라이브러리는 암묵적 역할을 활용한 쿼리를 우선적으로 사용하도록 권장한다.

역할은 웹 접근성에서 필수 개념이다. 하지만 접근성 관련 지식이 부족한 개발자 입장에서는 생소하게 느껴질 수 있다. 아직 웹 접근성에 익숙하지 않다면 5.9절의 '암묵적 역할과 접근 가능한 이름'을 참고하길 바란다.

5.3.7 이벤트 핸들러 호출 테스트

이벤트 핸들러event handler란 어떤 입력이 발생했을 때 호출되는 함수를 말한다. UI 컴포넌트를 작성할 때는 `Props`에 이벤트 핸들러를 지정해 '버튼을 클릭하면 OO한다' 같은 작업을 구현한다.

이벤트 핸들러 호출은 함수를 단위 테스트할 때와 동일하게 목 함수로 검증한다. 테스트할 UI 컴포넌트는 `form` 요소의 `onSubmit` 이벤트가 발생했을 때 호출할 이벤트 핸들러를 `Props`로 전달받는다. 여기서는 이벤트 핸들러로 목 함수인 `mockFn`을 전달한다.

버튼을 클릭해야 `onSubmit` 이벤트가 발생하는데, 테스트 환경에서는 직접 버튼을 클릭할 수 없다. 이때 `fireEvent.click`를 사용해 버튼 클릭을 재현할 수 있다(코드 5-9). 이와 같이 `fireEvent`를 사용하면 임의의 DOM 이벤트 발생이 가능해진다.

코드 5-9 src/05/03/Form.test.tsx

```typescript
import { fireEvent, render, screen } from "@testing-library/react";

test("버튼을 클릭하면 이벤트 핸들러가 실행된다", () => {
  const mockFn = jest.fn();
  render(<Form name="taro" onSubmit={mockFn} />);
  fireEvent.click(screen.getByRole("button"));
  expect(mockFn).toHaveBeenCalled();
});
```

5.4 아이템 목록 UI 컴포넌트 테스트

Props로 취득한 목록을 표시하는 테스트를 살펴보자. 한 번에 여러 DOM 요소를 취득하는 방법과 '존재하지 않음'을 확인하는 매처로 요소가 화면에 존재하는지 확인하는 방법을 자세히 알아보겠다.

- 예제 코드: src/05/04

5.4.1 테스트할 UI 컴포넌트

코드 5-10의 UI 컴포넌트는 기사 목록을 표시하는 컴포넌트다. 표시할 기사가 없으면 게재된 기사가 없습니다를 표시한다.

코드 5-10 **src/05/04/ArticleList.tsx**

```typescript
import { ArticleListItem, ItemProps } from "./ArticleListItem";

type Props = {
  items: ItemProps[];
};

export const ArticleList = ({ items }: Props) => {
  return (
    <div>
      <h2>기사 목록</h2>
      {items.length ? (
        <ul>
          {items.map((item) => (
            <ArticleListItem {...item} key={item.id} />
          ))}
        </ul>
      ) : (
        <p>게재된 기사가 없습니다</p>
      )}
    </div>
  );
};
```

이 컴포넌트의 테스트는 아이템이 존재하는 경우와 존재하지 않는 경우의 분기 처리에 중점을 둬야 한다(그림 5-5).

- 아이템이 존재하면 목록이 표시돼야 한다.

- 아이템이 존재하지 않으면 목록이 표시되지 않아야 한다.

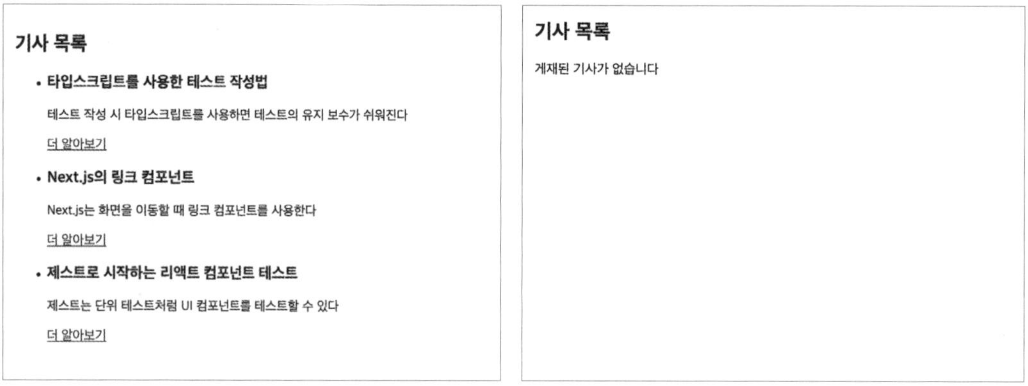

그림 5-5 상태에 따른 기사 목록의 화면 분기 처리. 아이템이 존재하는 경우(좌)와 아닌 경우(우)

5.4.2 목록에 표시된 내용 테스트

테스트용 데이터를 준비하자(코드 5-11). 테스트용 데이터는 `<ArticleListItem>`에 목록을 표시하기 위한 배열이다.

코드 5-11 src/05/04/fixture.ts

```typescript
export const items: ItemProps[] = [
  {
    id: "howto-testing-with-typescript",
    title: "타입스크립트를 사용한 테스트 작성법",
    body: "테스트 작성 시 타입스크립트를 사용하면 테스트의 유지보수가 쉬워진다",
  },
  {
    id: "nextjs-link-component",
    title: "Next.js의 링크 컴포넌트",
    body: "Next.js는 화면을 이동할 때 링크 컴포넌트를 사용한다",
  },
  {
    id: "react-component-testing-with-jest",
    title: "제스트로 시작하는 리액트 컴포넌트 테스트",
    body: "제스트는 단위 테스트처럼 UI 컴포넌트를 테스트할 수 있다",
  },
];
```

목록에 데이터가 표시되는지 확인해보자. `getAllByRole`은 지정한 역할과 일치하는 모든 요소를 배열로 취득하는 API다. 예를 들어 `<li>` 요소는 `listitem`이라는 암묵적 역할을 하기 때문에 `getAllByRole("listitem")`로 모든 `<li>` 요소를 취득할 수 있다. `toHaveLength`는 배열 길이를 검증하는 매처다. 코드 5-12를 보면 세 개의 테스트 데이터가 있어 세 건이 표시된 것을 확인할 수 있다.

코드 5-12 **배열 길이를 검증하는 매처(src/05/04/ArticleList.test.tsx)**

```typescript
test("items의 수만큼 목록을 표시한다", () => {
  render(<ArticleList items={items} />);
  expect(screen.getAllByRole("listitem")).toHaveLength(3);
});
```

세 개의 `<li>` 요소가 표시된 것을 확인했다. 하지만 아직 테스트가 충분하지 않다. 테스트 중점은 '목록(`<ul>` 요소)이 표시됐는가'이기 때문에 '`<ul>` 요소가 존재하는가'를 검증해야 한다. `<ul>` 요소는 `list`라는 암묵적 역할을 하므로 `screen.getByRole("list")`로 요소를 취득할 수 있다. 이제 목록에 기사가 표시된 것을 확인할 수 있다(코드 5-13).

코드 5-13 **목록 표시 검증(src/05/04/ArticleList.test.tsx)**

```typescript
test("목록을 표시한다", () => {
  render(<ArticleList items={items} />);
  const list = screen.getByRole("list");
  expect(list).toBeInTheDocument();
});
```

❶ within 함수로 범위 좁히기

지금까지 살펴본 예제에서는 작은 컴포넌트를 다뤄 문제가 없었지만 큰 컴포넌트를 다룰 때는 '테스트 대상이 아닌 `listitem`'도 `getAllByRole`의 반환값에 포함될 수 있다. 따라서 취득한 `list` 노드로 범위를 좁혀 여기에 포함된 `listitem` 요소의 숫자를 검증해야 한다. 대상 범위를 좁혀서 취득하고 싶다면 `within` 함수를 사용하자. `within` 함수의 반환값에는 `screen`과 동일한 요소 취득 API가 포함됐다(코드 5-14).

코드 5-14 within 함수로 범위 좁히기(src/05/04/ArticleList.test.tsx)

```
import { render, screen, within } from "@testing-library/react";

test("items의 수만큼 목록을 표시한다", () => {
  render(<ArticleList items={items} />);
  const list = screen.getByRole("list");
  expect(list).toBeInTheDocument();
  expect(within(list).getAllByRole("listitem")).toHaveLength(3);  ◀─┐ within을 사용해서 취득할
});                                                                  노드의 범위를 좁힌다.
```

5.4.3 목록에 표시할 내용이 없는 상황에서의 테스트

목록에 표시할 데이터가 없으면 목록을 표시하지 않고 '게재된 기사가 없습니다'를 표시한다. 이를 검증하는 테스트를 작성해보자(코드 5-15). 지금까지 사용한 getByRole이나 getByLabelText는 존재하지 않은 요소의 취득을 시도하면 오류가 발생한다. '존재하지 않음'을 테스트하려면 queryBy 접두사를 붙인 API를 사용해야 한다.

목록이 존재하는지 검증하고자 getByRole을 queryByRole로 대체하자. queryBy 접두사를 붙인 API를 사용하면 테스트가 에러 발생으로 중단되지 않는다. queryByRole은 취득할 요소가 없으면 null을 반환하므로 not.toBeInTheDocument 또는 toBeNull 매처로 검증할 수 있다(예제 코드에는 두 개의 매처를 모두 사용했지만 실무에서는 하나만 사용하면 된다).

코드 5-15 src/05/04/ArticleList.test.tsx

```
test("목록에 표시할 데이터가 없으면 '게재된 기사가 없습니다'를 표시한다", () => {   TypeScript
  // 빈 배열을 items에 할당하여 목록에 표시할 데이터가 없는 상황을 재현한다.
  render(<ArticleList items={[]} />);
  // 존재하지 않을 것으로 예상하는 요소의 취득을 시도한다.
  const list = screen.queryByRole("list");
  // list가 존재하지 않는다.
  expect(list).not.toBeInTheDocument();
  // list가 null이다.
  expect(list).toBeNull();
  // '게재된 기사가 없습니다'가 표시됐는지 확인한다.
  expect(screen.getByText("게재된 기사가 없습니다")).toBeInTheDocument();
});
```

이처럼 목록에 표시할 내용이 없는 상황을 테스트할 수 있다.

개별 아이템 컴포넌트 테스트

목록 컴포넌트는 별도로 개별 아이템 컴포넌트가 구현됐다. 책에서는 테스트도 동일하게 별도로
작성했다(코드 5-16). 개별 아이템은 Props로 받은 id를 사용해 더 알아보기 링크에 연결할 URL을
만드는 기능을 한다.

코드 5-16 src/05/04/ArticleListItem.tsx

```typescript
export type ItemProps = {
  id: string;
  title: string;
  body: string;
};

export const ArticleListItem = ({ id, title, body }: ItemProps) => {
  return (
    <li>
      <h3>{title}</h3>
      <p>{body}</p>
      <a href={`/articles/${id}`}>더 알아보기</a>
    </li>
  );
};
```

item이라는 테스트 데이터를 준비(코드 5-17)한 후 준비한 item을 스프레드 연산자를 사용해
Props에 전개한다. 그리고 href 속성에 할당된 URL이 Props의 id로 만들어진 것인지 더 알아보
기라는 문자열을 가진 링크에 속성을 조사하는 매처인 toHaveAttribute로 테스트한다.

코드 5-17 src/05/04/ArticleListItem.test.tsx

```typescript
const item: ItemProps = {
  id: "howto-testing-with-typescript",
  title: "타입스크립트를 사용한 테스트 작성법",
  body: "테스트 작성 시 타입스크립트를 사용하면 테스트의 유지보수가 쉬워진다",
};

test("링크에 id로 만든 URL을 표시한다", () => {
  render(<ArticleListItem {...item} />);
  expect(screen.getByRole("link", { name: "더 알아보기" })).toHaveAttribute(
    "href",
    "/articles/howto-testing-with-typescript"
  );
});
```

테스팅 라이브러리는 '사용자 입력을 제약 없이 재현한다'는 원칙이 있다. 요소 취득 API는 원칙에 따라 다음과 같은 순서로 사용할 것을 권장한다. 이 책의 코드도 테스팅 라이브러리의 원칙에 따라 특별한 이유가 없는 한 우선순위대로 작성했다.

❶ 모두가 접근 가능한 쿼리

신체적, 정신적 특성에 따른 차이 없이 접근할 수 있는 쿼리를 의미한다. 시각적으로 인지한 것과 스크린 리더 등의 보조 기기로 인지한 것이 동일하다는 것을 증명할 수 있다.

- getByRole
- getByLabelText
- getByPlaceholderText
- getByText
- getByDisplayValue

getByRole은 명시적으로 role 속성이 할당된 요소뿐만 아니라 암묵적 역할을 가진 요소도 취득할 수 있다. 아직 역할에 익숙하지 않다면 5장 마지막에 역할 목록을 정리했으니 참고하자.

❷ 시맨틱 쿼리

공식 표준에 기반한 속성을 사용하는 쿼리를 의미한다. 시맨틱 쿼리를 사용할 때는 브라우저나 보조 기기에 따라 상당히 다른 결과가 나올 수 있으니 주의해야 한다.

- getByAltText
- getByTitle

❸ 테스트 ID

테스트용으로 할당된 식별자를 의미한다. 역할이나 문자 콘텐츠를 활용한 쿼리를 사용할 수 없거나 의도적으로 의미 부여를 피하고 싶을 때만 사용할 것을 권장한다.

- getByTestId

더 자세한 내용은 라이브러리의 공식 문서[7]를 참고하자.

5.5 인터랙티브 UI 컴포넌트 테스트

Form 요소의 입력과 상태를 체크하는 테스트를 작성해보고, 접근성 기반 쿼리를 사용하면서 DOM 구조를 토대로 만들어진 접근성이 무엇인지 알아보자.

- 예제 코드: src/05/05

---

7 https://testing-library.com/docs/queries/about/#priority

테스트할 UI 컴포넌트

테스트할 UI 컴포넌트는 신규 계정 등록을 위한 Form 컴포넌트다(코드 5-18, 그림 5-6). 메일 주소
와 비밀번호를 입력하여 회원 가입을 요청할 수 있으며, 이용 약관에 동의하는 체크 박스에 체크하
지 않으면 전송할 수 없다.

먼저 폼을 구성하는 하위 컴포넌트를 살펴보자. 하위 컴포넌트는 이용 약관 동의를 요구하는 컴포
넌트로, 체크 박스를 클릭하면 onChange에 이벤트 핸들러로 할당한 콜백 함수가 호출된다.

코드 5-18 src/05/05/Agreement.tsx

```TypeScript
type Props = {
  onChange?: React.ChangeEventHandler<HTMLInputElement>;
};

export const Agreement = ({ onChange }: Props) => {
  return (
    <fieldset>
      <legend>이용 약관 동의</legend>
      <label>
        <input type="checkbox" onChange={onChange} />
        서비스 <a href="/terms">이용 약관</a>을 확인했으며 이에 동의합니다
      </label>
    </fieldset>
  );
};
```

신규 계정 등록

┌─ 계정정보 입력 ─────────────────────┐
│ 메일주소 [example@test.com]   │
│ 비밀번호 [8자 이상]   │
└──────────────────────────────────┘

┌─ 이용 약관 동의 ────────────────────┐
│ ☐ 서비스 이용 약관을 확인했으며 이에 동의합니다 │
└──────────────────────────────────┘

[회원가입]

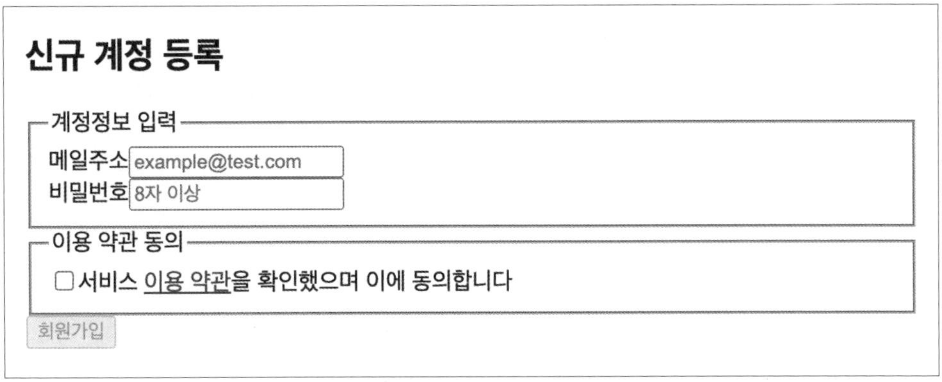

그림 5-6 테스트할 UI 컴포넌트

❶ 접근 가능한 이름 인용하기

`<fieldset>` 요소는 group이라는 암묵적 역할을 한다. `<legend>`는 `<fieldset>`의 하위 요소로서 그룹에 제목을 붙이는 데 사용한다.

코드 5-19는 `<legend>`에 있는 문자를 `<fieldset>`의 **접근 가능한 이름**accessible name으로 인용할 수 있는지 검증하는 테스트다. `<legend>` 요소가 있으면 요소 안의 문자가 암묵적으로 해당 그룹의 접근 가능한 이름으로 할당돼 검증할 수 있다.

코드 5-19 **src/05/05/Agreement.test.tsx**

```TypeScript
test("fieldset의 접근 가능한 이름을 legend에서 인용합니다", () => {
  render(<Agreement />);
  expect(
    screen.getByRole("group", { name: "이용 약관 동의" })
  ).toBeInTheDocument();
});
```

이 컴포넌트와 외관상 차이는 없지만, 코드 5-20과 같이 마크업을 작성하면 안 된다. 접근성에서 `<div>`는 역할을 가지지 않기 때문에 하나의 그룹으로서 식별할 수 없다.

코드 5-20 **src/05/05/Agreement.tsx**

```TypeScript
export const Agreement = ({ onChange }: Props) => {
  return (
    <div>
      <legend>이용 약관 동의</legend>
      <label>
        <input type="checkbox" onChange={onChange} />
        서비스 <a href="/terms">이용 약관</a>을 확인했으며 이에 동의합니다
      </label>
    </div>
  );
};
```

코드 5-20과 같이 접근성을 지키지 않은 코드는 테스트 작성 시 특정 그룹으로 인식하기 어렵게 만든다. 이와 같이 UI 컴포넌트에 테스트를 작성하면 접근성을 고려하게 된다.

❷ 체크 박스의 초기 상태 검증

체크 박스 상태를 커스텀 매처인 `toBeChecked`로 검증한다(코드 5-21). 렌더링 직후에는 체크되지

않은 상태이므로 not.toBeChecked는 성공한다.

코드 5-21 src/05/05/Agreement.test.tsx

```typescript
test("체크 박스가 체크되어 있지 않습니다", () => {
  render(<Agreement />);
  expect(screen.getByRole("checkbox")).not.toBeChecked();
});
```

5.5.2 계정 정보 입력 컴포넌트 테스트

폼을 구성하는 또 다른 하위 컴포넌트를 살펴보자. 이번에 살펴볼 컴포넌트는 회원가입 시 필요한 메일 주소와 비밀번호를 입력하는 UI 컴포넌트다(코드 5-22). 각각의 `<input>` 요소에 문자열을 입력하는 테스트를 작성해보겠다.

코드 5-22 src/05/05/InputAccount.tsx

```typescript
export const InputAccount = () => {
  return (
    <fieldset>
      <legend>계정정보 입력</legend>
      <div>
        <label>
          메일주소
          <input type="text" placeholder="example@test.com" />
        </label>
      </div>
      <div>
        <label>
          비밀번호
          <input type="password" placeholder="8자 이상" />
        </label>
      </div>
    </fieldset>
  );
};
```

❶ userEvent로 문자열 입력하기

문자열 입력은 `@testing-library/react`의 `fireEvent`로도 재현할 수 있다. 하지만 이번에는 실제 사용자 작동에 가깝게 입력을 재현하는 `@testing-library/user-event`를 사용한다(코드 5-23). `userEvent.setup()`으로 API를 호출할 `user` 인스턴스를 생성하며, `user`로 테스트마다 입력이 발생하도록 하겠다.

그다음 `screen.getByRole`로 메일주소 입력란을 취득한다. `<input type='text' />`는 `textbox`라는 암묵적 역할을 한다. 이렇게 취득한 `textbox`에 `user.type` API로 입력을 재현한다. `userEvent`를 사용한 모든 인터랙션은 입력이 완료될 때까지 기다려야 하는 비동기 처리이므로 `await`를 사용해 입력이 완료될 때까지 기다린다.

마지막으로 `getByDisplayValue`로 초깃값이 입력된 폼 요소가 존재하는지 검증하고 테스트를 마친다.

코드 5-23 src/05/05/InputAccount.test.tsx

```TypeScript
import userEvent from "@testing-library/user-event";

// 테스트 파일 작성 초기에 설정
const user = userEvent.setup();

test("메일주소 입력란", async () => {
  render(<InputAccount />);
  // 메일주소 입력란 취득
  const textbox = screen.getByRole("textbox", { name: "메일주소" });
  const value = "taro.tanaka@example.com";
  // textbox에 value를 입력
  await user.type(textbox, value);
  // 초깃값이 입력된 폼 요소가 존재하는지 검증
  expect(screen.getByDisplayValue(value)).toBeInTheDocument();
});
```

2 비밀번호 입력하기

메일 주소와 동일하게 비밀번호를 입력한다. 코드 5-24는 성공할 것 같지만 오류가 발생하며 실패한다.

코드 5-24 비밀번호 입력란 체크(src/05/05/InputAccount.test.tsx]

```TypeScript
test("비밀번호 입력란", async () => {
  render(<InputAccount />);
  const textbox = screen.getByRole("textbox", { name: "비밀번호" });
  expect(textbox).toBeInTheDocument();
});
```

실패한 이유는 `<input type='password' />`가 역할을 가지지 않기 때문이다. 이 요소는 `textbox`라는 역할을 가진 것으로 자주 오해받는다. HTML 요소는 할당된 속성에 따라 암묵적 역할이 변하기도 하는데, `<input type='radio' />`가 대표적인 예다. 이는 `<input>`이지만 `radio` 역할을 한다. 이처럼 HTML 요소와 역할이 항상 일치하지 않는다는 점을 주의하자.

`<input type='password' />`가 역할을 가지지 않는 문제를 더 자세히 알고 싶다면 https://github.com/w3c/aria/issues/935를 참고하자. 역할이 없는 경우에 요소를 취득하는 대체 수단으로 `placeholder`값을 참조하는 `getByPlaceholderText`를 사용하면 비밀번호 입력란을 취득할 수 있다(코드 5-25).

코드 5-25 src/05/05/InputAccount.test.tsx

```typescript
test("비밀번호 입력란", async () => {
  render(<InputAccount />);
  expect(() => screen.getByPlaceholderText("8자 이상")).not.toThrow();
  expect(() => screen.getByRole("textbox", { name: "비밀번호" })).toThrow();
});
```

요소를 취득했다면 코드 5-26처럼 메일 주소와 동일하게 문자열을 입력하고 단언문을 작성하면 된다. 이제 비밀번호 입력란 테스트가 완료됐다.

코드 5-26 src/05/05/InputAccount.test.tsx

```typescript
test("비밀번호 입력란", async () => {
  render(<InputAccount />);
  const password = screen.getByPlaceholderText("8자 이상");
  const value = "abcd1234";
  await user.type(password, value);
  expect(screen.getByDisplayValue(value)).toBeInTheDocument();
});
```

5.5.3 신규 회원가입 폼 테스트

마지막으로 `Form` 컴포넌트를 살펴보자(코드 5-27). `Agreement` 컴포넌트에 있는 '이용 약관 동의' 체크 여부는 리액트의 `useState`를 사용해 상태로서 관리한다.

코드 5-27 src/05/05/Form.tsx

```typescript
import { useId, useState } from "react";
import { Agreement } from "./Agreement";
import { InputAccount } from "./InputAccount";

export const Form = () => {
  const [checked, setChecked] = useState(false);
  const headingId = useId();
  return (
    <form aria-labelledby={headingId}>
      <h2 id={headingId}>신규 계정 등록</h2>
      <InputAccount />
      <Agreement
        onChange={(event) => {
          setChecked(event.currentTarget.checked);
        }}
      />
      <div>
        <button disabled={!checked}>회원가입</button>
      </div>
    </form>
  );
};
```

❶ 회원가입 버튼의 활성화 여부 테스트

체크 박스를 클릭하면 checked 상태가 변경되면서 '회원가입' 버튼을 활성화할 것인지 여부도 변경된다. 문자열 입력과 동일하게 userEvent.setup으로 만든 user를 사용해 await user.click(요소) 형식으로 클릭을 재현한다. 버튼의 활성화 여부 검증은 toBeDisabled와 toBeEnabled 매처를 사용한다(코드 5-28).

코드 5-28 src/05/05/Form.test.tsx

```typescript
test("회원가입 버튼은 비활성화 상태다", () => {
  render(<Form />);
  expect(screen.getByRole("button", { name: "회원가입" })).toBeDisabled();
});

test("이용 약관에 동의하는 체크 박스를 클릭하면 회원가입 버튼은 활성화된다", async () => {
  render(<Form />);
  await user.click(screen.getByRole("checkbox"));
  expect(screen.getByRole("button", { name: "회원가입" })).toBeEnabled();
});
```

2 form의 접근 가능한 이름

폼의 접근 가능한 이름은 `heading` 역할을 하는 `<h2>` 요소에서 인용한다. 코드 5-29와 같이 `aria-labelledby`라는 속성에 `<h2>` 요소의 `id`를 지정하면 접근 가능한 이름으로 인용할 수 있다.

HTML 요소의 `id` 속성은 HTML 문서 안에서 고유한 값이어야 한다. 고유한 값을 관리하는 일은 번거롭지만, 리액트 18에 추가된 훅인 `useId`를 사용하면 접근성에 필요한 `id`값을 자동으로 생성하고 관리해주기 때문에 쉽게 관리할 수 있다.

코드 5-29 useId를 사용한 고유 ID 생성

```typescript
import { useId } from "react";

export const Form = () => {
  const headingId = useId();
  return (
    <form aria-labelledby={headingId}>
      <h2 id={headingId}>신규 계정 등록</h2>
      /* 생략 */
    </form>
  );
};
```

이렇게 접근 가능한 이름을 할당하면 `<form>` 요소에는 `form`이라는 역할이 적용된다(접근 가능한 이름을 할당하지 않으면 역할을 가지지 않는다)(코드 5-30).

코드 5-30 form 역할로 요소 취득하기(src/05/05/Form.test.tsx)

```typescript
test("form의 접근 가능한 이름은 heading에서 인용한다", () => {
  render(<Form />);
  expect(
    screen.getByRole("form", { name: "신규 계정 등록" })
  ).toBeInTheDocument();
});
```

5.6 유틸리티 함수를 활용한 테스트

UI 컴포넌트 테스트에서는 사용자 입력(인터랙션)이 검증의 기점이 된다. 이번 절에서는 웹 애플리케이션에 필수인 폼 입력 인터랙션을 함수화해서 다시 활용하는 팁을 알아보겠다.

- 예제 코드: src/05/06

5.6.1 테스트할 UI 컴포넌트

코드 5-31의 UI 컴포넌트는 배송지 정보를 입력하는 폼이다. 로그인한 사용자가 쇼핑할 때 상품 배송지를 지정하는 상황을 가정해보자. 쇼핑 이력이 없는 사용자는 '배송지'를 입력해야 한다. 쇼핑 이력이 있는 사용자는 '이전 배송지'를 선택하거나 '새로운 배송지'를 입력할 수 있다.

코드 5-31 src/05/06/Form.tsx

```TypeScript
import { useState } from "react";
import { ContactNumber } from "./ContactNumber";
import { DeliveryAddress } from "./DeliveryAddress";
import { PastDeliveryAddress } from "./PastDeliveryAddress";
import { RegisterDeliveryAddress } from "./RegisterDeliveryAddress";

export type AddressOption = React.ComponentProps<"option"> & { id: string };
export type Props = {
  deliveryAddresses?: AddressOption[];
  onSubmit?: (event: React.FormEvent<HTMLFormElement>) => void;
};
export const Form = (props: Props) => {
  const [registerNew, setRegisterNew] = useState<boolean | undefined>(
    undefined
  );
  return (
    <form onSubmit={props.onSubmit}>
      <h2>배송지 정보 입력</h2>
      <ContactNumber />
      {props.deliveryAddresses?.length ? (
        <>
          <RegisterDeliveryAddress onChange={setRegisterNew} />
          {registerNew ? (
            <DeliveryAddress title="새로운 배송지" />
          ) : (
            <PastDeliveryAddress
              disabled={registerNew === undefined}
              options={props.deliveryAddresses}
            />
          )}
        </>
      ) : (
        <DeliveryAddress />
      )}
      <hr />
```

```
      <div>
        <button>주문내용 확인</button>
      </div>
    </form>
  );
};
```

테스트는 화면 분기에 따라 전송되는 값의 패턴이 세 가지라는 점에 중점을 둔다. 그림 5-7을 보자.

- 이전 배송지가 없음

- 이전 배송지가 있음: 새로운 배송지를 등록하지 않는다.

- 이전 배송지가 있음: 새로운 배송지를 등록한다.

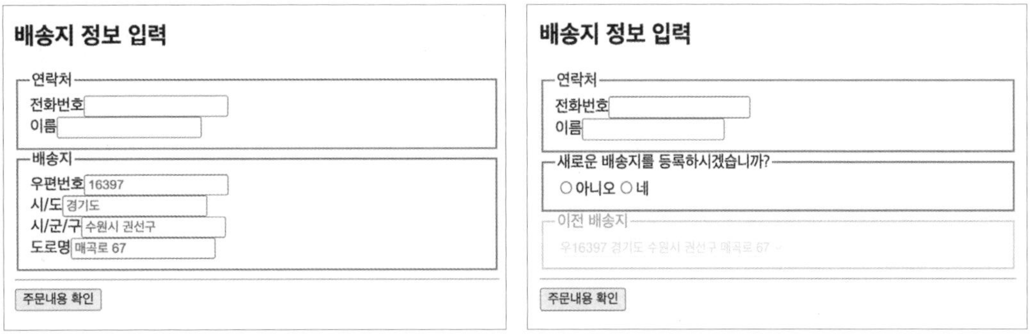

그림 5-7 상태에 따른 화면 분기 처리. 이전 배송지가 없는 경우(좌)와 있는 경우(우)

5.6.2 폼 입력을 함수화하기

폼 입력 테스트는 여러 번 동일한 인터랙션을 작성해야 할 때가 많다. 이번 절에서 테스트하는 컴포넌트처럼 화면 분기가 있는 경우가 특히 그렇다. 이렇게 반복적으로 호출해야 하는 인터랙션을 하나의 함수로 정리하면 여러 곳에서 다시 활용할 수 있다. 코드 5-32는 연락처를 입력하는 인터랙션을 함수로 만든 것이다. 사전에 입력할 내용의 초깃값을 인수에 설정하고 필요할 때마다 변경할 수 있어 편리하다.

코드 5-32 src/05/06/Form.test.tsx

```
                                                                    TypeScript
async function inputContactNumber(
  inputValues = {
    name: "배언수",
    phoneNumber: "000-0000-0000",
```

```
  }
) {
  await user.type(
    screen.getByRole("textbox", { name: "전화번호" }),
    inputValues.phoneNumber
  );
  await user.type(
    screen.getByRole("textbox", { name: "이름" }),
    inputValues.name
  );
  return inputValues;
}
```

코드 5-33은 배송지를 입력하는 인터랙션 함수다. 입력 항목이 많은 폼일수록 함수화가 효과적이다.

코드 5-33 src/05/06/Form.test.tsx

```
async function inputDeliveryAddress(                                    TypeScript
  inputValues = {
    postalCode: "16397",
    prefectures: "경기도",
    municipalities: "수원시 권선구",
    streetNumber: "매곡로 67",
  }
) {
  await user.type(
    screen.getByRole("textbox", { name: "우편번호" }),
    inputValues.postalCode
  );
  await user.type(
    screen.getByRole("textbox", { name: "시/도" }),
    inputValues.prefectures
  );
  await user.type(
    screen.getByRole("textbox", { name: "시/군/구" }),
    inputValues.municipalities
  );
  await user.type(
    screen.getByRole("textbox", { name: "도로명" }),
    inputValues.streetNumber
  );
  return inputValues;
}
```

5.6.3 이전 배송지가 없는 경우의 테스트

이제 코드 5-34와 같이 이전 배송지가 없는 경우의 테스트를 작성해보자. `<Form>` 컴포넌트에는 이전 배송지를 의미하는 `deliveryAddresses`라는 Props를 지정할 수 있다. 만약 지정되지 않으면 이전 배송지가 없는 상태가 된다. 배송지를 입력받기 위해 먼저 입력란이 존재하는지 검증하자.

코드 5-34 **src/05/06/Form.test.tsx**

```typescript
describe("이전 배송지가 없는 경우", () => {
  test("배송지 입력란이 존재한다", () => {
    render(<Form />);
    expect(screen.getByRole("group", { name: "연락처" })).toBeInTheDocument();
    expect(screen.getByRole("group", { name: "배송지" })).toBeInTheDocument();
  });
});
```

앞서 준비한 인터랙션 함수를 사용하면 입력이 필요한 폼을 채울 수 있다(코드 5-35). `inputContactNumber` 함수와 `inputDeliveryAddress` 함수는 각각 입력한 내용을 반환한다. 반환받은 입력 내용을 `{ ...contactNumber, ...deliveryAddress }`처럼 스프레드 연산자로 합쳐서 입력 내용을 제대로 전달받았는지 검증한다.

코드 5-35 **src/05/06/Form.test.tsx**

```typescript
describe("이전 배송지가 없는 경우", () => {
  test("폼을 제출하면 입력 내용을 전달받는다", async () => {
    const [mockFn, onSubmit] = mockHandleSubmit();
    render(<Form onSubmit={onSubmit} />);
    const contactNumber = await inputContactNumber();
    const deliveryAddress = await inputDeliveryAddress();
    await clickSubmit();
    expect(mockFn).toHaveBeenCalledWith(
      expect.objectContaining({ ...contactNumber, ...deliveryAddress })
    );
  });
});
```

이 책에서는 `clickSubmit` 함수가 어떤 역할을 하는지 다루지 않지만, 테스트 코드를 보면 어떤 인터랙션이 이뤄지는지 유추할 수 있을 것이다. 이처럼 인터랙션의 세부 내용을 함수에 숨기면 각 테스트에서 무엇을 검증하고 싶은지 명확해진다.

❶ Form 이벤트를 검증하기 위한 목 함수

onSubmit으로 전달받은 값을 검증할 때는 목 함수를 사용한다(코드 5-36). mockHandleSubmit 함수는 스파이와 이벤트 핸들러를 조합해 작성하면 된다.

코드 5-36 src/05/06/Form.test.tsx

```typescript
function mockHandleSubmit() {
  const mockFn = jest.fn();
  const onSubmit = (event: React.FormEvent<HTMLFormElement>) => {
    event.preventDefault();
    const formData = new FormData(event.currentTarget);
    const data: { [k: string]: unknown } = {};
    formData.forEach((value, key) => (data[key] = value));
    mockFn(data);
  };
  return [mockFn, onSubmit] as const;
}
```

5.6.4 이전 배송지가 있는 경우의 테스트

코드 5-37과 같이 이전 배송지가 있는 경우의 테스트를 작성해보자. <Form> 컴포넌트의 deliveryAddresses에 이전 배송지에 해당하는 객체를 할당하여 상황을 재현한다. 이 상황에서는 새로운 배송지를 등록하시겠습니까?라는 질문이 보인다. 여기서 아니오 혹은 네 중에서 하나를 선택하기 전까지 이전 배송지가 적힌 셀렉트 박스는 비활성화된다.

코드 5-37 src/05/06/Form.test.tsx

```typescript
describe("이전 배송지가 있는 경우", () => {
  test("질문에 대답할 때까지 배송지를 선택할 수 없다", () => {
    render(<Form deliveryAddresses={deliveryAddresses} />);
    expect(
      screen.getByRole("group", { name: "새로운 배송지를 등록하시겠습니까?" })
    ).toBeInTheDocument();
    expect(
      screen.getByRole("group", { name: "이전 배송지" })
    ).toBeDisabled();
  });
});
```

① '아니오'를 선택한 경우의 전송 내용 검증

아니오를 선택하면 주소 입력 인터랙션인 `inputDeliveryAddress`는 필요하지 않다. 따라서 연락처 입력 인터랙션인 `inputContactNumber`만 실행해 입력 내용이 전송됐는지 검증하자(코드 5-38).

코드 5-38 **src/05/06/Form.test.tsx**

```typescript
describe("이전 배송지가 있는 경우", () => {
  test("'아니오'를 선택하고 전송하면 입력 내용을 전달받는다", async () => {
    const [mockFn, onSubmit] = mockHandleSubmit();
    render(<Form deliveryAddresses={deliveryAddresses} onSubmit={onSubmit} />);
    await user.click(screen.getByLabelText("아니오"));
    expect(screen.getByRole("group", { name: "이전 배송지" })).toBeInTheDocument();
    const inputValues = await inputContactNumber();
    await clickSubmit();
    expect(mockFn).toHaveBeenCalledWith(expect.objectContaining(inputValues));
  });
});
```

② '네'를 선택한 경우의 전송 내용 검증

네를 선택하면 주소 입력 인터랙션인 `inputDeliveryAddress`가 필요하다(코드 5-39). 이전 배송지가 없는 경우와 동일하게 모든 입력 항목을 입력한 후 전송 내용을 검증한다.

코드 5-39 **src/05/06/Form.test.tsx**

```typescript
describe("이전 배송지가 있는 경우", () => {
  test("'네'를 선택하고 전송하면 입력 내용을 전달받는다", async () => {
    const [mockFn, onSubmit] = mockHandleSubmit();
    render(<Form deliveryAddresses={deliveryAddresses} onSubmit={onSubmit} />);
    await user.click(screen.getByLabelText("네"));
    expect(
      screen.getByRole("group", { name: "새로운 배송지" })
    ).toBeInTheDocument();
    const contactNumber = await inputContactNumber();
    const deliveryAddress = await inputDeliveryAddress();
    await clickSubmit();
    expect(mockFn).toHaveBeenCalledWith(
      expect.objectContaining({ ...contactNumber, ...deliveryAddress })
    );
  });
});
```

5.7 비동기 처리가 포함된 UI 컴포넌트 테스트

이전 절에서는 `<input>` 요소에 문자를 입력하면 `<form>` 요소의 `onSubmit`에 할당된 이벤트 핸들러가 호출되는 상황을 테스트했다. 이번에는 5.6절에서 나온 값을 Fetch API로 전송하는 과정을 테스트한다.

- 예제 코드: src/05/07

5.7.1 테스트할 UI 컴포넌트

코드 5-40은 계정 정보 등록 페이지를 표시하는 UI 컴포넌트다(그림 5-8). 이 컴포넌트는 웹 API 응답에 따라 `postResult`에 메시지를 저장하며, 저장된 메시지는 그대로 UI 컴포넌트에 표시된다. `<Form>` 컴포넌트는 `onSubmit` 이벤트가 발생하면 다음 함수를 실행한다.

코드 5-40 src/05/07/RegisterAddress.tsx

```typescript
import { useState } from "react";
import { Form } from "../06/Form";
import { postMyAddress } from "./fetchers";
import { handleSubmit } from "./handleSubmit";
import { checkPhoneNumber, ValidationError } from "./validations";

export const RegisterAddress = () => {
  const [postResult, setPostResult] = useState("");
  return (
    <div>
      <Form ❶
        onSubmit={handleSubmit((values) => {
          try {
            checkPhoneNumber(values.phoneNumber); ❷
            postMyAddress(values) ❸
              .then(() => {
                setPostResult("등록됐습니다");
              })
              .catch(() => {
                setPostResult("등록에 실패했습니다");
              });
          } catch (err) {
            if (err instanceof ValidationError) {
              setPostResult("올바르지 않은 값이 포함되어 있습니다");
              return;
            }
            setPostResult("알 수 없는 오류가 발생했습니다");
```

```
        }
      })}
    />
    {postResult && <p>{postResult}</p>}
  </div>
 );
};
```

❶ `handleSubmit`: `form`에 전송된 값을 `values`라는 객체로 변환한다.

❷ `checkPhoneNumber`: 전송된 값에 유효성 검사를 실시한다.

❸ `postMyAddress`: 웹 API 클라이언트를 호출한다.

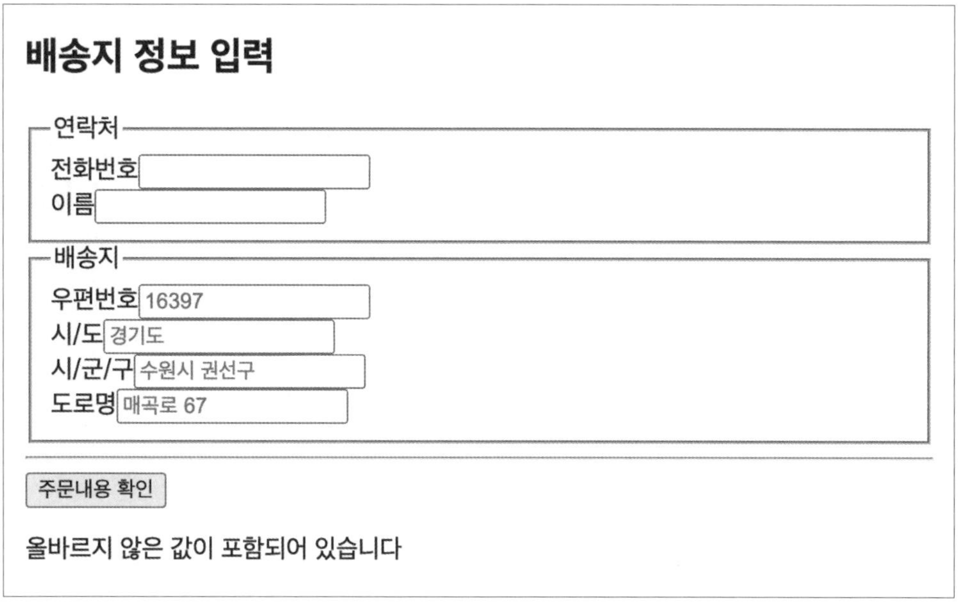

배송지 정보 입력

```
┌─ 연락처 ──────────────────────────────────┐
│  전화번호[        ]                          │
│  이름  [        ]                            │
└────────────────────────────────────────┘
┌─ 배송지 ──────────────────────────────────┐
│  우편번호[16397      ]                       │
│  시/도 [경기도       ]                       │
│  시/군/구[수원시 권선구  ]                    │
│  도로명 [매곡로 67    ]                       │
└────────────────────────────────────────┘
```

[주문내용 확인]

올바르지 않은 값이 포함되어 있습니다

그림 5-8 **테스트할 UI 컴포넌트**

이번 컴포넌트는 입력 내용과 웹 API 응답에 따라 네 가지 패턴으로 다른 메시지가 표시되는지 중점적으로 테스트해보겠다. 네 가지 패턴의 메시지가 제대로 표시되는지 각 패턴에 대한 테스트를 작성해보자.

5.7.2 웹 API 클라이언트 확인

`values`로 변환된 값은 Fetch API를 활용하는 웹 API 클라이언트인 `postMyAddress`에서 사용한다

(코드 5-41). `postMyAddress`를 활용해서 4.6절에서 작성한 것처럼 HTTP 상태가 300번 이상이면 예외를 발생시킨다.

코드 5-41 src/05/07/fetchers/index.ts

```typescript
export function postMyAddress(values: unknown): Promise<Result> {
  return fetch(host("/my/address"), {
    method: "POST",
    body: JSON.stringify(values),
    headers,
  }).then(handleResponse);
}
```

5.7.3 웹 API 클라이언트의 목 함수

4.6절을 참고해 `postMyAddress`를 목 객체로 만드는 함수를 작성하자(코드 5-42).

코드 5-42 src/05/07/fetchers/mock.ts

```typescript
import * as Fetchers from ".";
import { httpError, postMyAddressMock } from "./fixtures";

export function mockPostMyAddress(status = 200) {
  if (status > 299) {
    return jest
      .spyOn(Fetchers, "postMyAddress")
      .mockRejectedValueOnce(httpError);
  }
  return jest
    .spyOn(Fetchers, "postMyAddress")
    .mockResolvedValueOnce(postMyAddressMock);
}
```

5.7.4 입력된 값을 전송하는 인터랙션 함수

UI를 조작해서 전송 버튼을 클릭하면 어떤 결과가 나타나는지 테스트해보자. 이전 절을 참고해 입력란에 모두 입력한 후 전송하는 과정을 **비동기 함수**asynchronous function로 정리한다(코드 5-43).

코드 5-43 src/05/07/RegisterAddress.test.tsx

```typescript
async function fillValuesAndSubmit() {
  const contactNumber = await inputContactNumber();
  const deliveryAddress = await inputDeliveryAddress();
  const submitValues = { ...contactNumber, ...deliveryAddress };
  await clickSubmit();
  return submitValues;
}
```

5.7.5 응답 성공 테스트

성공하는 패턴의 테스트를 살펴보자(코드 5-44). `mockPostMyAddress` 함수를 사용하면 웹 API 클라이언트의 응답이 변경된다. 목 모듈을 사용하는 테스트는 파일 상단에 `jest.mock(모듈 경로);`을 실행해야 하는 것을 잊지 말자.

코드 5-44 src/05/07/RegisterAddress.test.tsx

```typescript
test("성공하면 '등록됐습니다'가 표시된다", async () => {
  const mockFn = mockPostMyAddress();
  render(<RegisterAddress />);
  const submitValues = await fillValuesAndSubmit();
  expect(mockFn).toHaveBeenCalledWith(expect.objectContaining(submitValues));
  expect(screen.getByText("등록됐습니다")).toBeInTheDocument();
});
```

5.7.6 응답 실패 테스트

웹 API의 응답이 `reject`되는 상황을 재현하고자 목 함수의 인수로 `500`을 설정해보겠다(코드 5-45). `reject` 시 오류 문자가 나타나는지 테스트할 수 있다.

코드 5-45 src/05/07/RegisterAddress.test.tsx

```typescript
test("실패하면 '등록에 실패했습니다'가 표시된다", async () => {
  const mockFn = mockPostMyAddress(500);
  render(<RegisterAddress />);
  const submitValues = await fillValuesAndSubmit();
  expect(mockFn).toHaveBeenCalledWith(expect.objectContaining(submitValues));
  expect(screen.getByText("등록에 실패했습니다")).toBeInTheDocument();
});
```

5.7.7 유효성 검사 오류 테스트

4.6절에서 다뤘던 것처럼 전송하려는 값에 유효성 검사를 실시해보자. 유효성 검사를 실시하면 올바르지 않은 입력값(기대하지 않은 형식)이 포함된 경우에는 전송 자체가 불가능하기 때문에 사용자가 올바른 값을 입력하도록 즉각 도울 수 있다. 편리한 유효성 검사 라이브러리가 많지만 코드 5-46에서는 직접 작성한 유효성 검사를 간단히 실시하겠다(코드 5-47).

`checkPhoneNumber` 함수는 전화번호 입력값을 검증하는 유효성 검사 함수다. 입력값에 숫자나 `-` 외의 값이 포함돼 있으면 `ValidationError`를 발생시킨다. `try-catch` 문을 사용해서 `err`가 `ValidationError`의 인스턴스이면 유효성 검사 오류로 간주한다.

코드 5-46 src/05/07/RegisterAddress.tsx

```TypeScript
<Form
  onSubmit={handleSubmit((values) => {
    try {
      checkPhoneNumber(values.phoneNumber);
      // 데이터 취득 함수
    } catch (err) {
      if (err instanceof ValidationError) {
        setPostResult("올바르지 않은 값이 포함되어 있습니다");
        return;
      }
    }
  })}
/>
```

코드 5-47 src/05/07/validations.ts

```TypeScript
export class ValidationError extends Error {}

export function checkPhoneNumber(value: any) {
  if (!value.match(/^[0-9\-]+$/)) {
    throw new ValidationError();
  }
}
```

유효성 검사에서 오류가 발생하도록 숫자나 `-` 외의 입력값이 포함된 함수인 `fillInvalidValuesAndSubmit`을 작성해보자. 코드 5-48은 `inputContactNumber` 함수의 인수에 올바르지 않은 입력값을 넣어 오류가 발생한다.

코드 5-48 src/05/07/RegisterAddress.test.tsx

```typescript
async function fillInvalidValuesAndSubmit() {
  const contactNumber = await inputContactNumber({
    name: "배언수",
    phoneNumber: "abc-defg-hijkl",          올바르지 않은
  });                                         값으로 변경
  const deliveryAddress = await inputDeliveryAddress();
  const submitValues = { ...contactNumber, ...deliveryAddress };
  await clickSubmit();
  return submitValues;
}
```

이와 같이 '준비', '실행', '검증' 3단계로 정리한 테스트 코드를 **AAA 패턴**arrange act assert pattern이라고 하며, 가독성이 좋다(코드 5-49).

코드 5-49 src/05/07/RegisterAddress.test.tsx

```typescript
test("유효성 검사 오류가 발생하면 메시지가 표시된다", async () => {
  render(<RegisterAddress />);          준비
  await fillInvalidValuesAndSubmit();          실행
  expect(screen.getByText("올바르지 않은 값이 포함되어 있습니다")).toBeInTheDocument();
});                                                                        검증
```

5.7.8 알 수 없는 오류 테스트

목 함수를 실행하지 않은 테스트에서는 웹 API 요청을 처리할 수 없기 때문에 코드 5-50에서는 원인 불명의 오류가 발생한다.

코드 5-50 src/05/07/RegisterAddress.test.tsx

```typescript
test("원인이 명확하지 않은 오류가 발생하면 메시지가 표시된다", async () => {
  render(<RegisterAddress />);
  await fillValuesAndSubmit();
  expect(screen.getByText("알 수 없는 오류가 발생했습니다")).toBeInTheDocument();
});
```

이번 절에서는 목 함수를 사용해 네 가지 패턴의 메시지가 나타나는 것을 확인했다. 만약 비동기 처리가 있으면 오류 분기가 복잡해지는 상황이 많기 때문에 테스트를 작성하면서 누락된 부분은 없는지 확인해야 한다.

5.8 UI 컴포넌트 스냅숏 테스트

UI 컴포넌트가 예기치 않게 변경됐는지 검증하고 싶다면 **스냅숏 테스트**snapshot test를 한다. 지금부터 스냅숏 테스트의 사용법을 살펴보겠다.

- 예제 코드: src/05

5.8.1 스냅숏 기록하기

UI 컴포넌트의 스냅숏 테스트를 실행하면 HTML 문자열로 해당 시점의 렌더링 결과를 외부 파일에 저장한다. 스냅숏 테스트를 실행하려면 스냅숏을 남기고 싶은 컴포넌트의 테스트 파일에 코드 5-51과 같이 toMatchSnapshot을 사용하는 단언문을 실행해야 한다.

코드 5-51 **src/05/03/Form.test.tsx**

```
                                                                    TypeScript
test("Snapshot: 계정명인 'taro'가 표시된다", () => {
  const { container } = render(<Form name="taro" />);
  expect(container).toMatchSnapshot();
});
```

테스트를 실행하면 테스트 파일과 같은 경로에 __snapshots__ 디렉터리가 생성되고, 디렉터리 안에 '테스트 파일명.snap' 형식으로 파일이 저장된다. 파일을 열어보면 코드 5-52와 같이 UI 컴포넌트가 HTML 문자열로 변경됐다.

코드 5-52 **src/05/03/__snapshots__/Form.test.tsx.snap**

```
                                                                    snapshot
exports[`Snapshot: 계정명인 'taro'가 표시된다 1`] = `
<div>
  <form>
    <h2>
      계정 정보
    </h2>
    <p>
      taro
    </p>
    <div>
      <button>
        수정
      </button>
    </div>
  </form>
```

```
    </div>
`;
```

자동으로 생성되는 .snap 파일은 git의 추적 대상으로 두고 커밋하는 것이 일반적이다.

5.8.2 회귀 테스트 발생시키기

스냅숏 테스트는 이미 커밋된 .snap 파일과 현시점의 스냅숏 파일을 비교하여 차이점이 발견되면 테스트가 실패하게 만든다. 테스트가 실패하도록 의도적으로 `name`을 `taro`에서 `jiro`로 변경해보자(코드 5-53).

코드 5-53 src/05/03/Form.test.tsx

```typescript
test("Snapshot: 계정명인 'taro'가 표시됐는지 확인한다", () => {
  const { container } = render(<Form name="jiro" />);
  expect(container).toMatchSnapshot();
});
```

테스트를 실행하면 변경된 부분에 `diff`가 생기고 실패한다. 이번 테스트 예제는 매우 단순한 변경 사항을 의도적으로 만들었지만, UI 컴포넌트가 복잡해지면 의도하지 않은 변경 사항을 발견하는 경우도 있다.

```bash
Snapshot: 계정명인 'taro'가 표시됐는지 확인한다

  expect(received).toMatchSnapshot()

  Snapshot name: `Snapshot: 계정명인 'taro'가 표시됐는지 확인한다 1`

  - Snapshot  - 1
  + Received  + 1
  @@ -2,11 +2,11 @@
    <form>
      <h2>
        계정 정보
      </h2>
      <p>
  -     taro
  +     jiro
      </p>
      <div>
        <button>
```

```
        수정
      </button>
26 |  test("Snapshot: 계정명인 'taro'가 표시됐는지 확인한다", () => {
27 |    const { container } = render(<Form name="jiro" />);
28 |    expect(container).toMatchSnapshot();
   |                              ^
29 | });
```

5.8.3 스냅숏 갱신하기

실패한 테스트를 성공시키려면 커밋된 스냅숏을 갱신해야 한다. 테스트를 실행할 때 --update Snapshot 혹은 -u 옵션을 추가하면 스냅숏이 새로운 내용으로 갱신된다.

스냅숏 테스트를 기록한 후에도 기능을 추가하거나 수정하면 UI 컴포넌트의 HTML 출력 결과는 수시로 바뀐다. 발견한 변경 사항이 의도한 것이라면 갱신을 허가한다는 의미에서 새로 출력된 스냅숏을 커밋하자.[8]

```bash
$ npx jest --updateSnapshot
```

5.8.4 인터랙션을 실행한 후 스냅숏 기록하기

스냅숏 테스트는 UI 컴포넌트에 Props에 기반한 결과 외에도 인터랙션 실행 후의 출력 결과도 기록할 수 있다. 앞서 테스트 파일에 작성한 스냅숏 테스트를 살펴보자. 여러 줄을 주석 처리한 것은 렌더링 초기 상태의 스냅숏을 남기기 위해서다(코드 5-54).

코드 5-54 src/05/07/RegisterAddress.test.tsx

```TypeScript
test("Snapshot: 등록 폼이 표시된다", async () => {
  mockPostMyAddress();
  // const mockFn = mockPostMyAddress();
  const { container } = render(<RegisterAddress />);
  // const submitValues = await fillValuesAndSubmit();
  // expect(mockFn).toHaveBeenCalledWith(expect.objectContaining(submitValues));
  expect(container).toMatchSnapshot();
});
```

---

8   [옮긴이] npx는 node package executor의 줄임말로 패키지를 실행하는 도구다.

주석 처리된 행을 코드 5-55처럼 변경하자. 변경된 코드는 폼을 전송하고 성공 응답이 반환된 시점의 스냅숏을 기록한다.

코드 5-55 src/05/07/RegisterAddress.test.tsx

```typescript
test("Snapshot: 등록 폼이 표시된다", async () => {
  // mockPostMyAddress();
  const mockFn = mockPostMyAddress();
  const { container } = render(<RegisterAddress />);
  const submitValues = await fillValuesAndSubmit();
  expect(mockFn).toHaveBeenCalledWith(expect.objectContaining(submitValues));
  expect(container).toMatchSnapshot();
});
```

변경된 코드를 실행하면 등록됐습니다라는 문구가 변경 사항으로 검출된다. 메시지가 표시될 때까지의 일련의 로직 안에 생각하지 못한 변경 사항이 발견되면 스냅숏 테스트를 활용할 수 있다.

```bash
Snapshot: 등록 폼이 표시된다

  expect(received).toMatchSnapshot()

  Snapshot name: `Snapshot: 등록 폼이 표시된다 1`

  - Snapshot  - 0
  + Received  + 3

  @@ -77,7 +77,10 @@
            <button>
              주문내용 확인
            </button>
          </div>
        </form>
  +     <p>
  +       등록됐습니다
  +     </p>
        </div>
      </div>

    67 |   const submitValues = await fillValuesAndSubmit();
    68 |   expect(mockFn).toHaveBeenCalledWith(expect.objectContaining(submitValues));
  > 69 |   expect(container).toMatchSnapshot();
       |                     ^
    70 | });
```

5.9 암묵적 역할과 접근 가능한 이름

테스팅 라이브러리가 제공하는 '누구나 접근 가능한 쿼리'의 대표격인 `getByRole`은 HTML 요소의 역할을 참조한다. 역할은 웹 기술 표준을 정하는 W3C의 **WAI-ARIA**Web Accessibility Initiative – Accessible Rich Internet Application라는 사양에 포함된 내용 중 하나다.

WAI-ARIA에는 마크업만으로는 부족한 정보를 보강하거나 의도한 대로 의미를 전달하기 위한 내용들이 있다. WAI-ARIA에 기반한 테스트 코드를 작성하면 스크린 리더 등의 보조 기기를 활용하는 사용자에게도 의도한 대로 콘텐츠가 도달하는지 검증할 수 있다.

5.9.1 암묵적 역할

몇몇 HTML 요소는 처음부터 역할을 가진다. 예를 들어 `button`은 `button`이라는 역할을 가진다. 다음과 같이 명시적으로 `role`을 지정하지 않아도 되며, 초깃값으로 부여된 역할을 **암묵적 역할**implicit role 이라고 한다.

```html
<!-- button이라는 암묵적 역할을 가진다 -->
<button>전송</button>
<!-- role 속성을 지정할 필요가 없다 -->
<button role="button">전송</button>
```

만약 특별한 이유가 있어서 `button` 외의 요소를 버튼으로 사용해야 한다면 `role` 속성을 명시적으로 할당해서 보조 기기에 버튼이 있다는 사실을 전달해야 한다(기본적으로는 `button` 요소 사용을 권장한다).

```html
<!--임의의 role 속성을 부여 -->
<div role="button">전송</div>
```

권장하는 요소들로 마크업된 UI 컴포넌트라면 암묵적 역할을 참조하는 쿼리로 테스트 코드를 작성할 수 있다. W3C 사양서뿐만 아니라 MDN에도 HTML 요소가 가진 암묵적 역할을 알려주므로 필요할 때 참고하길 바란다.

5.9.2 역할과 요소는 일대일로 매칭되지 않는다

요소가 가진 암묵적 역할과 요소가 일대일로 매칭되지는 않는다. 암묵적 역할은 요소에 할당한 속성에 따라 변경된다. 대표적인 경우가 `input`이다. `input`은 `type` 속성에 지정된 값에 따라 암묵적 역할이 변할 뿐만 아니라 `type` 속성에 지정한 값과 역할 명칭이 반드시 일치하지도 않는다.

```html
<!-- role="textbox" -->
<input type="text" />
<!-- role="checkbox" -->
<input type="checbox" />
<!-- role="radio" -->
<input type="radio" />
<!-- role="spinbutton" -->
<input type="number" />
```

5.9.3 aria 속성값을 활용해 추출하기

h1~h6 요소는 `heading`이라는 암묵적 역할을 가진다. 즉 테스트 대상이 h1과 h2를 동시에 가지면 `heading` 역할을 가진 요소가 여러 개 있는 상황이 생긴다. 이때 `screen.getByRole ("heading")`으로 요소를 취득하려고 하면 테스트는 실패하고, `screen.getAllByRole("heading")`은 성공한다.

```html
<!-- 명시적으로 role 속성을 부여하지 않아도 된다 -->
<h1 role="heading">제목1</h1>
<h2 role="heading">제목2</h2>
<h3 role="heading">제목3</h3>
<!-- 암묵적으로 heading이라는 역할을 가진다 -->
<h1>제목1</h1>
<h2>제목2</h2>
<h3>제목3</h3>
```

이런 상황에서 h1 하나만 취득하고 싶다면 `level`이라는 옵션을 활용한다. 테스팅 라이브러리에서는 ❶과 ❷의 요소 모두 `getByRole("heading", { level: 1 })`이라는 쿼리로 특정할 수 있다.

```typescript
getByRole("heading", { level: 1 });
// ❶ <h1>제목1</h1>
// ❷ <div role="heading" aria-level="1">제목1</div>
```

접근 가능한 이름을 활용해 추출하기

'접근 가능한 이름'이란 보조 기기가 인식하는 노드의 명칭이다. **스크린 리더**screen reader는 접근 가능한 이름을 읽어서 조작할 수 있는 기능을 설명한다.

예를 들어 버튼에 '전송'이라는 문자가 있으면 해당 요소는 '전송' 버튼으로 읽힌다. 하지만 버튼에 문자 없이 아이콘만 있다면 어떤 기능을 제공하는 버튼인지 사용자에게 전달하지 못한다.

이때 아이콘 이미지에 `alt` 속성을 할당하면 `전송` 버튼으로 인식할 수 있게 된다. 다음의 ❶과 ❷ 요소는 모두 `전송`이라는 접근 가능한 이름을 추출할 수 있는데, `getByRole`의 `name` 옵션에 접근 가능한 이름을 지정해 해당 요소를 취득하는 것이다.

```typescript
getByRole("button", { name: "전송" });
// ❶ <button>전송</button>
// ❷ <button><img alt="전송" src="path/to/img.png" /></button>
```

접근 가능한 이름은 다양한 요인의 영향을 받으며, 구체적으로는 Accessible Name and Description Computation 1.2[9]의 사양에 근거해 결정된다. 아직 익숙하지 않다면 개발자 도구developer tool를 활용하면서 접근 가능한 이름에 무엇이 있는지 확인하자.

5.9.5 역할과 접근 가능한 이름 확인하기

역할과 접근 가능한 이름을 확인하는 몇 가지 방법이 있다. 먼저 브라우저의 개발자 도구와 확장 프로그램으로 특정 UI 컴포넌트의 접근성을 확인하는 방법이 있다.

또 다른 방법은 테스트 코드의 렌더링 결과에서 역할과 접근 가능한 이름을 확인하는 것이다. 5장 3절에서 사용했던 예제 코드를 다시 살펴보자(코드 5-56).

코드 5-56 src/05/03/Form.tsx

```typescript
export const Form = ({ name, onSubmit }: Props) => {
  return (
    <form
      onSubmit={(event) => {
        event.preventDefault();
        onSubmit?.(event);
```

---

9 https://www.w3.org/TR/accname-1.2/

```
      }}
    >
      <h2>계정 정보</h2>
      <p>{name}</p>
      <div>
        <button>수정</button>
      </div>
    </form>
  );
};
```

`render` 함수로 취득한 `container`를 인수로 `@testing-library/react`의 `logRoles` 함수를 실행한다(코드 5-57).

코드 5-57 src/05/03/Form.test.tsx

```typescript
import { logRoles, render } from "@testing-library/react";
import { Form } from "./Form";

test("logRoles: 렌더링 결과로부터 역할과 접근 가능한 이름을 확인한다", () => {
  const { container } = render(<Form name="taro" />);
  logRoles(container);
});
```

테스트를 실행해보면 취득 가능한 요소가 -------로 구분돼 로그로 출력되는 것을 확인할 수 있다. `heading:`으로 출력된 것이 역할이고, `Name "계정 정보":`로 출력된 것이 접근 가능한 이름이다.

```bash
heading:

Name "계정 정보":
<h2 />

-------------------------------------------------
button:

Name "수정":
<button />

-------------------------------------------------
```

이 결과는 접근성을 강화하거나 테스트 코드에 반영하는 데 활용할 수 있다.

WAI-ARIA나 역할에 대한 더욱 자세한 정보는 다음을 참고하기를 바란다.

- Accessible Rich Internet Applications(WAI-ARIA) 1.2: https://www.w3.org/TR/wai-aria-1.2/
- WAI-ARIA Roles: https://developer.mozilla.org/en-US/docs/Web/Accessibility/ARIA/Roles

5.9.6 암묵적 역할 목록

암묵적 역할 목록은 표 5-1과 같다. 보조 기기뿐만 아니라 테스팅 라이브러리에서도 동일한 암묵적 역할을 사용한다. 테스팅 라이브러리는 내부적으로 `aria-query` 라이브러리로 암묵적 역할을 취득한다(`jsdom`은 접근성에 관여하지 않는다).

- ARIA Query: https://www.npmjs.com/package/aria-query

표 5-1 암묵적 역할 대응표

HTML 요소	WAI-ARIA의 암묵적 역할	참고
`<article>`	article	
`<aside>`	complementary	
`<nav>`	navigation	
`<header>`	banner	
`<footer>`	contentinfo	
`<main>`	main	
`<section>`	region	`aria-labelledby`가 지정된 경우다.
`<form>`	form	접근 가능한 이름을 가진 경우로 한정한다.
`<button>`	button	
`<a href="xxxxx">`	link	`href` 속성을 가진 경우로 한정한다.
`<input type="checkbox">`	checkbox	
`<input type="radio">`	radio	
`<input type="button">`	button	
`<input type="text">`	textbox	
`<input type="password">`	없음	
`<input type="search">`	searchbox	
`<input type="email">`	textbox	
`<input type="url">`	textbox	
`<input type="tel">`	textbox	

HTML 요소	WAI-ARIA의 암묵적 역할	참고
`<input type="number">`	spinbutton	
`<input type="range">`	slider	
`<select>`	listbox	
`<optgroup>`	group	
`<option>`	option	
`<ul>`	list	
`<ol>`	list	
`<li>`	listitem	
`<table>`	table	
`<caption>`	caption	
`<th>`	columnheader/rowheader	행/열 여부에 따라 달라진다.
`<td>`	cell	
`<tr>`	row	
`<fieldset>`	group	
`<legend>`	없음	

커버리지 리포트 읽기

6.1 커버리지 리포트 개요

테스트 프레임워크에는 구현 코드가 얼마나 테스트됐는지 측정해 리포트를 작성하는 기능이 있다. 이 리포트를 **커버리지 리포트**coverage report라고 하며, 제스트도 공식적으로 커버리지 리포트 기능을 지원한다.

6.1.1 커버리지 리포트 출력하기

다음과 같이 --coverage 옵션을 추가해 테스트를 실행하면 커버리지 리포트를 확인할 수 있다.[1]

```bash
$ npx jest --coverage
```

src/06 폴더의 경로를 지정해서 실행했을 때 커맨드 라인에 출력된 커버리지 리포트는 다음과 같다.

```bash
----------------|---------|----------|---------|---------|-------------------
File            | % Stmts | % Branch | % Funcs | % Lines | Uncovered Line #s
----------------|---------|----------|---------|---------|-------------------
All files       |   69.23 |    33.33 |     100 |   69.23 |
 Articles.tsx   |   83.33 |    33.33 |     100 |   83.33 | 7
 greetByTime.ts |   57.14 |    33.33 |     100 |   57.14 | 5-8
```

---

1 옮긴이 npx는 node package executor의 약자로, 패키지 실행 도구다.

```
----------------|---------|----------|---------|---------|-----------------
Test Suites: 2 passed, 2 total
Tests:       4 skipped, 2 passed, 6 total
Snapshots:   0 total
Time:        0.579 s, estimated 1 s
```

6.1.2 커버리지 리포트 구성

제스트의 커버리지 리포트는 표 6-1과 같다. Stmts, Branch, Funcs, Lines 커버리지는 테스트를
실행했을 때 각 요소의 호출 여부를 백분율로 나타낸다.

표 6-1 리포트에 있는 커버리지의 한글 번역

File	Stmts	Branch	Funcs	Lines	Uncovered Line
파일명	구문 커버리지	분기 커버리지	함수 커버리지	라인 커버리지	커버되지 않은 라인

6.1.3 Stmts(구문 커버리지)

구현 파일에 있는 모든 구문이 적어도 한 번은 실행됐는지 나타낸다.

6.1.4 Branch(분기 커버리지)

구현 파일에 있는 모든 조건 분기가 적어도 한 번은 실행됐는지 나타낸다. 따라서 `if` 문, `case` 문,
삼항연산자를 사용한 분기가 측정 대상이다. 커버리지를 정량 지표로 사용할 때 중점적으로 활용
하는 핵심 지표다.

6.1.5 Funcs(함수 커버리지)

구현 파일에 있는 모든 함수가 적어도 한 번은 호출됐는지 나타낸다. 프로젝트에서 실제로 사용하
지 않지만 `export`된 함수를 찾는다.

6.1.6 Lines(라인 커버리지)

구현 파일에 포함된 모든 라인이 적어도 한 번은 통과됐는지 나타낸다.

6.2 커버리지 리포트 읽기

4장과 5장에서 사용했던 예제 코드로 커버리지 리포트를 읽는 방법을 살펴보자. 제스트는 명령줄 인터페이스command-line interface, CLI에서 리포트를 확인할 수 있을 뿐만 아니라 HTML로 리포트를 생성하는 기능도 있다. `jest.config.ts`에 코드 6-1과 같은 설정을 추가하면 커버리지 옵션을 넣지 않아도 리포트가 생성된다(`coverageDirectory`에 리포트를 생성할 임의의 디렉터리명을 입력한다).

코드 6-1 jest.config.ts

```typescript
export default {
  // 생략
  collectCoverage: true,
  coverageDirectory: "coverage",
};
```

테스트를 실행한 후 open coverage/lcov-report/index.html[2]을 실행하면 브라우저가 열리면서 그림 6-1과 같은 화면이 나타난다. 화면에는 각 커버리지의 요약 정보와 테스트를 실시한 파일 목록이 있다. 셀이 녹색이면 테스트가 충분하다는 의미이며, 노란색이나 빨간색이면 테스트가 불충분하다는 의미다.

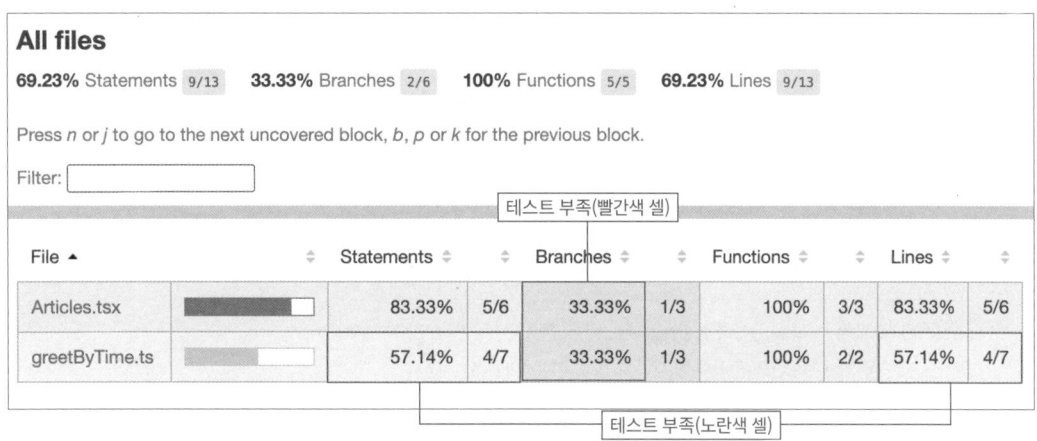

그림 6-1 커버리지 리포트

---

2 윈도우를 사용한다면 'open'을 'start'로 변경하자.

함수의 테스트 커버리지

4.7절에서 사용했던 함수는 코드 6-2를 보면 알 수 있듯이 시간에 따라 다른 메시지를 반환한다.

코드 6-2 src/06/greetByTime.ts

```typescript
export function greetByTime() {
  const hour = new Date().getHours();
  if (hour < 12) {
    return "좋은 아침입니다";
  } else if (hour < 18) {
    return "식사는 하셨나요";
  }
  return "좋은 밤 되세요";
}
```

코드 6-2 함수의 테스트 코드는 코드 6-3과 같다. test는 맨 앞에 x를 붙여서 xtest로 만들면 실행을 생략할 수 있다. ❶~❸의 테스트를 생략하면 커버리지 리포트에 어떻게 나타나는지 살펴보자.

코드 6-3 src/06/greetByTime.test.ts

```typescript
import { greetByTime } from "./greetByTime";

describe("greetByTime(", () => {
  beforeEach(() => {
    jest.useFakeTimers();
  });
  afterEach(() => {
    jest.useRealTimers();
  });
  test("아침에는 '좋은 아침입니다'를 반환한다", () => {          ❶ '좋은 아침입니다'를
    jest.setSystemTime(new Date(2023, 4, 23, 8, 0, 0));          반환하는지 검증한다.
    expect(greetByTime()).toBe("좋은 아침입니다");
  });
  xtest("점심에는 '식사는 하셨나요'를 반환한다", () => {          ❷ '식사는 하셨나요'를
    jest.setSystemTime(new Date(2023, 4, 23, 14, 0, 0));         반환하는지 검증한다.
    expect(greetByTime()).toBe("식사는 하셨나요");
  });
  xtest("저녁에는 '좋은 밤 되세요'를 반환한다", () => {           ❸ '좋은 밤 되세요'를
    jest.setSystemTime(new Date(2023, 4, 23, 21, 0, 0));         반환하는지 검증한다.
    expect(greetByTime()).toBe("좋은 밤 되세요");
  });
});
```

다음은 각 테스트의 생략한 결과를 비교하여 표로 나타낸 것이다(표 6-2). 결과를 보면 커버되지

않은 라인이 빨간색(인쇄 시에는 회색)으로 칠해진 것을 확인할 수 있다.

표 6-2 테스트 생략 시 커버리지 내역

결과	커버리지 내역	리포트 상세 내용
A: ❶❷❸ 생략	Stmts: 14.28 Branch: 0 Funcs: 0 Lines: 14.28 Uncovered Line: 2-8	```\n1 3x export function greetByTime() {\n2 const hour = new Date().getHours();\n3 if (hour < 12) {\n4 return "좋은 아침입니다";\n5 I } else if (hour < 18) {\n6 return "식사는 하셨나요";\n7 }\n8 return "좋은 밤 되세요";\n9 }\n10\n```
B: ❷❸ 생략	Stmts: 57.14 Branch: 33.33 Funcs: 100 Lines: 57.14 Uncovered Line: 5-8	```\n1 4x export function greetByTime() {\n2 1x const hour = new Date().getHours();\n3 1x if (hour < 12) {\n4 1x return "좋은 아침입니다";\n5 I E } else if (hour < 18) {\n6 return "식사는 하셨나요";\n7 }\n8 return "좋은 밤 되세요";\n9 }\n10\n```
C: ❸ 생략	Stmts: 85.71 Branch: 100 Funcs: 100 Lines: 85.71 Uncovered Line: 8	```\n1 5x export function greetByTime() {\n2 2x const hour = new Date().getHours();\n3 2x if (hour < 12) {\n4 1x return "좋은 아침입니다";\n5 1x } else if (hour < 18) {\n6 1x return "식사는 하셨나요";\n7 }\n8 return "좋은 밤 되세요";\n9 }\n10\n```
D: 생략하지 않음	Stmts: 100 Branch: 100 Funcs: 100 Lines: 100 Uncovered Line: -	```\n1 6x export function greetByTime() {\n2 3x const hour = new Date().getHours();\n3 3x if (hour < 12) {\n4 1x return "좋은 아침입니다";\n5 2x } else if (hour < 18) {\n6 1x return "식사는 하셨나요";\n7 }\n8 1x return "좋은 밤 되세요";\n9 }\n10\n```

'결과 A'의 `Funcs`는 0%이다. 이는 테스트 대상 파일에 한 개의 `greetByTime` 함수가 정의돼 있으며, 한 번도 `greetByTime` 함수가 실행되지 않았음을 의미한다. '결과 B'의 Branch는 33.33%로, 분기 커버리지가 충분하지 않은 것을 알 수 있다. 그리고 Uncovered Line을 보면 5~8 라인이 테스트되지 않았다. '결과 C'의 `Stmts`는 85.71%로 호출되지 않은 구문이 있다. '결과 D'의 첫 번째 라인 번호 옆의 숫자를 보면 '6x'라는 문자가 적혀 있는데, 이는 해당 라인이 테스트에서 통과된 횟수를 나타내는 것으로 다른 라인과 비교했을 때 더 많이 실행됐다는 의미다.

이처럼 구현된 함수의 내부를 한 라인씩 검사하면서 테스트에서의 실행 여부를 확인할 수 있다. 커버리지를 더 높이고 싶다면 함수 커버리지와 분기 커버리지에 중점을 두자. 이렇게 생성된 커버리지 리포트는 구현 코드의 내부 구조를 파악하여 논리적으로 문서를 작성하는 테스트 방법인 **화이트박스 테스트**white-box test에 필수다.

6.2.2 UI 컴포넌트의 테스트 커버리지

이번에는 UI 컴포넌트의 테스트 커버리지를 살펴보겠다(코드 6-4). JSX도 하나의 함수이므로 구문 커버리지와 분기 커버리지를 측정할 수 있다.

코드 6-4 **src/06/Articles.tsx**

```typescript
type Props = {
  items: { id: number; title: string }[];
  isLoading?: boolean;
};
export const Articles = ({ items, isLoading }: Props) => {
  if (isLoading) {
    return <p>...loading</p>;
  }
  return (
    <div>
      <h2>기사 목록</h2>
      {items.length ? (
        <ul>
          {items.map((item) => (
            <li key={item.id}>
              <a href={`/articles/${item.id}`}>{item.title}</a>
            </li>
          ))}
        </ul>
      ) : (
        <p>게재된 기사가 없습니다</p>
      )}
```

```
      </div>
  );
};
```

코드 6-4의 컴포넌트로 테스트를 하나 작성하자. 코드 6-5는 데이터가 화면에 제대로 나타나는지 확인하는 테스트다.

코드 6-5 src/06/Articles.test.tsx

```typescript
import { render, screen } from "@testing-library/react";
import { Articles } from "./Articles";

test("목록에 표시할 데이터가 있으면 목록이 표시된다", () => {
  const items = [
    { id: 1, title: "Testing Next.js" },
    { id: 2, title: "Storybook play function" },
    { id: 3, title: "Visual Regression Testing " },
  ];
  render(<Articles items={items} isLoading={false} />);
  expect(screen.getByRole("list")).toBeInTheDocument();
});
```

커버리지 리포트를 보면 실행되지 않은 분기의 라인이 강조된다(그림 6-2). 강조된 라인을 보면 '로딩 중인 상태'와 '목록에 표시할 데이터가 없는 상태'의 테스트가 부족하다는 것을 알 수 있다.

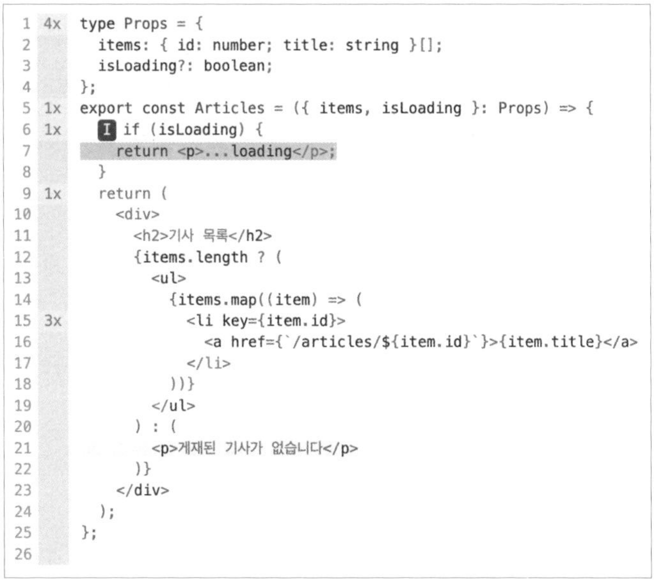

```
 1  4x  type Props = {
 2          items: { id: number; title: string }[];
 3          isLoading?: boolean;
 4        };
 5  1x  export const Articles = ({ items, isLoading }: Props) => {
 6  1x    I  if (isLoading) {
 7            return <p>...loading</p>;
 8          }
 9  1x    return (
10          <div>
11            <h2>기사 목록</h2>
12            {items.length ? (
13              <ul>
14                {items.map((item) => (
15  3x             <li key={item.id}>
16                    <a href={`/articles/${item.id}`}>{item.title}</a>
17                  </li>
18                ))}
19              </ul>
20            ) : (
21              <p>게재된 기사가 없습니다</p>
22            )}
23          </div>
24        );
25      };
26
```

그림 6-2 통과되지 않은 라인

테스트가 부족한 라인을 발견했으니 이제 해당 라인이 통과되도록 테스트를 추가하자(코드 6-6).

코드 6-6 src/06/Articles.test.tsx

```typescript
import { render, screen } from "@testing-library/react";
import { Articles } from "./Articles";

test("데이터를 불러오는 중이면 '..loading'을 표시한다", () => {
  render(<Articles items={[]} isLoading={true} />);
  expect(screen.getByText("...loading")).toBeInTheDocument();
});

test("목록이 비어 있으면 '게재된 기사가 없습니다'를 표시한다", () => {
  render(<Articles items={[]} isLoading={false} />);
  expect(screen.getByText("게재된 기사가 없습니다")).toBeInTheDocument();
});

test("목록에 표시할 데이터가 있으면 목록이 표시된다", () => {
  const items = [
    { id: 1, title: "Testing Next.js" },
    { id: 2, title: "Storybook play function" },
    { id: 3, title: "Visual Regression Testing " },
  ];
  render(<Articles items={items} isLoading={false} />);
  expect(screen.getByRole("list")).toBeInTheDocument();
});
```

커버리지는 객관적인 측정이 가능한 정량 지표다. 프로젝트에 따라서 필수로 충족시켜야 하는 품질 기준으로 사용되기도 한다. 예를 들어 '분기 커버리지가 80% 이상이 아니면 CI를 통과하지 못한다' 같은 파이프라인을 만드는 데 활용할 수 있다. 하지만 커버리지 수치가 높다고 반드시 품질이 높은 것은 아니다. 커버리지 충족은 작성된 테스트를 통과했다는 의미이지 버그가 없다는 것을 보장해주지는 않는다. 다만 커버리지가 낮다는 것은 테스트가 부족하다는 신호일 수 있다.

이처럼 커버리지는 특정 파일에 테스트를 추가해야 하는지 검토하는 계기로 활용된다. 또한, ESLint를 통과했지만 남은 중복 코드를 발견하는 데에도 유용하다. 릴리스 전에 충분히 테스트하지 않은 부분이 있는지 확인할 때 커버리지 리포트를 참고하는 것을 권장한다.

6.3 커스텀 리포터

테스트 실행 결과는 여러 리포트를 통해 확인할 수 있다. jest.config.ts에 선호하는 리포터를 추가해서 테스트 환경을 견고하게 해보자(코드 6-7).

코드 6-7 jest.config.ts

```typescript
export default {
  // 생략
  reporters: [
    "default",
    [
      "jest-html-reporters",
      {
        publicPath: "__reports__",
        filename: "jest.html",
      },
    ],
  ],
};
```

6.3.1 jest-html-reporters

jest-html-reporters는 테스트 실행 결과를 그래프 형태로 보여준다(그림 6-3).[3] 시간이 많이 걸리는 테스트를 찾거나 정렬 기능이 있어 편리하다.

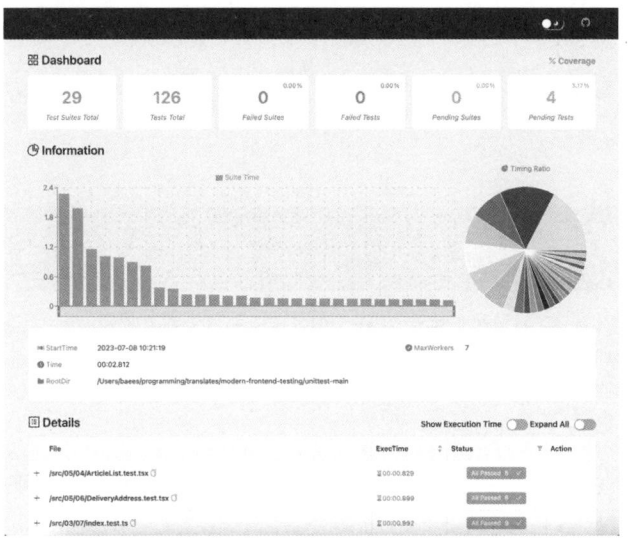

그림 6-3 jest-html-reporters의 초기 화면

---

3   (옮긴이) 프로젝트 폴더의 __reports__/jest.html을 실행해서 확인할 수 있다.

실패한 테스트에는 목록의 'Action'에 [Info] 버튼이 생긴다. 해당 기능을 사용하고자 코드 6-8과 같이 의도적으로 테스트가 실패하도록 해보겠다. 다시 테스트를 실행해서 리포터를 갱신한 뒤 실패한 테스트의 [Info] 버튼을 누르면 해당 테스트의 상세 정보가 나온다(그림 6-4).

코드 6-8 src/06/greetByTimes.test.ts

```typescript
test("아침에는 '좋은 아침입니다'를 반환한다", () => {
  jest.setSystemTime(new Date(2023, 4, 23, 18, 0, 0)); // 시간을 8에서 18로 변경
  expect(greetByTime()).toBe("좋은 아침입니다");
});
```

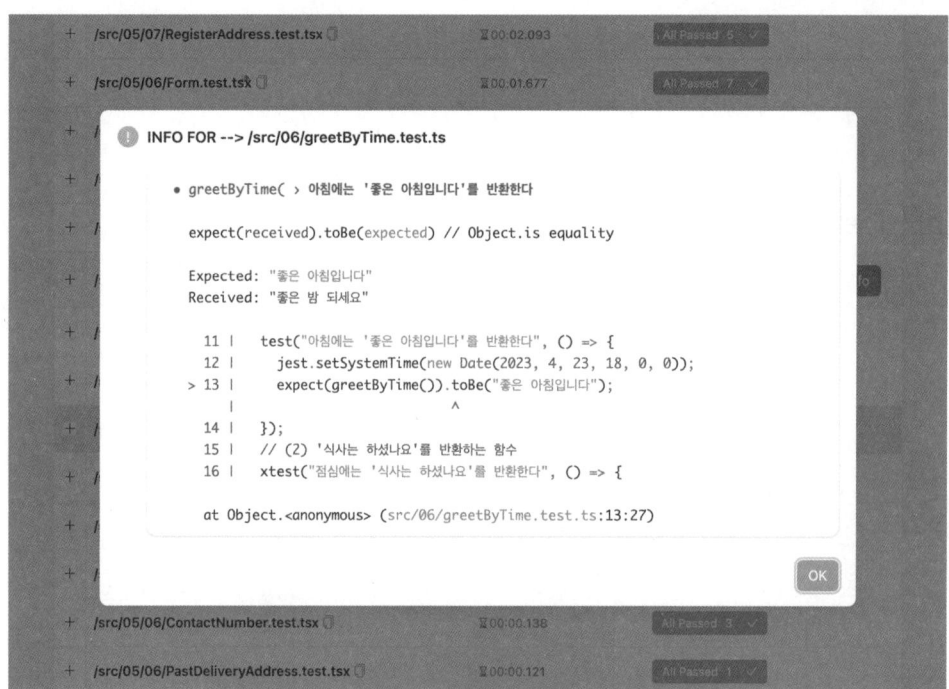

그림 6-4 jest-html-reporters의 상세 정보 화면

6.3.2 그 밖의 리포터

전체 결과를 분석하는 데 용이한 jest-html-reporters 외에도 깃허브에는 테스트가 실패한 부분에 코멘트를 남기는 등 특색 있는 기능을 가진 리포터가 많다.[4] 커뮤니티에 공개된 다양한 리포터를 사용해보면서 프로젝트에 적합한 테스트 환경을 구축해보길 바란다.

---

4   https://github.com/jest-community/awesome-jest/blob/main/README.md#reporters

웹 애플리케이션
통합 테스트

7.1 Next.js 애플리케이션 개발과 통합 테스트

7장부터 Next.js로 만든 애플리케이션을 예제를 사용한다. 다음 URL에 있는 저장소를 클론하자. 해당 저장소에는 제스트를 사용한 단위 테스트 및 통합 테스트 외에도 스토리북, 시각적 회귀 테스트, E2E 테스트가 포함돼 7장 전의 예제보다 실무에 가까운 테스트 코드를 경험할 수 있을 것이다.

* https://github.com/frontend-testing-book-kr/nextjs

Next.js로 구현한 애플리케이션이지만 테스트 프레임워크 사용법에는 큰 차이가 없다. 물론 Next.js의 고유 기능도 있지만, 인터랙션 테스트의 작성법과 테크닉은 프레임워크와 상관없이 활용할 수 있다. Next.js나 리액트에 익숙하지 않더라도 일단 도전해보자.

7.1.1 애플리케이션 개요

예제는 기술 관련 기사를 작성하고 공유하는 애플리케이션이다(그림 7-1). 사용자는 로그인한 후 기사를 작성하고 편집할 수 있다. 7장에서는 웹 애플리케이션에서 사용하는 UI 컴포넌트의 통합 테스트를 다룬다. 애플리케이션의 전체적인 실행 흐름을 알고 싶다면 10장부터 읽을 것을 권한다.

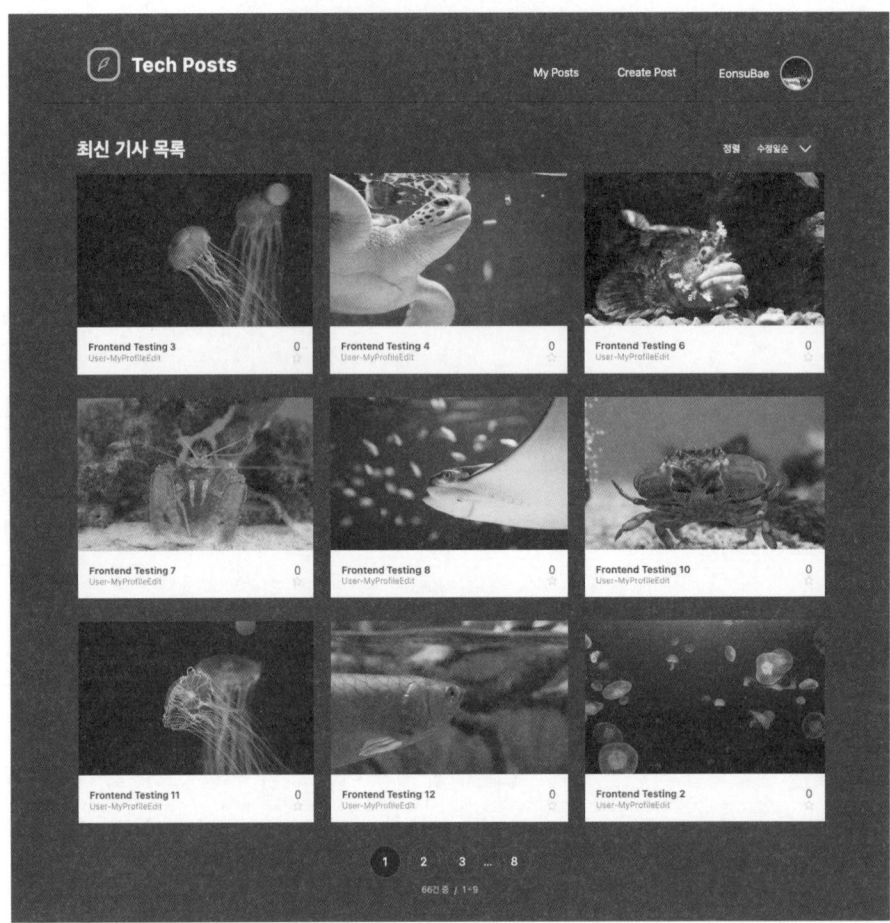

그림 7-1 메인 페이지

7.1.2 단위 테스트 및 통합 테스트 실행하기

저장소를 클론하고 프로젝트에 있는 단위 테스트와 통합 테스트를 실행해보자. 6장에서 다뤘던
커스텀 리포터도 설정돼 있기 때문에 어떤 테스트 코드가 있는지 편하게 확인할 수 있다.[1]

```bash
$ npm i
$ npm test
$ open __reports__/jest.html
```

---

1   윈도우를 사용 중이라면 open을 start로 변경한다.

7.2 React Context와 통합 테스트

이번 절에서는 여러 화면에서 반복적으로 사용하는 전역 UI의 통합 테스트 방법을 다룬다.

- 예제 코드: src/components/providers/ToastProvider/index.test.tsx

7.2.1 테스트할 UI 컴포넌트

테스트 대상은 사용자에게 애플리케이션의 응답 결과를 통지하는 <Toast> 컴포넌트다(그림 7-2). <Toast> 컴포넌트는 모든 화면에서 호출할 수 있는 전역 UI다. UI 테마나 전역 UI를 다룰 때는 한 곳에서 관리 중인 값이나 갱신 함수에 접근해야 해 Props만으로는 구현하는 것이 어렵다.

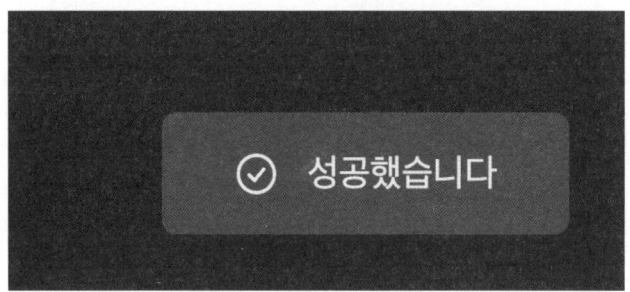

그림 7-2 <Toast> 컴포넌트

이때 리액트 공식 API인 Context API를 활용하면 된다. Context API를 사용하면 Props에 명시적으로 값을 전달할 필요가 없어 하위 컴포넌트에서 최상위 컴포넌트가 소유한 값과 갱신 함수에 직접 접근할 수 있다.

먼저 Context API의 사용법을 간단히 알아보자. <Toast> 컴포넌트의 렌더링을 결정하는 상태는 다음과 같다(코드 7-1). 이 상태를 갱신해서 <Toast>를 화면에 띄우거나 숨기고, 메시지 내용과 외관을 변경할 수 있다.

코드 7-1 **src/components/providers/ToastProvider/ToastContext.tsx**

```typescript
export const initialState: ToastState = {      Toast를 띄울지
  isShown: false,    ◄────────────            결정하는 플래그
  message: "",     ◄──────────  Toast에 나타날 문자
  style: "succeed",  ◄──────── Toast의 외관
};
```

이를 기반으로 `createContext` API를 사용해 `Context` 객체를 생성한다. 코드 7-2와 같이 상태를 소유할 `ToastStateContext`와 상태 갱신 함수를 소유할 `ToastActionContext`를 함께 작성한다.

코드 7-2 src/components/providers/ToastProvider/ToastContext.tsx

```typescript
import { createContext } from "react";
...생략...
export const ToastStateContext = createContext(initialState);    ◄── 상태를 소유할 Context
...생략...
export const ToastActionContext = createContext(initialAction);  ◄── 상태 갱신 함수를 소유할 Context
```

최상위 컴포넌트인 `<ToastProvider>`를 살펴보자(코드 7-3). `Context` 객체가 소유한 `Provider` 컴포넌트를 각각 렌더링한다. 이와 같이 구현하면 하위 컴포넌트는 최상위 컴포넌트의 상태와 상태 갱신 함수를 사용할 수 있다. `isShown`이 `true`이면 화면에 `<Toast>` 컴포넌트가 나타나고, 일정 시간이 지나면 `isShown`이 `false`로 변경된다.

코드 7-3 src/components/providers/ToastProvider/index.tsx

```typescript
export const ToastProvider = ({
  children,
  defaultState,    ◄── 초깃값을 주입할 수 있도록 만든다.
}: {
  children: ReactNode;
  defaultState?: Partial<ToastState>;
}) => {
  const { isShown, message, style, showToast, hideToast } =
    useToastProvider(defaultState);    ◄── Provider의 초깃값으로 defaultState를 지정한다.
  return (
    {/* 하위 컴포넌트에서 isShown, message, style을 참조할 수 있다 */}
    <ToastStateContext.Provider value={{ isShown, message, style }}>
      {/* 하위 컴포넌트에서 showToast, hideToast를 참조할 수 있다 */}
      <ToastActionContext.Provider value={{ showToast, hideToast }}>
        {children}
        {/* isShown이 true가 되면 표시된다 */}
        {isShown && <Toast message={message} style={style} />}
      </ToastActionContext.Provider>
    </ToastStateContext.Provider>
  );
};
```

하위 컴포넌트에서는 코드 7-4와 같이 사용한다. 웹 API를 `onSubmit` 함수 내에 호출했을 때 호출이 성공하면 저장됐습니다를, 실패하면 오류가 발생했습니다를 화면에 표시한다. 그리고

showToast 함수로 최상위 컴포넌트가 소유한 상태인 `message`와 `style`을 지정한다.

코드 7-4 **하위 컴포넌트에서 사용하는 예시**

```typescript
const { showToast } = useToastAction();
const onSubmit = handleSubmit(async () => {
  try {
    // ...웹 API에 값을 전송한다.
    showToast({ message: "저장됐습니다", style: "succeed" });
  } catch (err) {
    showToast({ message: "오류가 발생했습니다", style: "failed" });
  }
});
```

지금부터 이와 같은 전역 UI를 대상으로 실시하는 테스트를 알아보자. 테스트의 중점은 다음과
같다.

- `Provider`의 상태에 따라 렌더링 여부가 변경된다.
- `Provider`의 갱신 함수로 상태를 갱신할 수 있다.

`Context`를 테스트하는 두 가지 방법을 각각 설명하겠다.

7.2.2 방법 ❶ 테스트용 컴포넌트를 만들어 인터랙션 실행하기

앞서 설명한 대로 `useToastAction`이라는 **커스텀 훅**custom hook을 사용하면 최하위 컴포넌트에서도
`<Toast>` 컴포넌트를 렌더링할 수 있다. 이를 테스트하고자 테스트용으로만 사용할 컴포넌트를 만
들어 실제와 비슷한 상황을 재현해보자(코드 7-5). `showToast`를 실행할 수만 있으면 되기 때문에
버튼을 클릭하면 `showToast`가 실행되도록 구현한다.

코드 7-5 **src/components/providers/ToastProvider/index.test.tsx**

```typescript
const TestComponent = ({ message }: { message: string }) => {
  const { showToast } = useToastAction(); // ◀──────────── <Toast>를 표시하기 위한 훅
  return <button onClick={() => showToast({ message })}>show</button>;
};
```

테스트에서 사용하는 `render` 함수로 최상위 컴포넌트인 `<ToastProvider>`와 하위 컴포넌트인
`<TestComponent>`를 렌더링한다(코드 7-6). `await user.click`으로 버튼을 클릭하면 렌더링되지 않
았던 `alert` 역할인 `<Toast>` 컴포넌트가 메시지와 함께 렌더링된 것을 확인할 수 있다.

코드 7-6 src/components/providers/ToastProvider/index.test.tsx

```typescript
test("showToast를 호출하면 Toast 컴포넌트가 표시된다", async () => {
  const message = "test";
  render(
    <ToastProvider>
      <TestComponent message={message} />
    </ToastProvider>
  );
  expect(screen.queryByRole("alert")).not.toBeInTheDocument();    // 처음에는 렌더링되지 않는다.
  await user.click(screen.getByRole("button"));
  expect(screen.getByRole("alert")).toHaveTextContent(message);   // 렌더링됐는지 확인한다.
});
```

7.2.3 방법 ❷ 초깃값을 주입해서 렌더링된 내용 확인하기

`<ToastProvider>`는 Props에 `defaultState`라는 초깃값을 설정할 수 있도록 구현됐다. 단순히 렌더링 여부를 확인하고 싶다면 `defaultState`에 초깃값을 주입해 검증하면 된다(코드 7-7).

코드 7-7 src/components/providers/ToastProvider/index.test.tsx

```typescript
test("Succeed", () => {
  const state: ToastState = {
    isShown: true,
    message: "성공했습니다",
    style: "succeed",
  };
  render(<ToastProvider defaultState={state}>{null}</ToastProvider>);
  expect(screen.getByRole("alert")).toHaveTextContent(state.message);
});

test("Failed", () => {
  const state: ToastState = {
    isShown: true,
    message: "실패했습니다",
    style: "failed",
  };
  render(<ToastProvider defaultState={state}>{null}</ToastProvider>);
  expect(screen.getByRole("alert")).toHaveTextContent(state.message);
});
```

이번 절에서 소개한 전역 UI는 크게 네 가지 모듈은 다음과 같다.

* `<Toast>`: View를 제공한다.

- `<ToastProvider>` 컴포넌트: 렌더링 여부를 결정할 상태를 소유한다.
- `useToastProvider` 훅: 렌더링 관련 로직을 관리한다.
- `useToastAction` 훅: 하위 컴포넌트에서 호출한다.

네 모듈을 조합해 성공했습니다라고 `Toast`를 띄우는 기능을 제공한다. 통합 테스트의 중점도 네 가지 모듈의 조합에 있다. 또한, 첫 번째 방법의 테스트는 커스텀 훅인 `useToastAction`도 포함하므로 두 번째 방법보다 더 넓은 범위의 통합 테스트라고 할 수 있다.

7.3 Next.js 라우터와 렌더링 통합 테스트

이번 절에서는 Next.js의 **라우터**Router(페이지 이동과 URL을 관리하는 기능)와 연관된 UI 컴포넌트의 통합 테스트 방법을 살펴보겠다.

- 예제 코드: src/components/layouts/BasicLayout/Header/Nav/index.tsx

7.3.1 테스트할 UI 컴포넌트

헤더 내비게이션을 담당하는 UI 컴포넌트를 테스트하자(그림 7-3). 헤더 내비게이션은 일반적인 웹 사이트처럼 URL에 따라 내비게이션 메뉴에 현재 위치를 나타내는 스타일을 활성화한다.

- My Posts: 로그인한 사용자의 기사 목록, 기사 상세 페이지
- Create Post: 신규 기사 작성 화면

그림 7-3 **Nav 컴포넌트**

다음 조건에 따라 메뉴 하부에 주황색 선이 그려진다(코드 7-8).

코드 7-8 **src/components/layouts/BasicLayout/Header/Nav/index.tsx**

```typescript
export const Nav = ({ onCloseMenu }: Props) => {
  const { pathname } = useRouter();
```

```
  return (
    <nav aria-label="내비게이션" className={styles.nav}>
      <button
        aria-label="메뉴 닫기"
        className={styles.closeMenu}
        onClick={onCloseMenu}
      ></button>
      <ul className={styles.list}>
        <li>
          <Link href={`/my/posts`} legacyBehavior>
            <a
              {...isCurrent(
                pathname.startsWith("/my/posts") &&
                  pathname !== "/my/posts/create"
              )}
            >
              My Posts
            </a>
          </Link>
        </li>
        <li>
          <Link href={`/my/posts/create`} legacyBehavior>
            <a {...isCurrent(pathname === "/my/posts/create")}>Create Post</a>
          </Link>
        </li>
      </ul>
    </nav>
  );
};
```

<Link> 컴포넌트와 useRouter 훅은 내부에서 라우터를 사용해 현재 화면의 URL 정보를 가져오거나 화면 이동 이벤트를 발생시킬 수 있다.

7.3.2 UI 컴포넌트 구현

테스트할 UI 컴포넌트가 어떻게 구현됐는지 살펴보자. <Link> 컴포넌트를 사용하면 다음과 같은 마크업이 출력된다.

HTML

```html
<a aria-current="page">Create Post</a>
```

여기서는 aria-current라는 속성을 사용해서 스타일을 적용하고 있다.

```css
.list a[aria-current="page"] {                              CSS
  border-color: var(--orange);
}
```

이 마크업을 출력하기 위해 `isCurrent`라는 함수를 사용한다. 현재 위치 스타일을 적용할 페이지로 판정되면 `aria-current="page"`가 출력된다.

```typescript
<Link href={`/my/posts/create`} legacyBehavior>            TypeScript
  <a {...isCurrent(pathname === "/my/posts/create")}>Create Post</a>
</Link>
```

Next.js의 `useRouter` 훅을 사용하면 개별 UI 컴포넌트에서 Next.js의 라우터가 가진 기능을 사용할 수 있다. 예를 들어 `const { pathname } = useRouter()`에서 참조 중인 `pathname`은 현재 URL 정보를 가진다.

7.3.3 next-router-mock 설치

Next.js에서 라우터 부분을 테스트하려면 목 객체를 사용해야 한다. 커뮤니티에서 개발한 `next-router-mock`[2]은 제스트에서 Next.js의 라우터를 테스트할 수 있도록 목 객체를 제공하는 라이브러리다. 해당 라이브러리를 사용하면 `<Link>` 컴포넌트에서 발생한 라우터 변화, `useRouter`를 활용한 URL 참조 혹은 변경에 대한 통합 테스트를 `jsdom`에서 실행할 수 있다.

```bash
$ npm install --save-dev next-router-mock                   bash
```

7.3.4 라우터와 UI 컴포넌트 통합 테스트

`next-router-mock`을 사용해 코드 7-9와 같이 테스트를 작성한다. `mockRouter.setCurrentUrl`을 호출하면 테스트 환경에 URL을 설정할 수 있다.

코드 7-9 **src/components/layouts/BasicLayout/Header/Nav/index.test.tsx**

```typescript
test("현재 위치는 'My Posts'이다", () => {                   TypeScript
  mockRouter.setCurrentUrl("/my/posts");    ◀── 현재 URL이 "/my/posts"
});                                                라고 가정한다.
```

---

2 https://www.npmjs.com/package/next-router-mock

이후 테스트 대상인 <Nav> 컴포넌트를 렌더링한다(코드 7-10). 설정한 URL대로 현재 위치가 적용 됐는지 aria-current 속성을 검증해 테스트한다.

코드 7-10 src/components/layouts/BasicLayout/Header/Nav/index.test.tsx

```typescript
import mockRouter from "next-router-mock";

test("현재 위치는 'My Posts'이다", () => {
  mockRouter.setCurrentUrl("/my/posts");
  render(<Nav onCloseMenu={() => {}} />);
  const link = screen.getByRole("link", { name: "My Posts" });
  expect(link).toHaveAttribute("aria-current", "page");   ◀── aria-current 속성이
});                                                              지정됐는지 검증한다.

test("현재 위치는 'Create Post'이다", () => {
  mockRouter.setCurrentUrl("/my/posts/create");
  render(<Nav onCloseMenu={() => {}} />);
  const link = screen.getByRole("link", { name: "Create Post" });
  expect(link).toHaveAttribute("aria-current", "page");   ◀── aria-current 속성이
});                                                              지정됐는지 검증한다.
```

7.3.5 test.each 활용

동일한 테스트를 매개변수만 변경해 반복하고 싶다면 test.each를 사용하는 것이 편리하다. test.each의 인수에 배열을 할당하며 코드 7-11과 같이 사용할 수 있다.

코드 7-11 src/components/layouts/BasicLayout/Header/Nav/index.test.tsx

```typescript
test.each([
  { url: "/my/posts", name: "My Posts" },
  { url: "/my/posts/123", name: "My Posts" },
  { url: "/my/posts/create", name: "Create Post" },
])("$url의 현재 위치는 $name이다", ({ url, name }) => {
  mockRouter.setCurrentUrl(url);
  render(<Nav onCloseMenu={() => {}} />);
  const link = screen.getByRole("link", { name });
  expect(link).toHaveAttribute("aria-current", "page");
});
```

이처럼 목 객체 라이브러리로 Next.js의 라우터와 관련된 부분에 통합 테스트를 작성할 수 있다.

하지만 Next.js 13에 새롭게 탑재된 app directory에서는 라우터 구조가 크게 변경됐다. 이번 절

에서 다룬 라우터 관련 예제 코드는 Next.js 12의 `pages directory`를 기반으로 작성됐다. 13 이후
버전에서도 호환성은 유지되겠으나 상황에 따라 권장하지 않을 수도 있다.

7.4 Next.js 라우터와 입력 통합 테스트

계속해서 Next.js의 라우터와 연관된 컴포넌트의 테스트 방법을 살펴본다. 이번 절에서는 사용자
입력으로 발생한 영향을 테스트한다.

- 예제 코드: src/components/templates/MyPosts/Posts/Header/index.tsx

7.4.1 테스트할 UI 컴포넌트

기사 목록의 헤더 컴포넌트를 테스트한다(그림 7-4). 로그인한 사용자가 작성한 기사는 '비공개 기
사'와 '공개 기사'로 나뉜다. 초기 설정값이 '모두'이므로 초기 화면에는 모든 기사가 표시되며, URL
매개변수parameter가 변경되면 목록 내용도 변경된다.

- URL 매개변수가 없는 경우: 모든 기사
- `?status=all`: 모든 기사
- `?status=public`: 공개 기사
- `?status=private`: 비공개 기사

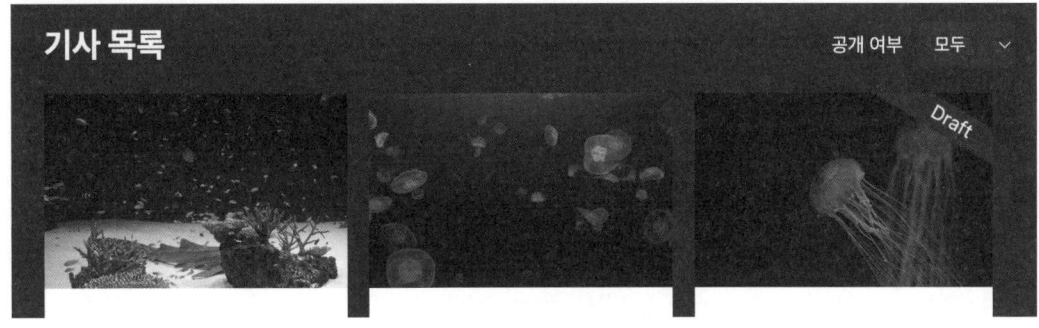

그림 7-4 Header 컴포넌트

해당 컴포넌트는 셀렉트 버튼으로 Next.js의 라우터를 조작해 URL 매개변수를 변경한다. 실제 구
현은 어떻게 하는지 코드 7-12를 살펴보자. 우선 셀렉트 박스 목록의 내용을 `options`으로 채운다
(❶). 셀렉트 박스는 값이 선택될 때마다 URL 매개변수를 변경한다(❷). 이때 셀렉트 박스를 사용

하지 않고 매개변수를 붙인 URL을 직접 입력해 접속하는 경우도 있어 URL 매개변수와 셀렉트 박스의 값이 일치하는지도 확인해야 한다. ❸은 초깃값을 지정한 것이다.

코드 7-12 **src/components/templates/MyPosts/Posts/Header/index.tsx**

```typescript
const options = [
  { value: "all", label: "모두" },
  { value: "public", label: "공개" },
  { value: "private", label: "비공개" },
];

export const Header = () => {
  const { query, push } = useRouter();
  const defaultValue = parseAsNonEmptyString(query.status) || "all";
  return (
    <header className={styles.header}>
      <h2 className={styles.heading}>기사 목록</h2>
      <SelectFilterOption
        title="공개 여부"
        options={options}           ◀──── ❶ 셀렉트 박스 내용
        selectProps={{
          defaultValue,             ◀──── ❸ 초깃값 지정
          onChange: (event) => {
            const status = event.target.value;
            push({ query: { ...query, status } });   ◀──── ❷ 선택된 요소의 value로 변경하기
          },
        }}
      />
    </header>
  );
};
```

7.4.2 초기 화면 테스트

UI 컴포넌트의 통합 테스트는 설정 함수를 사용하는 것이 편리하다. 헤더 컴포넌트는 라우터를 사용하며, 테스트는 렌더링 및 요소 취득뿐만 아니라 URL 재현까지 해야 한다. 이때 코드 7-13과 같이 설정 함수를 만들면 모든 테스트에서 필요한 설정을 한 곳에서 간편하게 처리할 수 있다.

코드 7-13 **src/components/templates/MyPosts/Posts/Header/index.test.tsx**

```typescript
import { render, screen } from "@testing-library/react";
import mockRouter from "next-router-mock";

function setup(url = "/my/posts?page=1") {
```

```
mockRouter.setCurrentUrl(url);
render(<Header />);
const combobox = screen.getByRole("combobox", { name: "공개 여부" });
return { combobox };
}
```

해당 설정 함수를 활용하면 코드 7-14와 같이 테스트를 작성할 수 있다. `/my/posts?status=public`처럼 URL 매개변수를 할당했을 때 셀렉트 박스의 초깃값이 정확하게 설정됐는지 확인 가능하다.

코드 7-14 src/components/templates/MyPosts/Posts/Header/index.test.tsx

```
                                                                          TypeScript
test("기본값으로 '모두'가 선택되어 있다", async () => {
  const { combobox } = setup();
  expect(combobox).toHaveDisplayValue("모두");
});

test("status?=public으로 접속하면 '공개'가 선택되어 있다", async () => {
  const { combobox } = setup("/my/posts?status=public");
  expect(combobox).toHaveDisplayValue("공개");
});

test("staus?=private으로 접속하면 '비공개'가 선택되어 있다", async () => {
  const { combobox } = setup("/my/posts?status=private");
  expect(combobox).toHaveDisplayValue("비공개");
});
```

7.4.3 인터랙션 테스트

인터랙션 테스트를 위해 설정 함수에 인터랙션 함수를 추가하자(코드 7-15). `selectOption`이라는 인터랙션 함수가 설정 함수 내부에 추가돼 있다. `selectOption` 함수는 `user.selectOptions`으로 셀렉트 박스(`combobox`)에서 임의의 항목을 선택하는 기능을 한다.

코드 7-15 src/components/templates/MyPosts/Posts/Header/index.test.tsx

```
                                                                          TypeScript
import { render, screen } from "@testing-library/react";
import userEvent from "@testing-library/user-event";
import mockRouter from "next-router-mock";

const user = userEvent.setup();

function setup(url = "/my/posts?page=1") {
```

```
  mockRouter.setCurrentUrl(url);
  render(<Header />);
  const combobox = screen.getByRole("combobox", { name: "공개 여부" });
  async function selectOption(label: string) {    ◀──  셀렉트 박스에서 요소를
    await user.selectOptions(combobox, label);          선택하는 인터랙션
  }
  return { combobox, selectOption };
}
```

이 인터랙션 함수를 통해 테스트 코드에서 UI 컴포넌트의 입력을 재현하는 코드가 `selectOption`
`("공개")`, `selectOption("비공개")`처럼 직관적으로 바뀐다(코드 7-16).

코드 7-16 **src/components/templates/MyPosts/Posts/Header/index.test.tsx**

```
test("공개 여부를 변경하면 status가 변한다", async () => {                      TypeScript
  const { selectOption } = setup();
  expect(mockRouter).toMatchObject({ query: { page: "1" } });       '공개'를 선택하면
  await selectOption("공개");    ◀────────────────────────         ?status=public이 된다.
  expect(mockRouter).toMatchObject({
    query: { page: "1", status: "public" },    ┐  기존의 page=1이 그대로
  });                                           ┘  있는지도 함께 검증한다.
  await selectOption("비공개");   ◀──────        '비공개'를 선택하면
  expect(mockRouter).toMatchObject({            ?status=private이 된다.
    query: { page: "1", status: "private" },
  });
});
```

테스트는 페이지 번호인 `?page`가 보존된 상태로 `?status`가 변경되는지도 함께 검증한다.

이번 절에서는 UI 컴포넌트에 입력이 발생하여 URL 매개변수가 변경된 상황에 대한 통합 테스트
를 다뤘다. 물론 URL 매개변수 변경이 목록에 미치는 영향을 검증하는 더 넓은 범위의 테스트도
할 수 있다. 하지만 이번 테스트 코드처럼 검증 범위를 좁히면 UI 컴포넌트의 책임과 이에 따른 테
스트 코드가 더욱 명확해진다.

테스트에서 활용했던 설정 함수는 테스팅 라이브러리를 만든 켄트 도즈Kent C. Dodds가 블로그[3]에서
소개한 테크닉이다. UI 컴포넌트 테스트에서는 유사한 패턴의 초깃값뿐만 아니라 유사한 인터랙션
도 자주 검증한다. 테스트용 초깃값이나 렌더링처럼 인터랙션도 함수로 추상화하면 가독성 높은
테스트 코드를 작성할 수 있다.

---

3 https://kentcdodds.com/blog/avoid-nesting-when-youre-testing#apply-aha-avoid-hasty-abstractions

7.5 React Hook Form으로 폼 쉽게 다루기

폼은 웹 애플리케이션에서 필수 요소다. 중요성이 높은 만큼 폼과 관련된 라이브러리도 많다. 리액트 커뮤니티에도 폼을 쉽게 다룰 수 있는 편리한 오픈소스가 많으며, 7장에서는 그중에서 React Hook Form을 사용한다. 본격적인 테스트를 하기 앞서 React Hook Form의 사용법을 간단히 설명한다.

폼은 전송하기 전에 입력된 내용을 참조하기 때문에 폼을 구현할 때 먼저 '어디에서 입력 내용을 참조할 것인지'를 정해야 한다. 리액트에서 입력 내용을 참조하는 방법은 제어 컴포넌트일 때와 비제어 컴포넌트일 때로 나뉜다. 두 방법은 폼을 구현하는 방법보다 `<input>` 등의 입력 요소를 다루는 방법에 가깝다. 우선 리액트의 기초 지식인 제어 컴포넌트와 비제어 컴포넌트가 무엇인지 알아보자.

7.5.1 제어 컴포넌트

`useState` 등을 사용해 컴포넌트 단위로 상태를 관리하는 컴포넌트가 **제어 컴포넌트**controlled component다. 제어 컴포넌트로 구현된 폼은 관리 중인 상태를 필요한 타이밍에 웹 API로 보낸다.

코드 7-17은 검색창을 구현하는 예제다. 우선 ❶처럼 입력 요소의 값을 저장할 상태를 만들고, 상태의 초깃값에는 빈문자열을 할당한다. 이 값이 ❷에 적용된다. ❸의 onChange에 할당된 이벤트 핸들러는 `<input>`이 받은 입력 내용을 인수로 setValue를 호출해서 ❶의 value값을 갱신한다. ❶이 변경되면 ❷가 갱신되는 작업을 반복하면서 입력 내용이 `<input>`에 인터랙티브하게 반영된다.

코드 7-17 **검색창 구현 예시**

```typescript
const [value, setValue] = useState("");  ←——— ❶ 요소에 입력된 값을 저장
return (
  <input
    type="search"
    value={value}  ←——— ❷ 저장된 값 반영
    onChange={(event) => {
      setValue(event.currentTarget.value);  ←——— ❸ 저장된 값 변경
    }}
  />
);
```

❶에 저장된 값은 항상 최신 입력 내용이기 때문에 `<form>` 요소의 onSubmit은 최신 입력 내용을 가져올 때 ❶을 참조한다. 이상이 제어 컴포넌트를 활용한 폼의 흐름이다.

7.5.2 비제어 컴포넌트

비제어 컴포넌트uncontrolled component는 폼을 전송할 때 `<input>` 등의 입력 요소에 브라우저 고유 기능을 사용해 값을 참조하도록 구현한다. 전송 시 직접 값을 참조하기 때문에 제어 컴포넌트처럼 `useState` 등의 방법으로 상태를 관리하지 않아도 되며, `ref`를 통해 DOM의 값을 참조한다.

```typescript
const ref = useRef<HTMLInputElement>(null); ◄─── ref를 통한 참조          TypeScript
return <input type="search" name="search" defaultValue="" ref={ref} />;
```

이와 같은 비제어 컴포넌트의 특성 때문에 `value`와 `onChange`를 지정하지 않는다. 제어 컴포넌트에서 `useState`로 지정했던 초깃값은 `defaultValue`라는 Props로 대체한다.

7.5.3 **React Hook Form과 비제어 컴포넌트**

React Hook Form은 비제어 컴포넌트로 고성능 폼을 쉽게 작성할 수 있도록 도와주는 라이브러리다. 입력 요소를 참조하는 `ref`나 이벤트 핸들러를 자동으로 생성하고 설정해준다. React Hook Form 라이브러리를 적용하려면 Form 컴포넌트에 `useForm`이라는 훅을 사용해야 한다. 기본적인 사용법은 `useForm`의 반환값인 `register` 함수와 `handleSubmit` 함수를 활용하는 것이다.

```typescript
const { register, handleSubmit } = useForm({          TypeScript
  defaultValues: { search: q },
});
```

`register`는 전송 시 참조할 입력 내용으로 '등록한다'는 의미이며, `register` 함수를 사용하는 것만으로 참조와 전송 준비가 완료된다.

```typescript
<input type="search" {...register("search")} />          TypeScript
```

입력 요소의 값을 참조하고자 `register` 함수를 호출해 등록한 입력 요소를 `<form>`의 자식 요소로 렌더링한다. 그리고 `onSubmit`의 이벤트 핸들러에 `handleSubmit` 함수를 지정해 전송을 준비한다. 인수인 `values`에 등록된 입력값이 저장돼 있어 전송할 때 웹 API에 전송할 값으로 사용 가능하다.

```TypeScript
<form
  onSubmit={handleSubmit((values) => {
    // 여기서 입력된 값을 취득할 수 있다.
  })}
>
```

React Hook Form을 사용하는 데 필요한 최소한의 지식은 여기까지다. `src/components/atoms`에는 입력 요소에 `forwardRef`라는 API를 사용하는 컴포넌트가 있는데, 이는 해당 컴포넌트를 비제어 컴포넌트로 사용한다는 의미다. 참고로 React Hook Form은 제어 컴포넌트로도 구현할 수 있으며, 더 자세한 내용은 공식 문서[4]를 참고하길 바란다.

7.6 폼 유효성 검사 테스트

이번에는 유효성 검사 폼이 있는 UI 컴포넌트의 테스트 방법을 살펴보겠다.

- 예제 코드: src/components/templates/MyPostsCreate/PostForm/index.tsx

7.6.1 테스트할 UI 컴포넌트

신규 기사 작성 폼을 가진 UI 컴포넌트를 코드 7-18과 같이 테스트한다(그림 7-5). 신규 기사를 작성하는 폼은 전송 전에 유효성 검사를 실시하며, React Hook Form을 사용한다. 입력 내용에 따라 어떤 유효성 검사가 실시되는지에 중점을 두고 테스트를 작성하겠다.

React Hook Form에는 `resolver`라는 하위 패키지가 있다. 여기에 입력 내용을 검증할 유효성 검사 스키마(❶) 객체를 할당할 수 있다. 초기 설정을 그대로 사용하면 유효성 검사를 전송했을 때 유효성 검사 스키마에 부합하지 않은 내용이 포함됐으면 해당 입력 요소에 알맞은 오류 메시지(❷)를 자동으로 `errors`에 저장한다.

---

4 https://react-hook-form.com/

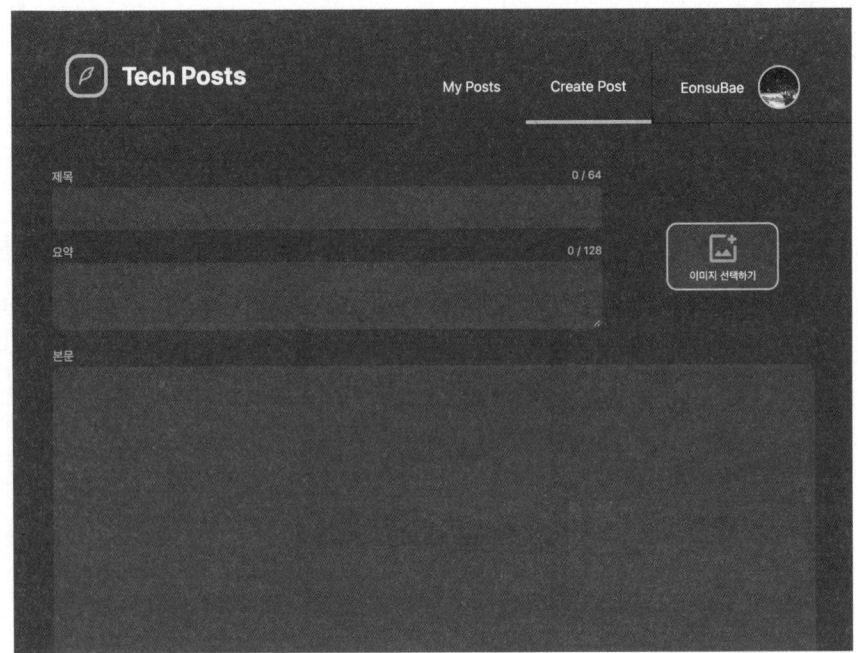

그림 7-5 PostForm 컴포넌트

코드 7-18 src/components/templates/MyPostsCreate/PostForm/index.tsx

```typescript
export const PostForm = (props: Props) => {
  const {
    register,
    setValue,
    handleSubmit,
    control,
    formState: { errors, isSubmitting },        폼의 상태를
                                                 참조할 수 있다.
  } = useForm<PostInput>({
    resolver: zodResolver(createMyPostInputSchema),      ❶ 입력 내용의
  });                                                       유효성 검사 스키마
  return (
    <form
      aria-label={props.title}
      className={styles.module}
      onSubmit={handleSubmit(props.onValid, props.onInvalid)}      설계 포인트
    >
      <div className={styles.content}>
        <div className={styles.meta}>
          <PostFormInfo register={register} control={control} errors={errors} />
          <PostFormHeroImage
            register={register}
            setValue={setValue}
            name="imageUrl"
```

```
          error={errors.imageUrl?.message}        ❷ 유효성 검사 오류 메시지가
        />                                            있으면 표시
      </div>
      <TextareaWithInfo
        {...register("body")}
        title="본문"
        rows={20}
        error={errors.body?.message}        ❷ 유효성 검사 오류 메시지가
      />                                        있으면 표시
    </div>
    <PostFormFooter
      isSubmitting={isSubmitting}
      register={register}
      control={control}
      onClickSave={props.onClickSave}
    />
    {props.children}
  </form>
  );
};
```

해당 폼에 사용한 유효성 검사 스키마에는 코드 7-19를 보면 알 수 있듯이 제목과 공개 여부가 필수 항목으로 지정됐다. 만약 제목이 비었으면 한 글자 이상의 문자를 입력해주세요라는 오류 메시지가 표시된다.

코드 7-19 src/lib/schema/MyPosts.ts

```
import * as z from "zod";                                          TypeScript

export const createMyPostInputSchema = z.object({
  title: z.string().min(1, "한 글자 이상의 문자를 입력해주세요"),   ◀── 필수
  description: z.string().nullable(),
  body: z.string().nullable(),
  published: z.boolean(),   ◀── 필수
  imageUrl: z
    .string({ required_error: "이미지를 선택해주세요" })
    .nullable(),
});
```

7.6.2 설계 포인트

React Hook Form의 handleSubmit 함수의 인수는 함수를 직접 인라인으로 작성하지 않고, 다음과 같이 Props에서 취득한 이벤트 핸들러를 지정할 수도 있다. 두 번째 인수인 props.onInvalid

에는 유효성 검사 오류가 발생했을 때 사용할 이벤트 핸들러를 지정하는 것이 가능하다.

```TypeScript
<form
  aria-label={props.title}
  className={styles.module}
  onSubmit={handleSubmit(props.onValid, props.onInvalid)}
>
```

이와 같은 방식으로 구현하고자 Props 타입을 코드 7-20과 같이 정의한다. 유효성 검사를 통과한 폼의 입력 내용을 다루는 책임을 상위 컴포넌트에 위임한 것이다.

코드 7-20 src/components/templates/MyPostsCreate/PostForm/index.tsx

```TypeScript
type Props<T extends FieldValues = PostInput> = {
  title: string;
  children?: React.ReactNode;
  onClickSave: (isPublish: boolean) => void;    ◀── 저장 버튼이
                                                     클릭되면 실행된다.
  onValid: SubmitHandler<T>;    ◀── 유효한 내용이 전송되면 실행된다.
  onInvalid?: SubmitErrorHandler<T>;    ◀── 유효하지 않은 내용이
                                             전송되면 실행된다.
};
```

해당 UI 컴포넌트의 책임을 정리하면 다음과 같다.

- 입력폼 제공
- 입력 내용 검증(유효성 검사)
- 유효성 검사 오류가 있으면 오류 표시
- 유효한 내용이 전송되면 onValid 실행
- 유효하지 않은 내용이 전송되면 onInvalid 실행

7.6.3 인터랙션 테스트 설정

테스트를 편하게 작성하기 위한 설정 함수를 만들자(코드 7-21). 설정 함수에는 Props의 이벤트 핸들러가 호출됐는지 검증할 목 함수(스파이)도 만든다.

코드 7-21 src/components/templates/MyPostsCreate/PostForm/index.test.tsx

```TypeScript
function setup() {
  const onClickSave = jest.fn();    ◀── 단언문에 사용하기 위해
                                        만든 목 함수(스파이)
  const onValid = jest.fn();
```

```
const onInvalid = jest.fn();
render(
  <PostForm
    title="신규 기사"
    onClickSave={onClickSave}                    ◄── 컴포넌트 렌더링
    onValid={onValid}
    onInvalid={onInvalid}
  />
);
async function typeTitle(title: string) {
  const textbox = screen.getByRole("textbox", { name: "제목" });      ◄── 제목을 입력하는
  await user.type(textbox, title);                                        인터랙션 함수
}
async function saveAsPublished() {
  await user.click(screen.getByRole("switch", { name: "공개 여부" }));    ◄── 기사를 공개하는
  await user.click(screen.getByRole("button", { name: "공개하기" }));         인터랙션 함수
}
async function saveAsDraft() {
  await user.click(screen.getByRole("button", { name: "비공개 상태로 저장" }));   ◄──
}
return {                                                              비공개 상태로
  typeTitle,                                                          저장하는 인터랙션 함수
  saveAsDraft,
  saveAsPublished,
  onClickSave,
  onValid,
  onInvalid,
};
}
```

7.6.4 onInvalid가 실행되는 테스트

설정 함수를 활용한 테스트인 코드 7-22를 살펴보자. 설정 함수를 실행하면 바로 저장 버튼이 클릭된다. 제목이 공란이므로 한 글자 이상의 문자를 입력해주세요라는 유효성 검사 오류가 나타난다. waitFor라는 비동기 함수는 재시도retry를 위해 사용했다. 유효성 검사 오류가 나타나는 데 시간이 걸리므로 일정 시간 동안 waitFor로 단언문을 계속 재시도한다.

코드 7-22 src/components/templates/MyPostsCreate/PostForm/index.test.tsx

```
import { screen, waitFor } from "@testing-library/react";        TypeScript

test("유효하지 않은 입력 내용을 포함해 '비공개 상태로 저장'을 시도하면 유효성 검사 오류가
표시된다", async () => {
  const { saveAsDraft } = setup();
```

```
  await saveAsDraft();
  await waitFor(() =>
    expect(
      screen.getByRole("textbox", { name: "제목" })
    ).toHaveErrorMessage("한 글자 이상의 문자를 입력해주세요")
  );
});
```

설정 함수에 만든 스파이로 이벤트 핸들러가 실행됐는지 검증하자(코드 7-23). onValid는 실행되지 않고 onInvalid가 실행된다.

코드 7-23 src/components/templates/MyPostsCreate/PostForm/index.test.tsx

```
test("유효하지 않은 입력 내용을 포함해 '비공개 상태로 저장'을 시도하면 onInvalid    TypeScript
이벤트 핸들러가 실행된다", async () => {
  const { saveAsDraft, onClickSave, onValid, onInvalid } = setup();
  await saveAsDraft();   ◄── 비공개 상태로 저장
  expect(onClickSave).toHaveBeenCalled();
  expect(onValid).not.toHaveBeenCalled();
  expect(onInvalid).toHaveBeenCalled();
});
```

7.6.5 onValid가 실행되는 테스트

제목에 나의 기사라는 문자열을 입력하고 저장하자(코드 7-24). 스파이를 통해 onValid는 실행되고, onInvalid는 실행되지 않는다. selectImageFile 함수는 투고에 필요한 이미지를 선택하는 인터랙션 함수다. 이 함수는 7.9절에서 자세히 설명하겠다.

코드 7-24 src/components/templates/MyPostsCreate/PostForm/index.test.tsx

```
test("유효한 입력 내용으로 '비공개 상태로 저장'을 시도하면 onValid 이벤트 핸들러가    TypeScript
실행된다", async () => {
  mockUploadImage();
  const { typeTitle, saveAsDraft, onClickSave, onValid, onInvalid } = setup();
  const { selectImage } = selectImageFile();
  await typeTitle("나의 기사");   ◄── 제목 입력
  await selectImage();   ◄── 이미지 선택
  await saveAsDraft();   ◄── 비공개 상태로 저장
  expect(onClickSave).toHaveBeenCalled();
  expect(onValid).toHaveBeenCalled();
  expect(onInvalid).not.toHaveBeenCalled();
});
```

이처럼 설정 함수의 반환값에는 이벤트 핸들러가 호출됐는지 기록하는 스파이를 포함시킬 수 있다. 테스트 중점을 어디에 두느냐에 따라 설정 함수를 활용하면 된다.

이번 절에서는 UI 컴포넌트, React Hook Form, 유효성 검사 스키마를 연동하는 부분에 관한 테스트를 작성했다. 유효성 검사 통과 이후의 처리는 7.8절에서 다룬다.

7.6.6 TIP: 접근성 관련 매처

유효성 검사 오류를 표시할 `<TextboxWithInfo>` 컴포넌트를 살펴보자(코드 7-25). `<TextboxWithInfo>` 컴포넌트의 내부에서 사용하는 `<Textbox>` 컴포넌트는 현재 상태를 ARIA 속성으로 판단한다. `aria-invalid`와 `aria-errormessage`는 입력 내용에 오류가 있다는 것을 알리는 속성이다. Props의 `error`가 `undefined`가 아닌 경우에는 오류로 판단한다.

코드 7-25 src/components/molecules/TextboxWithInfo/index.tsx

```typescript
import { DescriptionMessage } from "@/components/atoms/DescriptionMessage";
import { ErrorMessage } from "@/components/atoms/ErrorMessage";
import { Textbox } from "@/components/atoms/Textbox";
import clsx from "clsx";
import { ComponentProps, forwardRef, ReactNode, useId } from "react";
import styles from "./styles.module.css";

type Props = ComponentProps<typeof Textbox> & {
  title: string;
  info?: ReactNode;
  description?: string;
  error?: string;
};

export const TextboxWithInfo = forwardRef<HTMLInputElement, Props>(
  function TextboxWithInfo(
    { title, info, description, error, className, ...props },
    ref
  ) {
    const componentId = useId();
    const textboxId = `${componentId}-textbox`;
    const descriptionId = `${componentId}-description`;
    const errorMessageId = `${componentId}-errorMessage`;
    return (
      <section className={clsx(styles.module, className)}>
        <header className={styles.header}>
          <label className={styles.label} htmlFor={textboxId}>
            {title}
```

```
          </label>
          {info}
        </header>
        <Textbox
          {...props}
          ref={ref}
          id={textboxId}
          aria-invalid={!!error}
          aria-errormessage={errorMessageId}
          aria-describedby={description ? descriptionId : undefined}
        />
        {(error || description) && (
          <footer className={styles.footer}>
            {description && (
              <DescriptionMessage id={descriptionId}>
                {description}
              </DescriptionMessage>
            )}
            {error && (
              <ErrorMessage id={errorMessageId} className={styles.error}>
                {error}
              </ErrorMessage>
            )}
          </footer>
        )}
      </section>
    );
  }
);
```

접근성 대응이 충분한지 검증하는 매처는 @testing-library/jest-dom에 있다. 작은 UI 컴포넌트의 접근성 검증을 시작으로 프로젝트 전체의 접근성 향상을 기대할 수 있다(코드 7-26).

코드 7-26 src/components/molecules/TextboxWithInfo/index.test.tsx

```
                                                                    TypeScript
test("TextboxWithInfo", async () => {
  const args = {
    title: "제목",
    info: "0 / 64",
    description: "영문과 숫자를 조합하여 64자 이내로 입력해주세요",
    error: "유효하지 않은 문자가 포함되어 있습니다",
  };
  render(<TextboxWithInfo {...args} />);
  const textbox = screen.getByRole("textbox");
  expect(textbox).toHaveAccessibleName(args.title);              ◄── label의 htmlFor와
  expect(textbox).toHaveAccessibleDescription(args.description); ◄── 연관돼 있다.
```
label의 htmlFor와 연관돼 있다.

aria-describedby와 연관돼 있다.

```
  expect(textbox).toHaveErrorMessage(args.error);    ◀──── aria-errormessage와
});                                                          연관돼 있다.
```

7.7 웹 API 응답을 목 객체화하는 MSW

웹 애플리케이션에서 웹 API는 필수다. 따라서 웹 API 테스트를 제대로 작성하는 일은 매우 중요
하다. 지금까지 웹 API 관련 테스트를 작성할 때 사용했던 목 객체는 제스트의 목 함수였다. 이번
절에서는 MSW라는 **목 서버**mock server 라이브러리를 사용해 웹 API를 목 객체화한다. 테스트를 살
펴보기 전에 MSW가 무엇인지 간단하게 알아보자.

7.7.1 네트워크 계층의 목 객체를 만드는 MSW

MSWmock service worker는 네트워크 계층의 목 객체를 만드는 라이브러리다. MSW를 사용하면 웹
API 요청을 가로채서 임의의 값으로 만든 응답으로 대체할 수 있다. 그리고 웹 API 서버를 실행하
지 않아도 응답이 오는 상황을 재현할 수 있기 때문에 통합 테스트를 할 때 목 서버로 사용할 수
있다.

웹 API 요청을 가로채려면 **요청 핸들러**request handler를 만들어야 한다. 코드 7-27의 `rest.post` 함수
에 작성한 것이 요청 핸들러다.

코드 7-27 MSW의 요청 핸들러

```typescript
import { setupWorker, rest } from "msw";
const worker = setupWorker(
  rest.post("/login", async (req, res, ctx) => {
    const { username } = await req.json();    ◀──── body에 있는 값을 취득
    return res(
      ctx.json({
        username,
        firstName: "John",
      })
    );
  })
);
worker.start();
```

해당 요청 핸들러는 로컬 호스트의 `/login` 경로에 대한 POST 요청을 가로챈다. `/login`에 대한

POST 요청은 body에 포함된 username을 참조해 { username, firstName: "john" }이라는 JSON 응답을 반환한다.

MSW는 테스트 시 응답을 대체할 수 있는 것은 물론 생성된 요청의 headers나 query의 세부 내용을 검증할 수 있다. 또한, 브라우저나 서버 등 어디에서 생성된 요청인지 관계없이 요청을 가로챌 수 있어 BFF를 포함한 다양한 프런트엔드 테스트 환경에서 활용이 가능하다.

7.7.2 제스트에서 사용하기

우선 msw/node에서 제공하는 setupServer 함수로 제스트용 설정 함수를 만들자(코드 7-28). 요청 핸들러를 setupServer 함수에 가변 인수varargs로 넘기면 요청을 가로챌 수 있다. setupServer 함수는 테스트마다 서버를 초기화하기 때문에 한 테스트에서 가로챈 요청이 다른 테스트에 영향을 미치지 않는다. 공통으로 사용할 설정 함수로 코드 7-28의 setupMockServer 같은 함수를 만들면 편리하다.

코드 7-28 src/tests/jest.ts

```typescript
import type { RequestHandler } from "msw";
import { setupServer } from "msw/node";

export function setupMockServer(...handlers: RequestHandler[]) {
  const server = setupServer(...handlers);
  beforeAll(() => server.listen());
  afterEach(() => server.resetHandlers());
  afterAll(() => server.close());
  return server;
}
```

각 테스트 파일는 다음과 같이 테스트에 필요한 핸들러 함수를 넘겨서 MSW 서버를 설정할 수 있으며, 예제 코드에 있는 몇몇 통합 테스트 파일에서 확인할 수 있다.

```typescript
import * as MyPosts from "@/services/client/MyPosts/__mock__/msw";
setupMockServer(...MyPosts.handlers);
```

7.7.3 Fetch API의 폴리필

집필 시점(2023년 3월)에는 테스트 환경인 `jsdom`에 Fetch API가 적용되지 않았기 때문에[5] Fetch API를 사용한 코드가 테스트 대상에 포함되면 테스트는 실패한다. 제스트가 제공하는 기능으로 웹 API 클라이언트를 목 객체화할 때는 Fetch API를 호출하지 않아 문제가 되지 않았지만, MSW를 사용해 네트워크 계층을 목 객체화할 때는 문제가 발생한다.

이때 테스트 환경을 위해 만든 Fetch API의 **폴리필**polyfill인 `whatwg-fetch`를 설치해 모든 테스트에 적용되도록 설정 파일에서 불러오면 해결할 수 있다(코드 7-29).

코드 7-29 **jest.setup.ts**

```typescript
import "whatwg-fetch";
```

7.8 웹 API 통합 테스트

이번 절에서는 복잡한 인터랙션 분기를 가진 컴포넌트의 테스트 방법을 살펴보겠다.

- 예제 코드: src/components/templates/MyPostsCreate/index.tsx

7.8.1 테스트할 UI 컴포넌트

신규 기사 작성 폼을 담당하는 UI 컴포넌트를 테스트해보자. 7.6절에서 다뤘던 유효성 검사를 통과한 후의 처리를 담당하는 상위 컴포넌트다(그림 7-6, 코드 7-30).

작성한 기사는 공개 여부를 선택해 저장할 수 있다. 비공개를 선택하면 저장은 되지만 로그인한 사용자 외에는 기사를 열람할 수 없다. 공개를 선택하면 로그인한 사용자가 아니어도 기사를 열람할 수 있다. 공개하기 전에 경고창(`AlertDialog`)을 띄워서 비공개하고 싶은 기사가 공개되지 않도록 재차 확인한다. 이 컴포넌트의 역할은 다음과 같다.

- 비공개 상태로 저장하면 비공개한 기사 화면으로 이동한다.
- 공개를 시도하면 `AlertDialog`를 띄운다.
- `AlertDialog`에서 [아니오]를 선택하면 경고창이 사라진다.

---

5 https://github.com/jsdom/jsdom/issues/1724

- `AlertDialog`에서 [네]를 선택하면 공개된다.

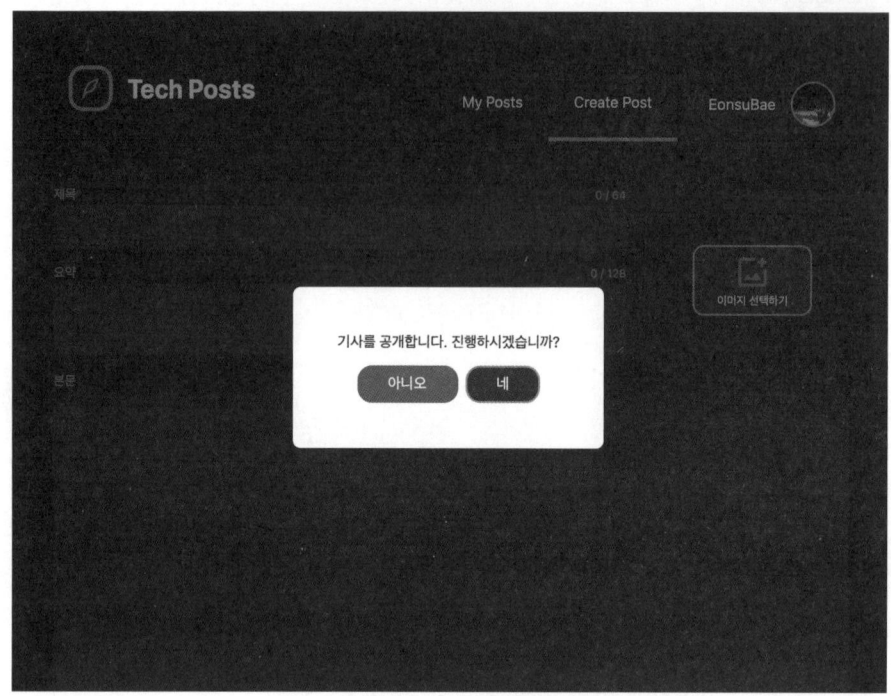

그림 7-6 **MyPostsCreate 컴포넌트**

코드 7-30 src/components/templates/MyPostsCreate/index.tsx

```typescript
export const MyPostsCreate = () => {
  const router = useRouter();
  const { showToast } = useToastAction();
  const { showAlertDialog, hideAlertDialog } = useAlertDialogAction();
  return (
    <PostForm
      title="신규기사"
      onClickSave={(isPublish) => {
        if (!isPublish) return;
        // 공개를 시도하면 AlertDialog를 띄운다.
        showAlertDialog({ message: "기사를 공개합니다. 진행하시겠습니까?" });
      }}
      onValid={async (input) => {
        // 유효한 내용으로 전송한 경우
        const status = input.published ? "공개" : "저장";
        if (input.published) {
          hideAlertDialog();
        }
        try {
```

```
          // API 통신을 시작하면 '저장 중입니다...'가 표시된다.
          showToast({ message: "저장 중입니다...", style: "busy" });
          const { id } = await createMyPosts({ input });
          // 공개(혹은 저장)에 성공하면 화면을 이동한다.
          await router.push(`/my/posts/${id}`);
          // 공개(혹은 저장)에 성공하면 '공개(혹은 저장)됐습니다'가 표시된다.
          showToast({ message: `${status}됐습니다`, style: "succeed" });
        } catch (err) {
          // 공개(혹은 저장)에 실패하면 '공개(혹은 저장)에 실패했습니다'가 표시된다.
          showToast({ message: `${status}에 실패했습니다`, style: "failed" });
        }
      }}
      onInvalid={() => {
        // 유효하지 않은 내용으로 전송하면 AlertDialog를 닫는다.
        hideAlertDialog();
      }}
    >
      <AlertDialog />
    </PostForm>
  );
};
```

7.8.2 인터랙션 테스트 설정

인터랙션 테스트를 위해 설정 함수에 인터랙션 함수를 추가한다(코드 7-31). 설정 함수를 호출하면 기사를 공개 혹은 비공개 상태로 저장하기까지 필요한 개별 인터랙션들이 함께 반환된다.

- `typeTitle`: 제목을 입력하는 함수
- `saveAsPublished`: 공개 상태로 저장하는 함수
- `saveAsDraft`: 비공개 상태로 저장하는 함수
- `clickButton`: `AlertDialog`의 [네] 혹은 [아니오]를 선택하는 함수
- `selectImage`: 기사의 메인 이미지를 선택하는 함수

코드 7-31 src/components/templates/MyPostsCreate/index.test.tsx

`TypeScript`

```
async function setup() {
  const { container } = render(<Default />);
  const { selectImage } = selectImageFile();
  async function typeTitle(title: string) {
    const textbox = screen.getByRole("textbox", { name: "제목" });
    await user.type(textbox, title);
  }
```

7.8 웹 API 통합 테스트 163

```typescript
  async function saveAsPublished() {
    await user.click(screen.getByRole("switch", { name: "공개 여부" }));
    await user.click(screen.getByRole("button", { name: "공개하기" }));
    await screen.findByRole("alertdialog");
  }
  async function saveAsDraft() {
    await user.click(screen.getByRole("button", { name: "비공개 상태로 저장" }));
  }
  async function clickButton(name: "네" | "아니오") {
    await user.click(screen.getByRole("button", { name }));
  }
  return {
    container,
    typeTitle,
    saveAsPublished,
    saveAsDraft,
    clickButton,
    selectImage
  };
}
```

7.8.3 AlertDialog 렌더링 테스트

AlertDialog는 공개 직전에만 렌더링되는 UI 컴포넌트다. 공개를 시도하면 기사를 공개합니다.
진행하시겠습니까?라는 문구가 AlertDialog에 나타나는지 검증해야 한다. [아니오] 버튼을 클릭
했을 때 AlertDialog가 사라지는지도 함께 검증해보자(코드 7-32).

코드 7-32 src/components/templates/MyPostsCreate/index.test.tsx

```typescript
test("공개를 시도하면 AlertDialog가 표시된다", async () => {
  const { typeTitle, saveAsPublished, selectImage } = await setup();
  await typeTitle("201");
  await selectImage();
  await saveAsPublished();  // ◀─── 기사 공개하기
  expect(
    screen.getByText("기사를 공개합니다. 진행하시겠습니까?")
  ).toBeInTheDocument();
});

test("[아니오] 버튼을 누르면 AlertDialog가 사라진다", async () => {
  const { typeTitle, saveAsPublished, clickButton, selectImage } =
    await setup();
  await typeTitle("201");
  await selectImage();
  await saveAsPublished();
```

```
  await clickButton("아니오");
  expect(screen.queryByRole("alertdialog")).not.toBeInTheDocument();
});
```

기사를 공개하려면 반드시 제목을 입력해야 한다. 만약 제목에 아무것도 입력하지 않고 공개하는
것을 시도하면 AlertDialog를 띄우긴 하지만 저장은 되지 않는다. 이때, 텍스트 박스가 `Invalid` 상
태가 되고 AlertDialog가 사라지는지 검증하는 코드는 코드 7-33과 같다.

코드 7-33 src/components/templates/MyPostsCreate/index.test.tsx

```
test("유효하지 않은 내용을 포함해 전송하면 AlertDialog가 사라진다", async () => {
  const { saveAsPublished, clickButton, selectImage } = await setup();
  // await typeTitle("201");  ◀—— 제목을 입력하지 않은 상태
  await selectImage();
  await saveAsPublished();
  await clickButton("네");
  // 제목 입력란이 invalid 상태가 된다.
  await waitFor(() =>
    expect(screen.getByRole("textbox", { name: "제목" })).toBeInvalid()
  );
  expect(screen.queryByRole("alertdialog")).not.toBeInTheDocument();
});
```

7.8.4 Toast 렌더링 테스트

공개 혹은 저장 요청을 시도하면 `저장 중입니다…`라는 `Toast`가 표시된다. 공개를 성공한 경우의
테스트는 별도로 단언문을 작성해서 검증한다(코드 7-34).

코드 7-34 src/components/templates/MyPostsCreate/index.test.tsx

```
test("API 통신을 시작하면 '저장 중입니다...'가 표시된다", async () => {         TypeScript
  const { typeTitle, saveAsPublished, clickButton, selectImage } =
    await setup();
  await typeTitle("201");
  await selectImage();
  await saveAsPublished();  ◀—— 기사 공개하기
  await clickButton("네");
  await waitFor(() =>
    expect(screen.getByRole("alert")).toHaveTextContent("저장 중입니다...")
  );
});

test("공개에 성공하면 '공개됐습니다'가 표시된다", async () => {
```

```
  const { typeTitle, saveAsPublished, clickButton, selectImage } =
    await setup();
  await typeTitle("hoge");
  await selectImage();
  await saveAsPublished();
  await clickButton("네");
  await waitFor(() =>
    expect(screen.getByRole("alert")).toHaveTextContent("공개됐습니다")
  );
});
```

MSW로 설정한 목 서버는 제목을 500으로 저장하려고 했을 때 오류 응답을 반환하도록 설정되어 있다(코드 7-35). 테스트마다 응답을 덮어쓰는 방법도 있지만, 입력 내용에 따라 오류 응답을 의도적으로 발생시킬 수도 있다. 오류 패턴을 만들고 이에 대응하는 요청 핸들러를 작성하면 된다.

코드 7-35 src/components/templates/MyPostsCreate/index.test.tsx

```
test("공개에 실패하면 '공개에 실패했습니다'가 표시된다", async () => {            TypeScript
  const { typeTitle, saveAsPublished, clickButton, selectImage } =
    await setup();                        오류 응답을
  await typeTitle("500"); ◀──────          반환하는 제목
  await selectImage();
  await saveAsPublished(); ◀────  기사 공개하기
  await clickButton("네");
  await waitFor(() =>
    expect(screen.getByRole("alert")).toHaveTextContent("공개에 실패했습니다")
  );
});
```

7.8.5 화면 이동 테스트

화면 이동 테스트는 7.3절에서 설명한 방식과 동일하다. 화면 이동은 웹 API 호출이 정상적으로 종료된 후에 발생한다. 코드 7-36과 같이 waitFor 함수로 mockRouter의 pathname이 기사 페이지와 일치하는지 검증한다.

코드 7-36 src/components/templates/MyPostsCreate/index.test.tsx

```
test("비공개 상태로 저장 시 비공개한 기사 페이지로 이동한다", async () => {       TypeScript
  const { typeTitle, saveAsDraft, selectImage } = await setup();
  await typeTitle("201");
  await selectImage();
  await saveAsDraft(); ◀────  비공개 상태로 저장하기
```

```
  await waitFor(() =>
    expect(mockRouter).toMatchObject({ pathname: "/my/posts/201" })
  );
});

test("공개에 성공하면 화면을 이동한다", async () => {
  const { typeTitle, saveAsPublished, clickButton, selectImage } =
    await setup();
  await typeTitle("201");
  await selectImage();
  await saveAsPublished(); ◀━━ 기사 공개하기
  await clickButton("네");
  await waitFor(() =>
    expect(mockRouter).toMatchObject({ pathname: "/my/posts/201" })
  );
});
```

이번 절에서는 웹 API 응답과 연동하여 `PostForm`, `AlertDialog`, `Toast` 컴포넌트의 기능을 테스트하는 넓은 범위의 통합 테스트를 다뤘다. `PostForm` 컴포넌트는 7.6절에서 다뤘으나, 이번에는 UI 컴포넌트에 대한 유효성 검사 테스트는 실시하지 않았다.

상위 컴포넌트에서 하위 컴포넌트에 위임한 처리까지 테스트하면 상위 컴포넌트의 책임이 불분명해진다. 상위 컴포넌트는 연동하는 부분에만 집중해 테스트를 작성하면 테스트 목적은 물론 컴포넌트 간 책임도 분명해진다.

7.9 이미지 업로드 통합 테스트

이미지 업로드 기능을 가진 UI 컴포넌트(그림 7-7)의 테스트 방법을 살펴보자.

- 예제 코드: src/components/templates/MyProfileEdit/Avatar/index.tsx

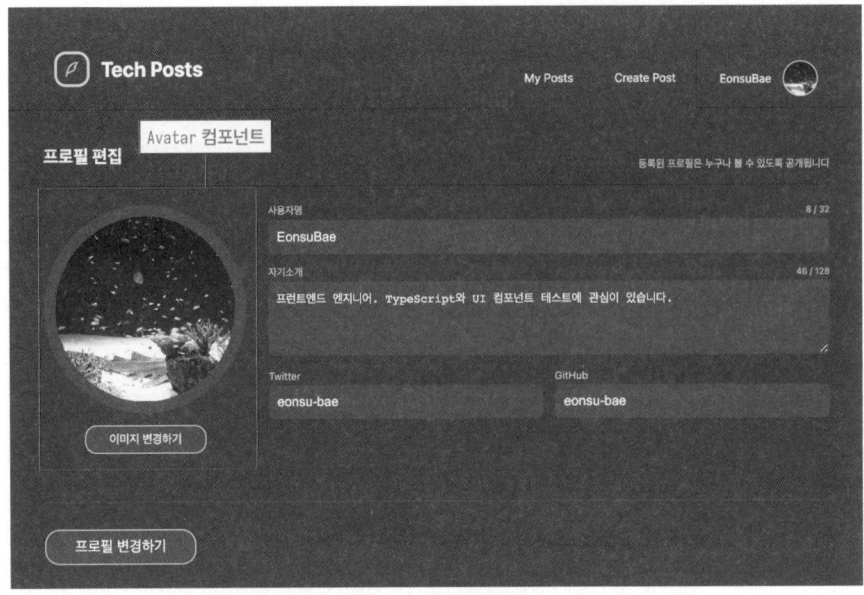

그림 7-7 Avatar **컴포넌트**

7.9.1 테스트할 UI 컴포넌트

Avatar 컴포넌트는 사용자 프로필 페이지에 사용되며, 사용자 아바타의 이미지를 표시하고 변경하는 역할을 한다. 구체적으로 살펴보면 다음과 같은 작업을 한다.

❶ 컴퓨터에 저장된 이미지를 선택하여 업로드를 시도한다.

❷ 이미지 업로드에 성공하면 프로필 이미지로 적용한다.

❸ 이미지 업로드에 실패하면 실패했음을 알린다.

이미지 선택은 <InputFileButton>이라는 외부 컴포넌트를 사용한다. <input type="file"> 요소를 사용하는데, 이 요소를 클릭하면 컴퓨터에 저장된 이미지를 선택할 수 있다. accept: "image/png, image/jpeg"는 PNG와 JPEG 형식의 이미지만 선택할 수 있도록 범위를 한정한 것이다. 이 UI 컴포넌트에서는 ❷와 ❸이 호출된 상황을 중점적으로 테스트한다.

코드 7-37 src/components/templates/MyProfileEdit/Avatar/index.tsx

```typescript
export const Avatar = (props: Props) => {
  const { showToast } = useToastAction();
  const { onChangeImage, imageUrl } = useUploadImage({
    ...props,
    onRejected: () => {
```

```
      showToast({
        message: `이미지 업로드에 실패했습니다`,          ◀──  ❸ 이미지 업로드에 실패하면
        style: "failed",                                      실패했음을 알린다.
      });
    },
  });
  return (
    <div className={styles.module}>
      <p className={styles.avatar}>
        <img src={imageUrl || ""} alt="" />        ◀──  ❷ 이미지 업로드에 성공하면 imageUrl이
      </p>                                               이미지가 저장된 URL로 변경된다.
      <InputFileButton
        buttonProps={{
          children: "이미지 변경하기",
          type: "button",
        }}
        inputProps={{
          "data-testid": "file",                   ◀──  ❶ 버튼을 클릭해서 이미지를 선택
          accept: "image/png, image/jpeg",               하고, 선택된 이미지를 업로드한다.
          onChange: onChangeImage,
        }}
      />
    </div>
  );
};
```

이미지 업로드 처리 흐름과 테스트 범위를 그림으로 나타내면 그림 7-8과 같다. ❷와 ❸이 호출됐
는지 검증하고자 '목 객체 1'과 '목 객체 2'를 만든 것이 테스트의 핵심이다. 이번 절에서 어느 부분
의 테스트를 설명하는지 헷갈린다면 그림 7-8을 확인하자.

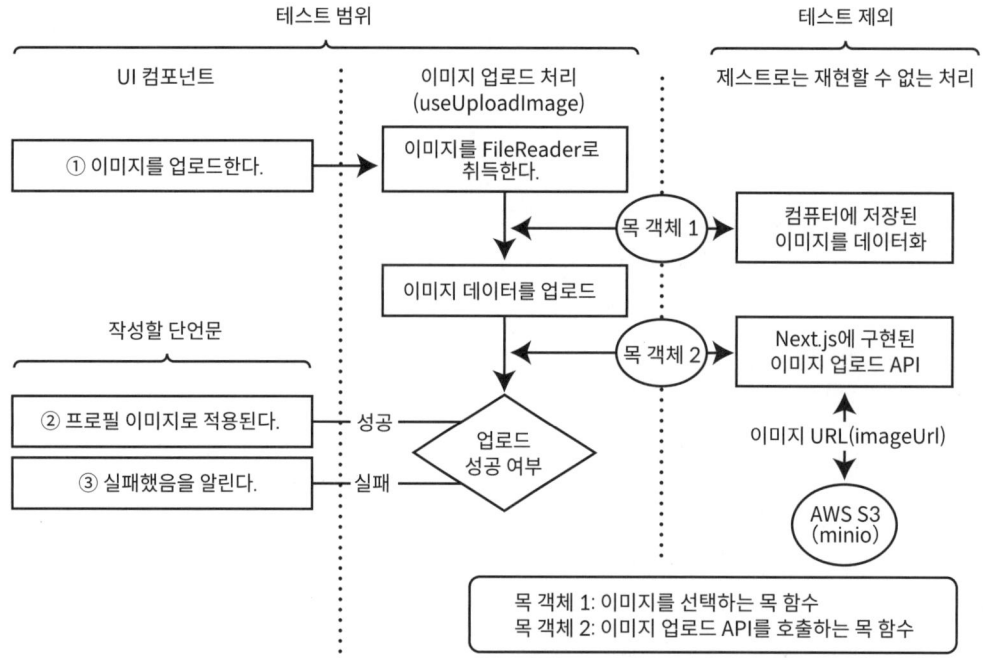

그림 7-8 **이미지 업로드 처리 흐름과 테스트 범위**

7.9.2 이미지 업로드 처리 흐름

이미지가 선택되면 useUploadImage라는 커스텀 훅이 제공하는 onChangeImage가 실행된다(코드 7-38). onChangeImage는 두 가지 작업을 처리한다.

- 브라우저 API인 FileReader 객체를 사용해서 컴퓨터에 저장된 이미지 파일의 내용을 비동기로 취득한다.
- 취득이 끝나면 이미지 업로드 API를 호출한다.

코드 7-38 **src/components/hooks/useUploadImage.ts**

```typescript
// handleChangeFile 함수는 FileReader 객체를 사용해서 이미지 파일을 취득한다.
const onChangeImage = handleChangeFile((_, file) => {
  // 취득한 이미지의 내용을 file에 저장한다.
  // uploadImage 함수는 API Route로 구현된 이미지 업로드 API를 호출한다.
  uploadImage({ file })
    .then((data) => {
      const imgPath = `${data.url}/${data.filename}` as PathValue<T, Path<T>>;
      // API 응답에 포함된 이미지 URL을 경로로 지정한다.
      setImageUrl(imgPath);
      setValue(name, imgPath);
```

```
      onResolved?.(data);
    })
    .catch(onRejected);
});
```

이미지 업로드 API(`uploadImage` 함수에서 호출 중인 API)는 Next.js의 API Routes에 구현된 것이다. 내부는 AWS SDK[6]로 AWS S3[7]에 이미지를 저장하도록 구현됐다. 개발 환경에서는 AWS S3와 호환되는 MinIO라는 개발용 서버에 저장한다. 이미지 업로드가 완료되면 업로드된 이미지의 URL을 취득할 수 있으며, 이미지 URL을 `imageUrl`로 설정하여 프로필 이미지의 `src`로 사용한다.

7.9.3 통합 테스트용 목 객체 만들기

해당 컴포넌트를 테스트할 때 문제되는 것이 테스트 환경에서 '이미지 선택하기(브라우저 API)'와 '이미지 업로드 API 호출하기(Next.js)'를 사용할 수 있어야 한다는 점이다. 하지만 `jsdom`은 브라우저 API를 제공하지 않고, 이미지 업로드 API도 Next.js 서버 없이 사용할 수 있어야 한다. 문제를 해결하고 ❷와 ❸도 검증하려면 목 함수를 사용한다.

❶ 이미지를 선택하는 목 함수

이미지를 선택하는 작동을 재현하고자 코드 7-39와 같이 `selectImageFile` 함수를 사용하자. `selectImageFile` 함수의 포인트는 '더미 이미지dummy image 파일 작성하기'와 '`user.upload`를 호출해 이미지 선택 인터랙션 재현하기'다. `data-testid="file"`과 일치하는 `input`을 렌더링한 다음에 `selectImage` 함수를 호출하면 `input`은 이미지를 선택한 상태가 된다.

코드 7-39 src/tests/jest.ts

```typescript
import userEvent from "@testing-library/user-event";

export function selectImageFile(
  inputTestId = "file",
  fileName = "hello.png",
  content = "hello"
) {
  // userEvent를 초기화한다.
  const user = userEvent.setup();
```

---

6   아마존 웹 서비스(Amazon Web Services, AWS)를 애플리케이션에서 사용하기 위해 제공하는 공식 라이브러리다.

7   AWS에서 제공하는 파일 저장소 서비스다. 이미지나 정적 파일을 저장할 때 사용한다.

```
    // 더미 이미지 파일을 작성한다.
    const filePath = [`C:\\fakepath\\${fileName}`];
    const file = new File([[content], fileName, { type: "image/png" });
    // render한 컴포넌트에서 data-testid="file"인 input을 취득한다.
    const fileInput = screen.getByTestId(inputTestId);
    // 이 함수를 실행하면 이미지 선택이 재현된다.
    const selectImage = () => user.upload(fileInput, file);
    return { fileInput, filePath, selectImage };
}
```

❷ 이미지 업로드 API를 호출하는 목 함수

이미지 업로드 API를 호출하면 Next.js의 API Routes에 요청이 발생하고 AWS S3에 이미지를 업로드하는 처리가 실행된다. 이와 같은 처리까지 UI 컴포넌트 테스트에서 실행하면 앞서 언급한 '❷와 ❸이 호출됐는지 검증한다'는 본 목적에서 벗어난다. 따라서 목 함수를 사용해서 정해진 응답이 오도록 설정한다. 4장에서 설명한 목 함수 작성법과 동일하게 uploadImage의 목 함수를 만들어야 한다. 인수인 status는 HTTP 상태 코드다(코드 7-40).

코드 7-40 src/services/client/UploadImage/__mock__/jest.ts

```typescript
import { ErrorStatus, HttpError } from "@/lib/error";
import * as UploadImage from "../fetcher";
import { uploadImageData } from "./fixture";

jest.mock("../fetcher");

export function mockUploadImage(status?: ErrorStatus) {
  if (status && status > 299) {
    return jest
      .spyOn(UploadImage, "uploadImage")
      .mockRejectedValueOnce(new HttpError(status).serialize());
  }
  return jest
    .spyOn(UploadImage, "uploadImage")
    .mockResolvedValueOnce(uploadImageData);
}
```

7.9.4 업로드 성공 테스트

준비한 두 가지 목 함수를 사용해 코드 7-41처럼 테스트를 작성하자. 업로드가 성공하는 상황을 테스트할 때는 맨 윗줄에 mockUploadImage 함수를 그대로 호출하여 업로드가 성공하도록 설정한다.

초기 화면에서는 `img` 요소의 `src` 속성이 비어야 하기 때문에 이 부분에 대한 단언문도 작성한다.

코드 7-41 src/components/templates/MyProfileEdit/Avatar/index.test.tsx

```typescript
test("이미지 업로드에 성공하면 이미지의 src 속성이 변경된다", async () => {
  // 이미지 업로드가 성공하도록 설정한다.
  mockUploadImage();
  // 컴포넌트를 렌더링한다.
  render(<TestComponent />);
  // 이미지의 src 속성이 비었는지 확인한다.
  expect(screen.getByRole("img").getAttribute("src")).toBeFalsy();
  // 이미지를 선택한다.
  const { selectImage } = selectImageFile();
  await selectImage();
  // 이미지의 src 속성이 채워졌는지 확인한다.
  await waitFor(() =>
    expect(screen.getByRole("img").getAttribute("src")).toBeTruthy()
  );
});
```

7.9.5 업로드 실패 테스트

이 컴포넌트는 업로드에 실패하면 Toast 컴포넌트를 띄운다. Toast에는 이미지 업로드에 실패했습니다라는 메시지가 나타난다(코드 7-42).

코드 7-42 Toast 컴포넌트 호출

```typescript
const { onChangeImage, imageUrl } = useUploadImage({
  ...props,
  onRejected: () => {
    showToast({
      message: `이미지 업로드에 실패했습니다`,
      style: "failed",
    });
  },
});
```

테스트 함수의 가장 윗줄에 `mockUploadImage(500)`를 호출하여 업로드가 실패하도록 설정하자 (코드 7-43). 이미지를 선택하면 Toast 컴포넌트가 나타나는지 검증할 수 있다.

코드 7-43 src/components/templates/MyProfileEdit/Avatar/index.test.tsx

```typescript
test("이미지 업로드에 실패하면 경고창이 표시된다", async () => {
  // 이미지 업로드가 실패하도록 설정한다.
```

```
  mockUploadImage(500);
  // 컴포넌트를 렌더링한다.
  render(<TestComponent />);
  // 이미지를 선택한다.
  const { selectImage } = selectImageFile();
  await selectImage();
  // 지정한 문자열이 포함된 Toast가 나타나는지 검증한다.
  await waitFor(() =>
    expect(screen.getByRole("alert")).toHaveTextContent(
      "이미지 업로드에 실패했습니다"
    )
  );
});
```

이번 절에서는 구현 코드 내에서 검증하고자 하는 부분에 중점을 두기 위해 목 함수를 작성했다. 파일 업로드 기능은 E2E 테스트에서도 검증할 수 있지만, 통합 테스트에서도 검증할 수 있다.

UI 컴포넌트 탐색기

8.1 스토리북 기초

프런트엔드 개발의 주요 구현 대상은 UI 컴포넌트다. 다른 개발자뿐만 아니라 디자이너나 프로젝트 리더와 구현된 UI 컴포넌트의 공유가 가능해지면 협업 시 능률이 높아진다. UI 컴포넌트 탐색기는 구현된 UI 컴포넌트를 쉽게 공유할 수 있도록 도와주는 협업 도구다.

최근에는 UI 컴포넌트 탐색기를 협업 도구가 아닌 테스트에 활용하는 사례가 많아졌다. 기존의 프런트엔드 테스트는 다음의 두 가지 테스트를 의미했다.

- jsdom을 사용한 단위 테스트 및 통합 테스트
- 브라우저를 사용한 E2E 테스트

스토리북Storybook의 UI 컴포넌트 테스트는 이 두 가지 테스트의 중간에 위치한 테스트다(그림 8-1). 기본적으로 스토리북은 UI 컴포넌트 탐색기이지만 테스트 기능도 강화했다. 이번 장에서는 스토리북의 기초 개념과 사용법을 학습하고, 어떻게 테스트에 활용할 수 있는지 함께 살펴보겠다.

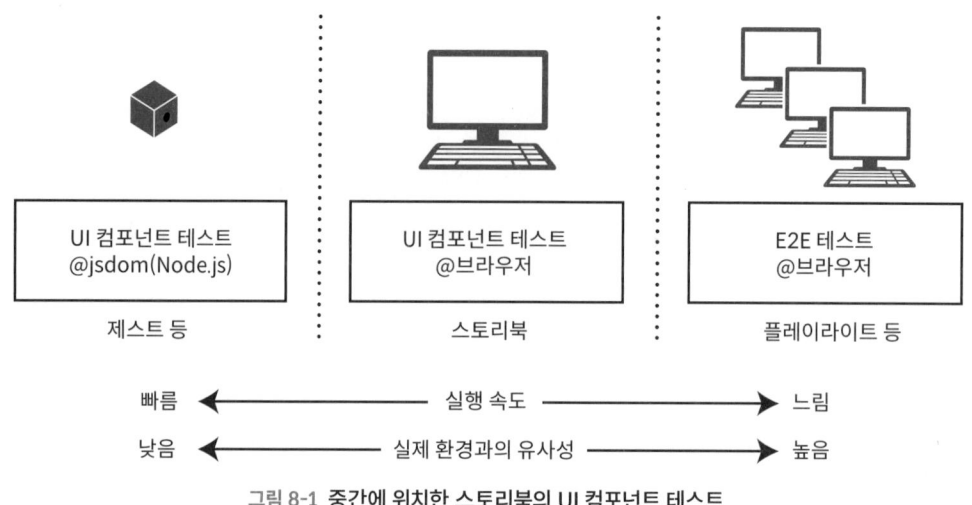

그림 8-1 중간에 위치한 스토리북의 UI 컴포넌트 테스트

8.1.1 스토리북 설치

먼저 스토리북을 프로젝트에 도입하는 방법을 살펴보자. 개발 중인 프로젝트가 아니라도 비어 있는 저장소가 있다면 설치할 수 있다. 명령줄 인터페이스로 스토리북을 설치하여 초기 환경을 만들자.

```bash
$ npx storybook init
```

비어 있는 저장소라면 **번들러**bundler와 샘플 코드를 설치할지 물어본다.

```bash
? We were not able to detect the right builder for your project.
Please select one: › - Use arrow-keys. Return to submit.
    Vite
›   Webpack 5
```

Webpack 5를 선택한다.

```bash
? Do you want to manually choose a Storybook project type to install? › (y/N)
```

위 질문에 y를 선택하면 어떤 라이브러리의 샘플 코드를 설치할지 물어본다. 여기서는 react를 선택하겠다.

```bash
? Please choose a project type from the following list: › - Use arrow-keys.
Return to submit.
›   react
    react_scripts
    react_native
    react_project
    webpack_react
    nextjs
    vue
    vue3
    sfc_vue
  ↓ angular
```

만약 다음과 같은 질문이 나오면 Y를 선택한다.

```bash
? Do you want to run the 'npm7' migration on your project?> (Y/n)
```

모든 질문에 대답하고 기다리면 `package.json`에 필요한 패키지들이 추가되고, 설정 파일과 샘플 코드가 생성된다. 스토리북을 처음 사용한다면 먼저 샘플 코드를 읽고 수정을 해보면서 어떤 도구인지 파악해볼 것을 추천한다.

다음 커맨드를 입력하면 스토리북 개발 서버가 http://localhost:6006/에 실행된다(그림 8-2). 개발 서버를 종료하려면 Ctrl+C를 입력하면 된다.

```bash
$ npm run storybook
```

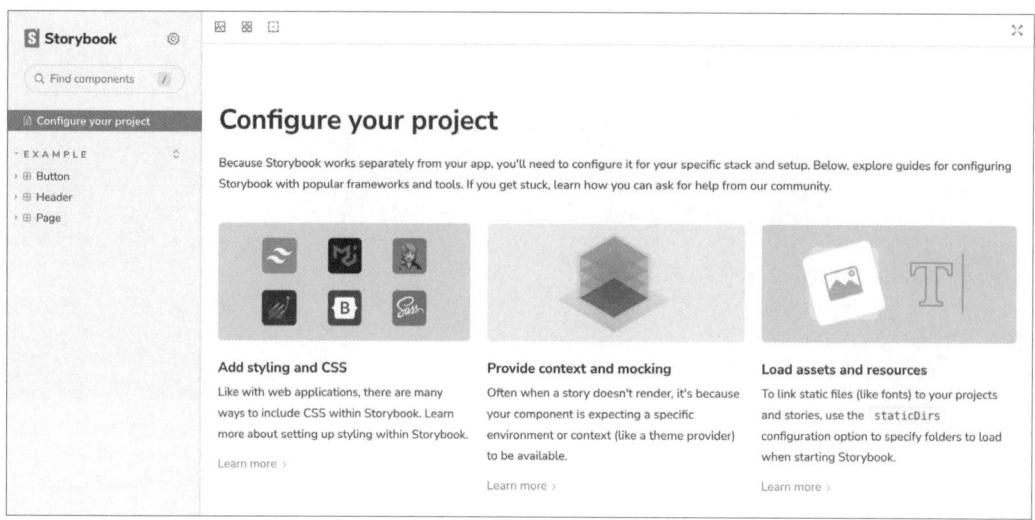

그림 8-2 스토리북을 실행한 화면

8.1.2 스토리 등록

스토리Story를 등록하려면 프로젝트에 스토리 파일을 추가해야 한다. 스토리 등록 방법은 버전에 따라 계속 변화했으며, 지금은 집필 시점의 최신 포맷인 'CSF3.0'에 따라 작성했다.

생성된 예제 코드에는 `Button.jsx`라는 UI 컴포넌트를 구현한 파일이 있다. 해당 UI 컴포넌트를 스토리북에 등록하기 위해 필요한 스토리 파일이 Button.stories.jsx다.

Button.stories.jsx를 보면 `export default`로 한 객체를 `export`하고 있다. 객체 내부를 보면 `import`한 `Button`을 `component`라는 프로퍼티에 지정하고 있기 때문에, `Button` 컴포넌트 전용 스토리 파일로 등록할 수 있다(코드 8-1).

코드 8-1 스토리 파일

```typescript
import { Button } from "./Button";

export default {
  title: "Example/Button",
  component: Button,
};
```

UI 컴포넌트는 `Props`의 조합으로 다른 스타일과 작동을 제공할 수 있다. 가령 `Button` 컴포넌트에 문자열을 표시할 때는 `label`이라는 `Props`를 지정한다(스토리북에서는 `Props`에 해당하는 변수명이

props가 아닌 args이다). `export default`를 지정하는 것과 별개로 CSF3.0에서는 객체를 개별적으로 `export`하여 스토리를 등록할 수도 있다(코드 8-2).

코드 8-2 개별 스토리

```typescript
export const Default = {
  args: {
    label: "Button",
  },
};
```
← 버튼을 스토리에 등록

Button 컴포넌트에 size라는 Props를 지정하면 크기가 변경된다. `args.size`에 다른 값을 지정하고 다른 이름으로 `export`하면 서로 다른 스토리로 등록된다(코드 8-3). `export`할 객체 이름은 자유다. 해당 스토리를 설명할 적절한 이름을 할당하자.

코드 8-3 다른 스토리 등록하기

```typescript
export const Large = {
  args: {
    size: "large",
    label: "Button",
  },
};
```
← 크기가 큰 버튼을 스토리에 등록

```typescript
export const Small = {
  args: {
    size: "small",
    label: "Button",
  },
};
```
← 크기가 작은 버튼을 스토리에 등록

8.1.3 3단계 깊은 병합

모든 스토리에는 'Global', 'Component', 'Story'라는 세 단계의 설정이 **깊은 병합**deep merge[1] 방식으로 적용된다(그림 8-3). 공통으로 적용할 항목을 적절한 스코프에 설정하여 스토리마다 개별적으로 설정해야 하는 작업을 최소화할 수 있다. 스토리북에 있는 대부분 기능에서 설정할 수 있다.

• Global 단계: 모든 스토리에 적용할 설정(.storybook/preview.js)

---

1   객체 내부에 계층적으로 또 다른 여러 객체가 있을 때 하위 계층까지 재귀적으로 병합하는 것을 말한다.

- Component 단계: 스토리 파일에 적용할 설정(export default)
- Story 단계: 개별 스토리에 적용할 설정(export const)

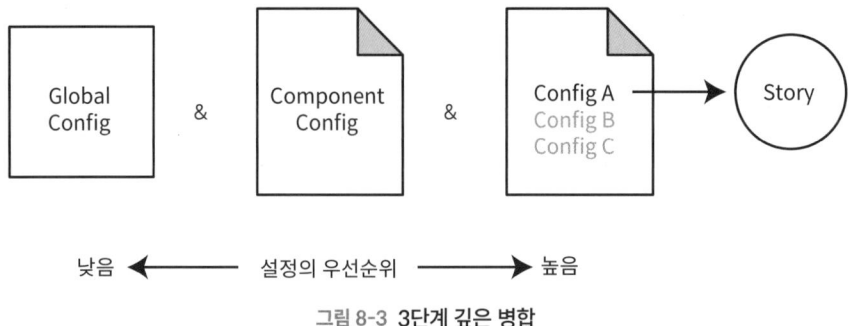

그림 8-3 **3단계 깊은 병합**

8.2 스토리북 필수 애드온

스토리북은 애드온_{add-on}으로 필요한 기능을 추가할 수 있다. 스토리북을 설치할 때 기본적으로 추가되는 @storybook/addon-essentials은 필수 애드온이다. 이를 7장에서 설치한 Next.js 예제 코드에서 어떻게 활용하는지 살펴보자. 우선 Next.js 예제 저장소에서 다음 커맨드로 스토리북 서버를 실행한다.

```bash
$ npm run storybook
```

커맨드를 입력하면 http://localhost:6006/에서 스토리북이 실행된다.

8.2.1 Controls를 활용한 디버깅

UI 컴포넌트는 Props에 전달된 값에 따라 다른 스타일과 기능을 제공한다. 스토리북 탐색기에서는 Props를 변경해 컴포넌트가 어떻게 표시되는지 실시간으로 디버깅할 수 있다. 이를 **Controls**라고 한다.

- 예제 코드: src/components/atoms/AnchorButton/index.stories.tsx

예제 코드의 AnchorButton을 살펴보자. 그림 8-4를 보면 알 수 있듯이 이 스토리의 Controls 패널에는 여러 Props를 지정할 수 있다(children, theme, variant, disabled). 해당 Props들을 변경하면 UI 컴포넌트가 어떻게 변화되는지 바로 확인할 수 있다.

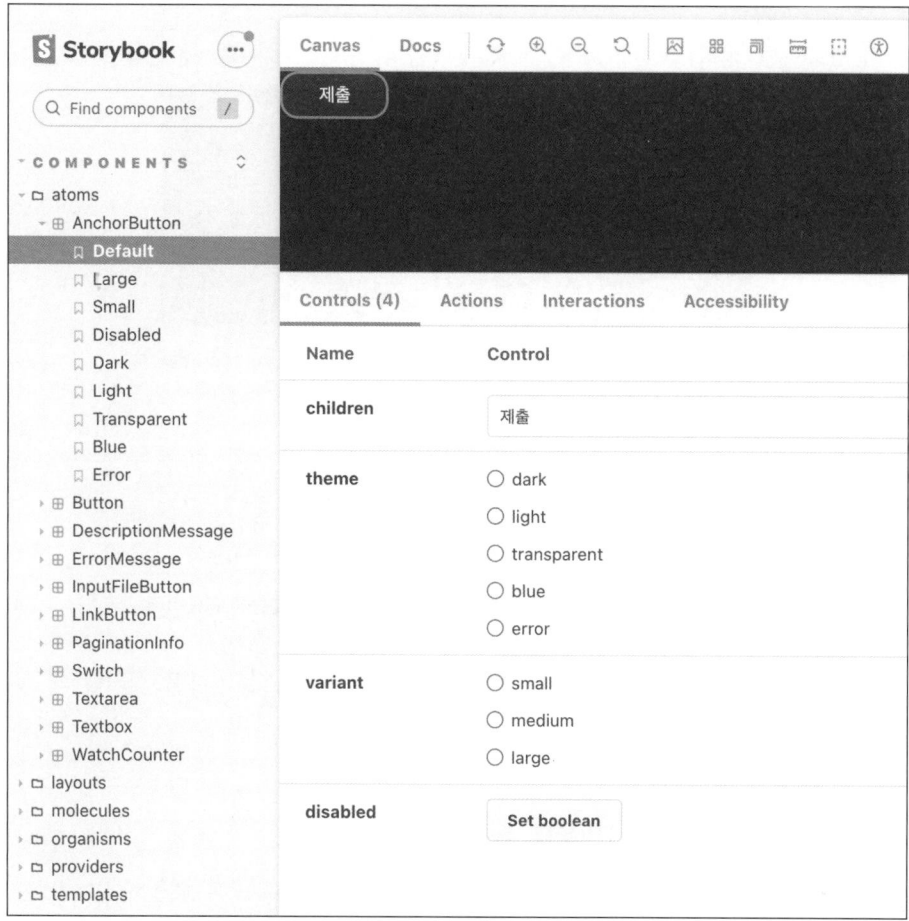

그림 8-4 Button 컴포넌트의 Controls 패널

필자는 Controls 기능으로 긴 문자열을 입력했을 때 레이아웃은 제대로 되었는지, 의도한 대로 줄 넘김이 되었는지 등을 자주 확인한다(그림 8-5). 이처럼 UI를 구현할 때는 의도한 스타일인지 디버 깅하고자 이와 같은 작업을 반복한다.

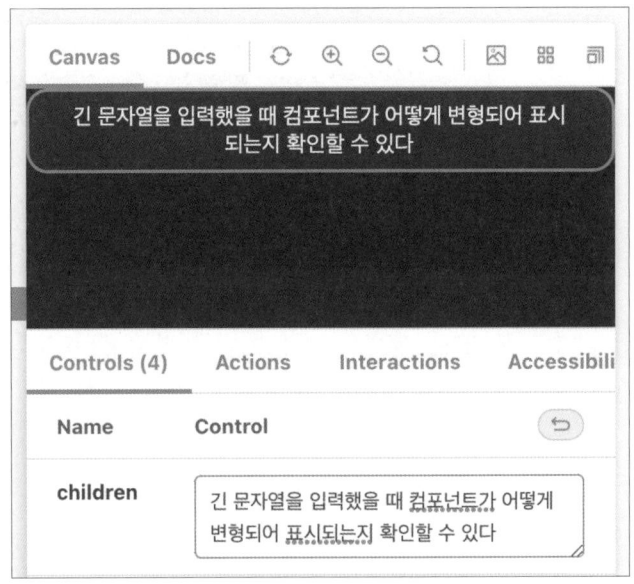

그림 8-5 긴 문자열을 입력했을 때 레이아웃이 틀어지지 않는지 검증하기

`@storybook/addon-controls`라는 애드온이 제공하는 기능이며, 스토리북을 설치할 때 적용되는 `@storybook/addon-essentials`에 포함되어 있다.

8.2.2 Actions를 활용한 이벤트 핸들러 검증

UI 컴포넌트는 내부 로직을 처리할 때 `Props`로 전달받은 이벤트 핸들러를 호출하기도 한다. 이벤트 핸들러가 어떻게 호출됐는지 로그를 출력하는 기능이 **Actions**이며, `@storybook/addon-actions` 패키지에서 제공한다.

- 예제 코드: src/components/templates/MyPostsCreate/PostForm/index.tsx

기사 작성 폼에 해당하는 UI 컴포넌트의 Actions을 확인해보자. 'Failed Save As Draft'라는 이름으로 `export`된 스토리는 유효하지 않은 내용으로 전송한 상태를 재현한 것이다. 해당 스토리의 Actions 패널을 보면 `onInvalid`라는 이벤트 핸들러가 호출됐다(그림 8-6). 이 폼은 '이미지'와 '제목'이 필수 항목인데, 이 필수 항목을 입력하지 않았다는 로그를 확인할 수 있다.

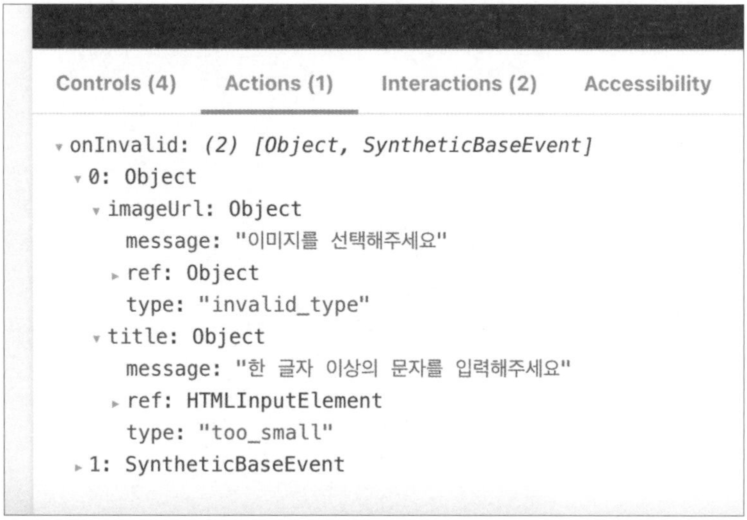

```
    Controls (4)      Actions (1)      Interactions (2)      Accessibility

  ▼onInvalid: (2) [Object, SyntheticBaseEvent]
    ▼0: Object
      ▼imageUrl: Object
         message: "이미지를 선택해주세요"
        ▶ref: Object
         type: "invalid_type"
      ▼title: Object
         message: "한 글자 이상의 문자를 입력해주세요"
        ▶ref: HTMLInputElement
         type: "too_small"
    ▶1: SyntheticBaseEvent
```

그림 8-6 onInvalid가 호출된 모습

해당 애드온은 설치할 때 적용된 `@storybook/addon-essentials`에 포함되어 있기 때문에 처음부터 설정되어 있다. Global 단계 설정인 `.storybook/preview.js`를 보면 `argTypesRegex: "^on[A-Z].*"`라는 설정을 확인할 수 있다. `on`으로 시작하는 모든 이벤트 핸들러는 자동적으로 `Actions` 패널에 로그를 출력하게 된다. 만약 프로젝트에 이벤트 핸들러의 이름으로 사용하는 다른 **네이밍 컨벤션**naming convention이 있다면 해당 컨벤션에 따라 정규표현식을 수정해야 한다. 코드 8-4를 보자.

코드 8-4 .storybook/preview.js

```javascript
export const parameters = {
  actions: { argTypesRegex: "^on[A-Z].*" },
};
```

8.2.3 반응형 대응을 위한 뷰포트 설정

반응형으로 구현한 UI 컴포넌트는 화면 크기별로 스토리를 등록할 수 있다. `@storybook/addon-viewport` 패키지에서 지원한다.

- 예제 코드: src/components/layouts/BasicLayout/Header/index.stories.tsx

Next.js 예제 코드는 모든 페이지가 반응형으로 구현되어 있다. 그중에서도 [layouts] ➡ [Basic Layout] ➡ [Header]에는 모바일 환경에 특화된 스토리가 있다(그림 8-7).

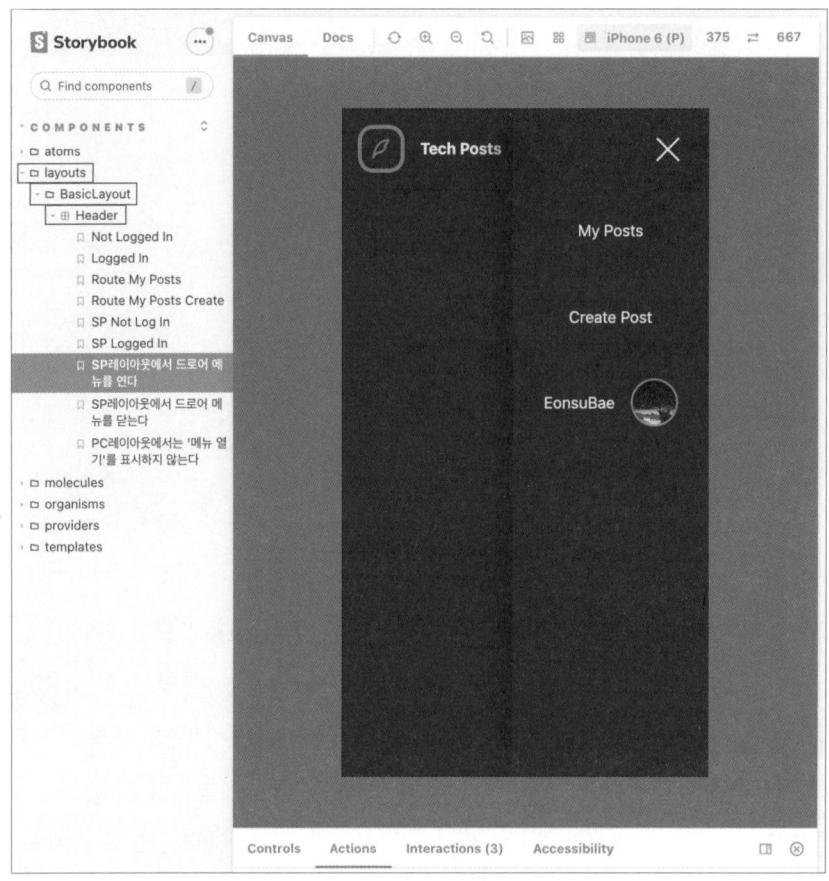

그림 8-7 뷰포트 초기 설정이 아이폰 6 크기로 된 스토리

SP(스마트폰) 레이아웃으로 스토리를 등록하려면 `parameters.viewport`를 설정해야 한다. 코드 8-5에서는 SP 레이아웃을 등록할 컴포넌트를 위해 `SPStory`라는 공통된 설정을 만들었다.

코드 8-5 src/components/layouts/BasicLayout/Header/index.stories.tsx

```typescript
import { SPStory } from "@/tests/storybook";

export const SPLoggedIn: Story = {
  parameters: {
    ...SPStory.parameters,    // SP 레이아웃용
  },                          // 공통 설정 적용하기
};
```

적용된 공통 설정은 코드 8-6과 같다. `screenshot`은 스토리로 시각적 회귀 테스트를 하기 위한 설정이다. 시각적 회귀 테스트는 9장에서 자세히 설명한다.

코드 8-6 src/tests/storybook.tsx

```typescript
import { INITIAL_VIEWPORTS } from "@storybook/addon-viewport";

export const SPStory = {
  parameters: {
    viewport: {
      viewports: INITIAL_VIEWPORTS,
      defaultViewport: "iphone6",
    },
    screenshot: {
      viewport: {
        width: 375,
        height: 667,
        deviceScaleFactor: 1,
      },
      fullPage: false,
    },
  },
};
```

8.3 Context API에 의존하는 스토리 등록

리액트의 **Context API**에 의존하는 스토리에는 스토리북의 **데커레이터**decorator를 활용하는 것이 편리하다. 그리고 초깃값을 주입할 수 있도록 `Provider`를 만들면 `Context`의 상태에 의존하는 UI를 간단하게 재현할 수 있다.

8.3.1 스토리북의 데커레이터

우선 데커레이터가 무엇인지 살펴보자. 데커레이터는 각 스토리의 렌더링 함수에 적용할 **래퍼** wrapper다. 예를 들어 UI 컴포넌트의 바깥쪽에 여백을 만들고 싶다면 코드 8-7과 같은 데커레이터 (함수)를 `decorators` 배열에 추가한다.

코드 8-7 데커레이터 예시

```typescript
import { ChildComponent } from "./";

export default {
  title: "ChildComponent",
  component: ChildComponent,
  decorators: [
    (Story) => (
```

```
      <div style={{ padding: "60px" }}>
        <Story />    ◀── 각 스토리가 전개된다.
      </div>
    ),
  ],
};
```

Component 단계이므로 이 파일에 등록된 모든 스토리에 여백이 생긴다. 이 밖에도 배열에 여러 개의 데커레이터를 추가할 수 있다.

8.3.2 Provider를 소유한 데커레이터

앞서 여백을 할당한 것처럼 데커레이터에 Context의 Provider를 설정할 수 있다. 예를 들어 로그인한 사용자의 정보가 있는 Provider(LoginUserInfoProvider)를 데커레이터가 소유했다면, Context의 Provider에 의존하는 UI 컴포넌트의 스토리에서도 로그인한 사용자의 정보를 표시할수 있다(코드 8-8).

코드 8-8 src/tests/storybook.tsx

```
import { LoginUserInfoProvider } from "@/components/providers/LoginUserInfo";    [TypeScript]
import { Args, PartialStoryFn } from "@storybook/csf";
import { ReactFramework } from "@storybook/react";

export const LoginUserInfoProviderDecorator = (
  Story: PartialStoryFn<ReactFramework, Args>
) => (
  <LoginUserInfoProvider>
    <Story />  ◀──────────┐  스토리가 Context를 통해
  </LoginUserInfoProvider>  │  LoginUserInfo를 참조
);
```

유사하게 공통 레이아웃을 제공할 데커레이터를 만들면 상황에 따라 사용할 수 있다. 애플리케이션에서 필요한 Provider라면 실제 구현 코드와 똑같이 사용해도 상관없지만, 이 밖에는 스토리북 전용 Provider를 데커레이터로 만드는 것이 좋다(코드 8-9).

코드 8-9 src/tests/storybook.tsx

```
import { BasicLayout } from "@/components/layouts/BasicLayout";    [TypeScript]
import { Args, PartialStoryFn } from "@storybook/csf";
import { ReactFramework } from "@storybook/react";
```

```typescript
export const BasicLayoutDecorator = (
  Story: PartialStoryFn<ReactFramework, Args>
) => BasicLayout(<Story />);
```

8.3.3 데커레이터 고차 함수

데커레이터를 만드는 함수(**고차 함수**higher-order function, HOF)를 작성하면 데커레이터를 쉽게 만들 수 있다. 코드 8-10은 7.2절에서도 다뤘던 사용자에게 통지할 때 사용하는 `<Toast>` 컴포넌트의 스토리다(그림 8-8).

코드 8-10 src/components/providers/ToastProvider/Toast/index.stories.tsx

```typescript
export const Succeed: Story = {
  decorators: [createDecorator({ message: "성공했습니다", style: "succeed" })],
};

export const Failed: Story = {
  decorators: [createDecorator({ message: "실패했습니다", style: "failed" })],
};

export const Busy: Story = {
  decorators: [createDecorator({ message: "통신 중입니다", style: "busy" })],
};
```

`Provider Context`는 `{ message, style }`이라는 상태를 소유하는데, 이 상태를 통해 정보를 통지한다. 또한, 각 스토리는 `createDecorator`라는 고차 함수를 사용해 설정을 최소화한다.

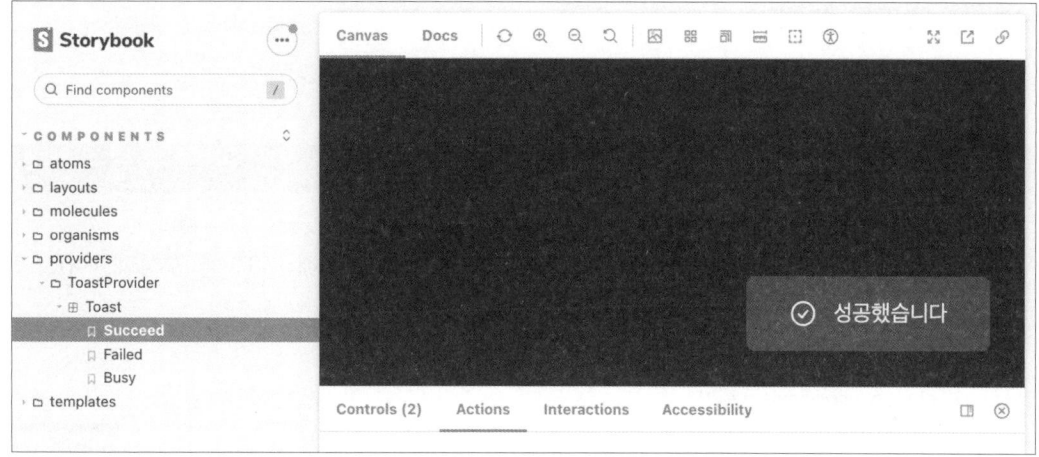

그림 8-8 '성공했습니다'라는 Toast가 표시된 모습

다음은 createDecorator의 구현 코드다(코드 8-11). <ToastProvider>가 제공하는 정보를 <Toast> 컴포넌트가 표시한다. 이와 같이 고차 함수를 만들면 초깃값(defaultState)을 쉽게 주입할 수 있다.

코드 8-11 src/components/providers/ToastProvider/Toast/index.stories.tsx

```TypeScript
import { ToastProvider, ToastState } from "@/components/providers/ToastProvider";
import { ComponentMeta, ComponentStoryObj } from "@storybook/react";
import { Toast } from ".";

function createDecorator(defaultState?: Partial<ToastState>) {
  return function Decorator() {
    return (
      <ToastProvider defaultState={{ ...defaultState, isShown: true }}>
        {null}
      </ToastProvider>
    );
  };
}
```

8.4 웹 API에 의존하는 스토리 등록

웹 API에 의존하는 컴포넌트는 스토리에도 웹 API가 필요하며, 컴포넌트를 렌더링하려면 웹 API 서버를 실행하고 있어야 한다. 스토리북을 빌드해서 정적 사이트로 호스팅할 때도 서버 상태가 좋지 않으면 API 요청이 원만하게 이루어지지 않는다. 이와 같은 UI 컴포넌트는 7.7절에서 다뤘던 MSW를 사용해야 한다.

8.4.1 애드온 설정

스토리북에서 MSW를 사용하려면 msw와 msw-storybook-addon을 설치해야 한다.

```bash
$ npm install msw msw-storybook-addon --save-dev
```

다음으로 .storybook/preview.js에서 initialize 함수를 실행해 MSW를 활성화한다(코드 8-12). mswDecorator는 모든 스토리에 필요하므로 여기에 설정한다.

코드 8-12 .storybook/preview.js

```JavaScript
import { initialize, mswDecorator } from "msw-storybook-addon";
```

```javascript
export const decorators = [mswDecorator];

initialize();
```

프로젝트에 처음 MSW를 설치한다면 public 디렉터리의 경로를 다음의 커맨드대로 실행한다
(`<PUBLIC_DIR>`을 프로젝트의 public 디렉터리명으로 변경한다). 커맨드를 실행하면 mockService
Worker.js가 생성되며, 커밋해야 한다.

```bash
$ npx msw init <PUBLIC_DIR>
```

스토리북에도 public 디렉터리의 경로를 명시한다(코드 8-13).

코드 8-13 .storybook/main.js

```javascript
module.exports = {
  /* 기타 설정 생략 */
  staticDirs: ["../public"],
};
```

8.4.2 요청 핸들러 변경

다른 `parameters`와 동일하게 'Global', 'Component', 'Story' 설정을 통해 스토리에 사용할 요청
핸들러가 결정된다.

- Global 단계: 모든 스토리에 적용할 설정(`.storybook/preview.js`)
- Component 단계: 스토리 파일에 적용할 설정(`export default`)
- Story 단계: 개별 스토리에 적용할 설정(`export const`)

`.storybook/preview.js`에 필요한 설정을 추가한다. 예를 들어 모든 스토리에 로그인한 사용자
정보가 필요하다면 로그인한 사용자 정보를 반환하는 `MSW` 핸들러를 Global 단계에 설정하는 것이
좋다(코드 8-14).

코드 8-14 .storybook/preview.js

```javascript
export const parameters = {
  // 기타 설정 생략
  msw: {
```

```
    handlers: [
      rest.get("/api/my/profile", async (_, res, ctx) => {
        return res(
          ctx.status(200),
          ctx.json({
            id: 1,
            name: "EonsuBae",
            bio: "프런트엔드 엔지니어. 타입스크립트와 UI 컴포넌트 테스트에 관심이
있습니다.",
            twitterAccount: "eonsu-bae",
            githubAccount: "eonsu-bae",
            imageUrl: "/__mocks__/images/img01.jpg",
            email: "eonsubae@example.com",
            likeCount: 1,
          })
        );
      }),
    ],
  },
};
```

요청 핸들러가 스토리에 적용되는 우선순위는 ❶ Story, ❷ Component, ❸ Global이다. 따라서 동일한 URL을 가진 요청 핸들러를 Story 단계에 설정하면 이 설정이 적용된다. 예를 들어 Global 단계에 설정한 목 응답이 로그인한 사용자 정보를 반환한다면 코드 8-15와 같이 Story 단계의 설정으로 목 응답이 미로그인 상태를 반환하도록 덮어쓸 수 있다.

코드 8-15 Story 단계의 요청 핸들러 설정

```
                                                                    TypeScript
export const NotLoggedIn: Story = {
  parameters: {
    msw: {
      handlers: [
        rest.get("/api/my/profile", async (_, res, ctx) => {   ◀──  이미 설정된 URL
          return res(ctx.status(401));                               요청 핸들러 덮어쓰기
        }),
      ],
    },
  },
};
```

요청 핸들러는 스토리마다 독립적으로 설정할 수 있기 때문에 같은 컴포넌트에서 웹 API 응답에 따라 다른 내용을 표시할 때도 유연하게 대응할 수 있다. 또한, 오류 응답의 상태 코드에 따라 다

른 내용이 표시되는 상황을 검증할 때도 활용이 가능하다.

8.4.3 고차 함수로 요청 핸들러 리팩터링하기

웹 API에서 URL과 응답 내용은 불가분의 관계다. 스토리나 테스트에 URL을 하드코딩하면 URL 사양이 변경돼도 변경된 사양이 반영되지 않아 기대하지 않은 내용으로 응답할 수 있다. 이를 피하려면 웹 API 클라이언트 설정에 있는 고차 함수를 통해 만든 요청 핸들러에 URL을 정의해야 한다.

코드 8-16과 코드 8-17에서 로그인 화면과 헤더는 `handleGetMyProfile`이라는 요청 핸들러를 사용한다. 앞서 설명했던 로그인한 사용자 정보를 취득하는 API의 요청 핸들러와 동일하다.

코드 8-16 미로그인 상태의 헤더(src/components/layouts/BasicLayout/Header/index.stories.tsx)

```typescript
export const NotLoggedIn: Story = {
  parameters: {
    msw: { handlers: [handleGetMyProfile({ status: 401 })] },   ◀── 코드가 간결해졌다.
    // 요청 핸들러 내용은 다음과 같다.
    // msw: {
    //   handlers: [
    //     rest.get("/api/my/profile", async (_, res, ctx) => {
    //       return res(ctx.status(401));
    //     }),
    //   ],
    // },
  },
};
```

코드 8-17 로그인 화면의 스토리 파일(src/components/templates/Login/index.stories.tsx)

```typescript
export default {
  component: Login,
  parameters: {
    nextRouter: { pathname: "/login" },
    msw: { handlers: [handleGetMyProfile({ status: 401 })] },
  },
  decorators: [BasicLayoutDecorator],
} as ComponentMeta<typeof Login>;
```

이처럼 클라이언트 설정 부분에서 요청 핸들러와 고차 함수를 제대로 활용하면 웹 API에 의존하는 컴포넌트에서 요청 핸들러를 작성하는 부분이 간결해진다. 세부적인 구현은 예제 코드를 확인하자.

8.5 Next.js Router에 의존하는 스토리 등록

UI 컴포넌트에는 특정 URL에서만 사용할 수 있는 컴포넌트가 있다. 이와 같은 컴포넌트의 스토리를 등록하려면 애드온이 필요하다. `storybook-addon-next-router` 애드온을 추가하면 `Router` 상태를 스토리마다 설정할 수 있다.

8.5.1 애드온 설정

다음 커맨드로 애드온을 설치하고 `.storybook/main.js`와 `.storybook/preview.js`에 설정을 추가한다(코드 8-18, 코드 8-19).

```bash
$ npm install storybook-addon-next-router --save-dev
```

코드 8-18 .storybook/main.js

```JavaScript
module.exports = {
  // 다른 설정은 생략
  stories: ["../src/**/*.stories.@(js|jsx|ts|tsx)"],
  addons: ["storybook-addon-next-router"],
};
```

코드 8-19 .storybook/preview.js

```JavaScript
import { RouterContext } from "next/dist/shared/lib/router-context";

export const parameters = {
  // 다른 설정은 생략
  nextRouter: {
    Provider: RouterContext.Provider,
  },
};
```

8.5.2 Router에 의존하는 스토리 등록 예시

코드 8-20은 7.3절에서도 다뤘던 헤더의 스토리다. 그림 8-9를 보면 알 수 있듯이 헤더의 내비게이션에는 `pathname`(브라우저 URL)에 따라 현재 화면에 해당하는 요소의 아래에 주황색 선이 그려진다.

코드 8-20 **src/components/layouts/BasicLayout/Header/index.stories.tsx**

```typescript
export const RouteMyPosts: Story = {
  parameters: {
    nextRouter: { pathname: "/my/posts" },
  },
};

export const RouteMyPostsCreate: Story = {
  parameters: {
    nextRouter: { pathname: "/my/posts/create" },
  },
};
```

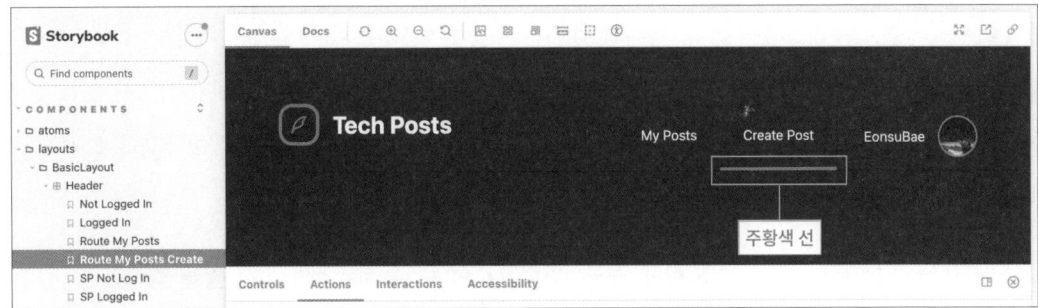

그림 8-9 **URL이 "/my/posts"일 때(위)와 "my/posts/create"일 때(아래)**

8.6 Play function을 활용한 인터랙션 테스트

Props를 UI 컴포넌트에 전달해 다양한 상황을 재현할 수 있다. 그런데 UI에 인터랙션을 할당하는 방법으로만 재현할 수 있는 상황도 있다. 예를 들어 폼에서 값을 전송하기 전 브라우저에 입력된 내용에 유효성 검사를 실시해서 문제가 있으면 오류를 표시하는 상황이다. 이러한 UI를 재현하려면 '문자 입력', 'focusout 이벤트', '전송 버튼 클릭' 같은 인터랙션이 필요하다. 스토리북 기능인 Play function을 사용하면 인터랙션 할당 상태를 스토리로 등록할 수 있다.

8.6.1 애드온 설정

다음 커맨드로 필요한 모듈을 설치하고, `.storybook/main.js`와 `.storybook/preview.js`에 설정을 추가한다(코드 8-21).

```bash
$ npm install @storybook/testing-library @storybook/jest @storybook/
addon-interactions --save-dev
```

코드 8-21 .storybook/main.js

```JacaScript
module.exports = {
  // 다른 설정은 생략
  stories: ["../src/**/*.stories.@(js|jsx|ts|tsx)"],
  addons: ["@storybook/addon-interactions"],
  features: {
    interactionsDebugger: true,
  },
};
```

8.6.2 인터랙션 할당

인터랙션을 할당하기 위해 스토리에 `play` 함수를 설정한다. 테스팅 라이브러리 및 `jsdom`를 사용할 때와 동일하게 `userEvent`를 사용해서 UI 컴포넌트에 인터랙션을 할당한다.

코드 8-22는 기사 작성 폼의 스토리다. 제목 입력 요소에 나의 기사라는 문자열을 입력한다.

코드 8-22 src/components/templates/MyPostsCreate/PostForm/index.stories.tsx

```TypeScript
export const SucceedSaveAsDraft: Story = {
  play: async ({ canvasElement }) => {
    const canvas = within(canvasElement);
    await user.type(
      canvas.getByRole("textbox", { name: "제목" }),
      "나의 기사"
    );
  },
};
```

테스팅 라이브러리에서 사용하는 `getBy`나 `userEvent`와 거의 동일한 API이므로 UI 컴포넌트에 테스트를 작성하는 느낌으로 인터랙션을 할당할 수 있다. 스토리북 탐색기에서 예제 화면을 열면 Play function이 자동으로 실행돼 문자가 입력된 것을 확인할 수 있다(그림 8-10).

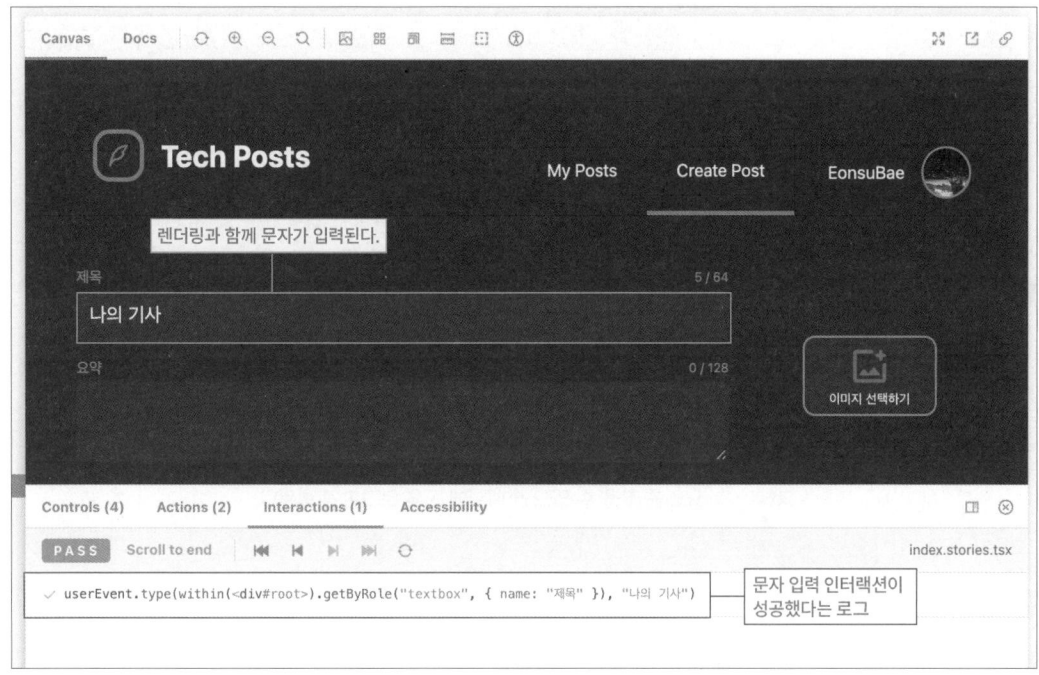

그림 8-10 **문자 입력 인터랙션을 할당한 스토리**

인터랙션을 제대로 할당하지 않으면 도중에 인터랙션이 중단된다. 테스트를 위해 `{ name: "제목" }`을 `{ name: "머리말" }`로 변경해보자. 요소를 찾지 못해서 패널에 'FAIL'이라는 경고가 표시되고 인터랙션이 중단된 것을 확인할 수 있다(그림 8-11).

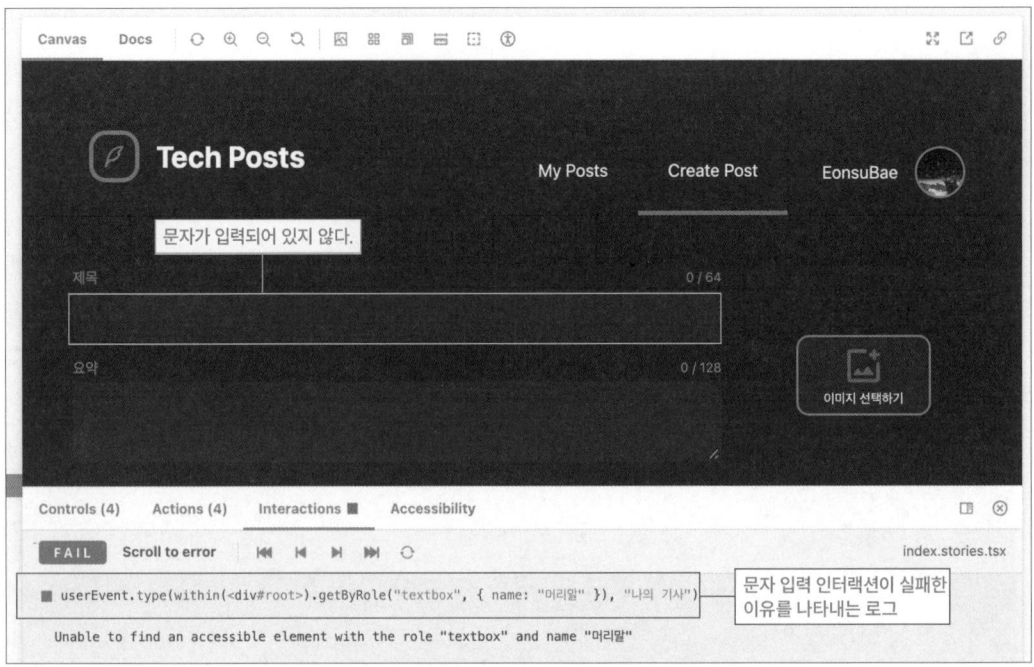

그림 8-11 요소를 찾을 수 없으면 패널에 오류 로그가 출력된다.

8.6.3 단언문 작성

`@storybook/jest`의 `expect` 함수를 사용하면 UI 컴포넌트에 인터랙션을 할당한 상태에서 단언문을 작성할 수 있다. 기사 작성 폼에 있는 다른 스토리를 살펴보자(코드 8-23).

코드 8-23 src/components/templates/MyPostsCreate/PostForm/index.stories.tsx

```typescript
export const SavePublish: Story = {
  play: async ({ canvasElement }) => {
    const canvas = within(canvasElement);
    await user.type(
      canvas.getByRole("textbox", { name: "제목" }),
      "나의 기사"
    );
    await user.click(canvas.getByRole("switch", { name: "공개 여부" }));
    await expect(
      canvas.getByRole("button", { name: "공개하기" })
    ).toBeInTheDocument();
  },
};
```

그림 8-12를 보면 알 수 있듯이 '공개 여부'라는 토글 스위치를 클릭하면 버튼의 문자가 '비공개 상
태로 저장'에서 '공개하기'로 변경된다.

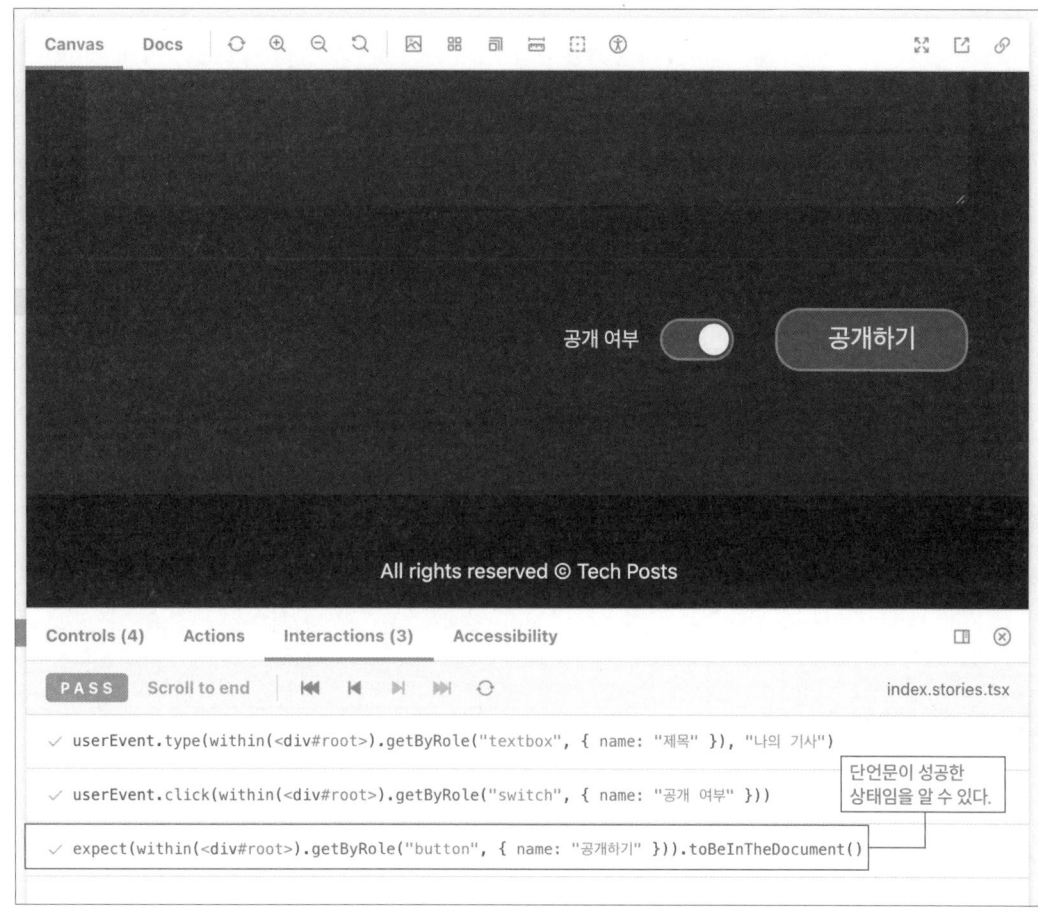

그림 8-12 **'공개 여부'를 변경해 버튼 내 문자가 변경된 모습**

나머지 스토리도 살펴보자(코드 8-24). 아무것도 입력하지 않고 비공개 상태로 저장을 시도하면
유효성 검사가 실패해 오류가 표시된다(그림 8-13). `waitFor`를 사용하는 방법도 테스팅 라이브러리
와 `jsdom`을 사용할 때와 동일하다. 단언문이 실패해도 동일한 경고가 애드온 패널에 표시된다.

코드 8-24 src/components/templates/MyPostsCreate/PostForm/index.stories.tsx

```typescript
export const FailedSaveAsDraft: Story = {
  play: async ({ canvasElement }) => {
    const canvas = within(canvasElement);
    await user.click(canvas.getByRole("button", { name: "비공개 상태로 저장" }));
    const textbox = canvas.getByRole("textbox", { name: "제목" });
```

```
    await waitFor(() =>
      expect(textbox).toHaveErrorMessage("한 글자 이상의 문자를 입력해주세요")
    );
  },
};
```

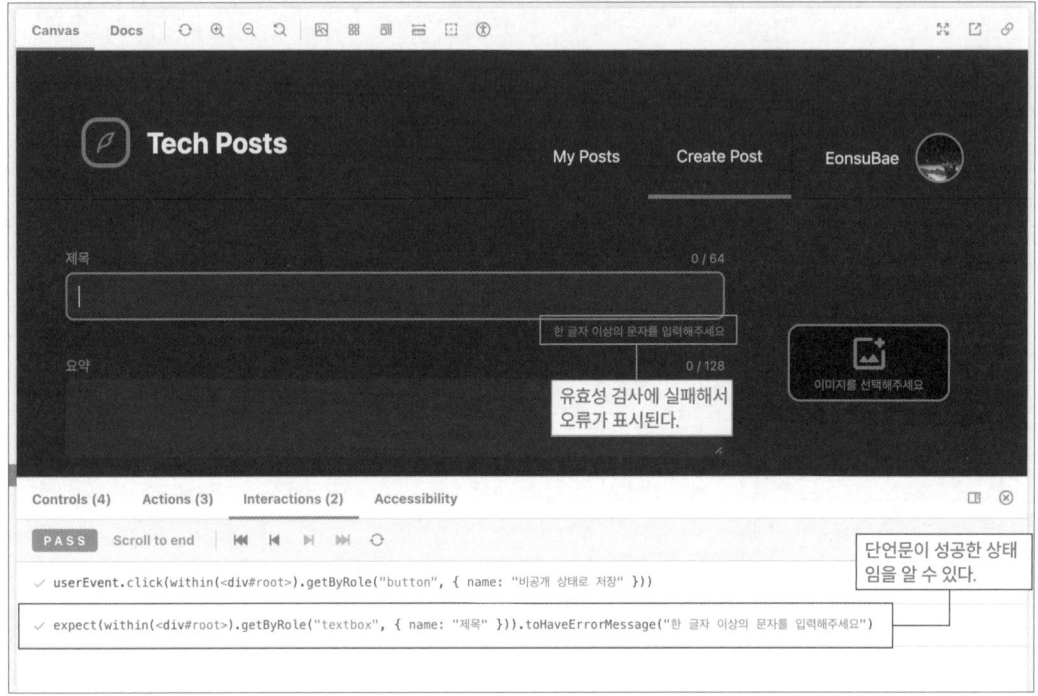

그림 8-13 유효성 검사에서 오류가 발생한 모습

이처럼 Play function으로 스토리북에 인터랙션 테스트를 작성할 수 있다.

8.7 addon-a11y를 활용한 접근성 테스트

스토리북은 컴포넌트 단위로 접근성을 검증하는 용도로도 활용된다. 스토리북을 확인하면서 코드를 작성하면 접근성에 문제가 있는지 조기에 발견할 수 있다.

`@storybook/addon-a11y` 애드온을 추가하면 스토리북 탐색기에서 접근성 관련 우려 사항을 알려준다. 우선 `@storybook/addon-a11y`를 설치하고, .storybook/main.js에 설정을 추가한다(코드 8-25).

```bash
$ npm install @storybook/addon-a11y --save-dev
```

코드 8-25 .storybook/main.js

```JavaScript
module.exports = {
  // 다른 설정 생략
  stories: ["../src/**/*.stories.@(js|jsx|ts|tsx)"],
  addons: ["@storybook/addon-a11y"],
};
```

parameters.a11y에 해당 애드온 설정을 사용한다. 다른 `parameters`와 동일하게 Global, Component, Story로 단계를 나눠 적용할 수 있다.

- Global 단계: 모든 스토리에 적용할 설정(`.storybook/preview.js`)
- Component 단계: 스토리 파일에 적용할 설정(`export default`)
- Story 단계: 개별 스토리에 적용할 설정(`export const`)

8.7.2 접근성과 관련한 주의 사항 점검하기

애드온 패널에 추가된 Accessibility 패널을 열어보면 검증한 내용이 Violations(빨간색), Passes(초록색), Incomplete(노란색)으로 구분돼 있다. Violations는 접근성을 위반했다는 의미이며, Incomplete은 수정이 필요하다는 의미다.

각 탭을 열면 주의점과 가이드라인이 적혀 있다(그림 8-14[2]). 그리고 'Highlight results'라는 체크박스를 체크하면 주의점이 점선으로 표시되면서 강조된다. 해당 내용을 기반으로 접근성을 개선시킬 수 있다.

---

2 [옮긴이] src/components/molecules/TextboxWithError/index.stories.tsx에서 parameters.a11y.config.rules.enabled를 `true`로 설정한 뒤 탐색기에서 확인할 수 있다.

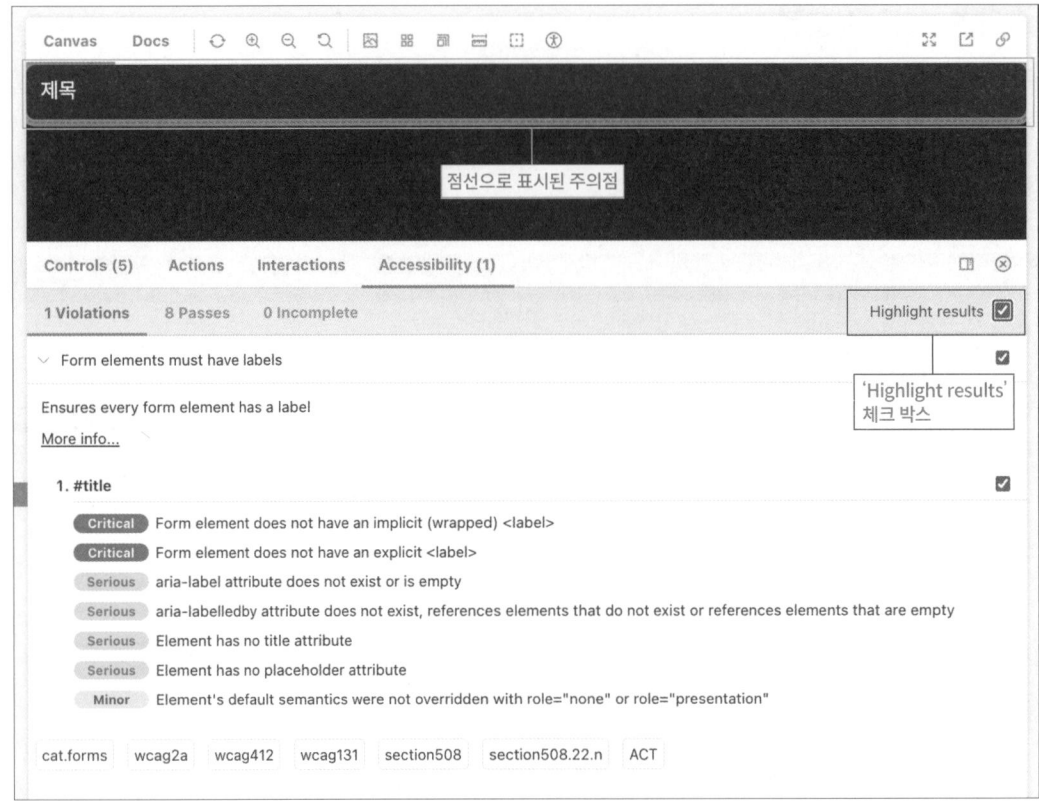

점선으로 표시된 주의점

'Highlight results' 체크 박스

그림 8-14 Accessibility 애드온 패널

8.7.3 일부 규칙 위반을 무효화하기

규칙이 지나치게 엄격하다고 느끼거나 원하지 않는 보고 내용이 있으면 일부 내용을 무효화할 수 있다. 무효화 기능도 3단계 설정(전체, 스토리 파일, 개별 스토리)이 가능하다.

src/components/atoms/Switch/index.stories.tsx에 있는 `<Switch>` 컴포넌트의 스토리를 예시로 살펴보자(코드 8-26). 먼저 애드온 설정을 하지 않은 상태로 확인하자. 애드온 패널을 보면 'Form elements must have labels(폼 요소에는 `<label>` 요소를 구현해야 한다)'라는 규칙 위반 경고가 나온다(그림 8-15).

코드 8-26 접근성 규칙을 위반한 스토리

```
export default {
  component: Switch,
} as ComponentMeta<typeof Switch>;

export const Default: Story = {};
```

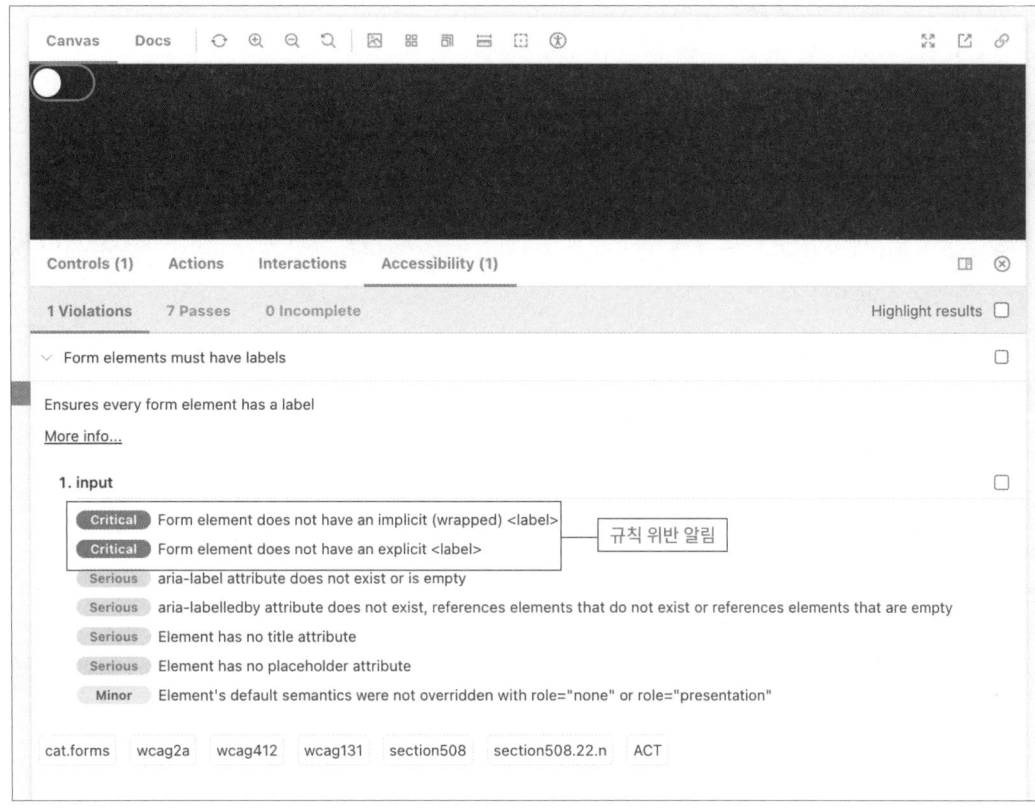

그림 8-15 Switch 컴포넌트의 접근성 위반

실제 애플리케이션에서 사용할 때는 `<label>` 요소와 함께 사용해 접근성을 지키더라도, 작은 컴포넌트의 스토리에서는 규칙을 무효화하고 싶을 수도 있다. 이를 위해 스토리 파일 단위에서는 규칙을 무효화하고자 코드 8-27과 같이 `export default`의 `parameters`에 설정을 추가한다.

코드 8-27 컴포넌트 단위에서 접근성 규칙을 무효화하기

```typescript
export default {
  component: Switch,
  parameters: {
    a11y: {
      config: { rules: [{ id: "label", enabled: false }] },
    },
  },
} as ComponentMeta<typeof Switch>;

export const Default: Story = {};
```

`rules`에 있는 `id`(여기서는 `"label"`)는 axe-core의 Rule Descriptions을 참고해 적용한다.

- https://github.com/dequelabs/axe-core/blob/develop/doc/rule-descriptions.md

❶ addon-a11y와 axe-core

해당 애드온은 접근성 검증 도구로 axe를 사용한다. `parameters` 등의 세부 설정은 **axe-core**의 공식 문서를 참고하자.

8.7.4 접근성 검증 생략하기

접근성 검증 자체를 생략하고 싶다면 `parameters.a11y.disable`을 `true`로 설정하면 된다(코드 8-28). 일부 규칙 위반 무효화와 달리 접근성 자체를 검증 대상에서 제외시키므로 신중하게 사용해야 한다.

코드 8-28 **접근성 검증 생략하기**

```typescript
export default {
  component: Switch,
  parameters: {
    a11y: { disable: true },
  },
} as ComponentMeta<typeof Switch>;

export const Default: Story = {};
```

8.8 스토리북 테스트 러너

스토리북의 **테스트 러너**test runner는 스토리를 실행가능한 테스트로 변환한다. 테스트로 변환된 스토리는 제스트와 플레이라이트에서 실행된다. 이 기능을 활용해서 스토리북에 스모크 테스트 smoke test[3]는 물론 앞서 살펴본 Play function이 정상적으로 종료됐는지와 접근성 위반 사항이 있는지도 테스트할 수 있어 UI 컴포넌트 테스트로도 활용할 수 있다.

---

3   제품의 기본적인 작동 여부를 대략적으로 검증하는 테스트를 말한다.

8.8.1 테스트 러너를 활용한 일반적인 테스트 자동화

UI 컴포넌트 구현이 변경되면 등록된 스토리에도 변경 사항을 반영해야 한다. 예를 들어 컴포넌트의 `Props`가 변경되거나 의존하는 웹 API의 데이터가 변경됐다면 이미 등록된 스토리에 변경 사항을 반영해야 오류가 발생하지 않는다.

`@storybook/test-runner`를 사용해서 명령줄 인터페이스나 CI에서 테스트 러너를 실행하면 등록된 스토리에 오류가 없는지 검증할 수 있다. 우선 다음 커맨드로 테스트 러너를 설치하자.

```bash
$ npm install @storybook/test-runner --save-dev
```

npm script에 테스트 러너를 실행할 스크립트를 작성하면 바로 사용할 수 있다(코드 8-29). 프로젝트에서 스토리북을 사용한다면 등록해두자.

코드 8-29 package.json

```json
{
  "scripts": {
    "test:storybook": "test-storybook"
  }
}
```

8.8.2 테스트 러너를 활용한 Play function 테스트 자동화

Play function을 사용하는 스토리에 UI 컴포넌트의 변경 사항을 반영하지 않으면 도중에 인터랙션이 실패한다. 테스트 러너는 Play function을 사용하는 스토리를 대상으로 인터랙션이 오류 없이 정상적으로 종료됐는지 검증한다.

기능을 확인하고자 헤더 컴포넌트를 변경해 테스트가 실패하는지 테스트해보자(코드 8-30). 해당 UI 컴포넌트는 모바일 레이아웃 한정으로 드로어_{drawer} 메뉴를 렌더링하며, 스토리에는 버튼을 클릭해서 드로어 메뉴를 여는 인터랙션이 등록됐다.

코드 8-30 src/components/layouts/BasicLayout/Header/index.stories.tsx

```typescript
export const SPLoggedInOpenedMenu: Story = {
  storyName: "SP 레이아웃에서 드로어 메뉴를 연다",
  parameters: {
    ...SPStory.parameters,
```

```
    screenshot: {
      ...SPStory.parameters.screenshot,
      delay: 200,
    },
  },
  play: async ({ canvasElement }) => {
    const canvas = within(canvasElement);
    const button = await canvas.findByRole("button", {
      name: "메뉴 열기",
    });
    await user.click(button);
    const navigation = canvas.getByRole("navigation", {
      name: "내비게이션",
    });
    await expect(navigation).toBeInTheDocument();
  },
};
```

코드 8-31과 같이 aria-label="내비게이션"을 aria-label="메뉴"로 변경해서 의도적으로 오류를 만들어보자.

코드 8-31 src/components/layouts/BasicLayout/Header/Nav/index.tsx

```
                                                            TypeScript
export const Nav = ({ onCloseMenu }: Props) => {
  const { pathname } = useRouter();
  return (
    // "내비게이션"을 "메뉴"로 변경하고 테스트 러너를 실행
    <nav aria-label="메뉴" className={styles.nav}>
      <button
        aria-label="메뉴 닫기"
        className={styles.closeMenu}
        onClick={onCloseMenu}
      ></button>
      <ul className={styles.list}>
        <li>
          <Link href={`/my/posts`} legacyBehavior>
            <a
              {...isCurrent(
                pathname.startsWith("/my/posts") &&
                  pathname !== "/my/posts/create"
              )}
            >
              My Posts
            </a>
          </Link>
        </li>
```

```
      <li>
        <Link href={`/my/posts/create`} legacyBehavior>
          <a {...isCurrent(pathname === "/my/posts/create")}>Create Post</a>
        </Link>
      </li>
    </ul>
  </nav>
  );
};
```

개발 환경에 스토리북을 실행한 상태에서 `npm run test:storybook`을 실행하면 예상처럼 테스트가 실패한다. 물론 해당 예제의 인터랙션은 매우 단순하다. 만약 복잡한 인터랙션이 있는 경우에도 육안으로 확인하면서 테스트할 수 있기 때문에 테스팅 라이브러리와 `jest-dom`을 사용할 때보다 편하게 테스트 코드를 작성할 수 있다. 오직 스토리북을 활용할 때만 누릴 수 있는 장점이다.

❶ 뷰포트 설정이 반영되지 않는 문제 해결하기

집필 시점(2023년 3월)에는 스토리마다 설정한 뷰포트가 테스트 러너에 적용되지 않는 문제가 있었다(https://github.com/storybookjs/test-runner/issues/85).[4] 이를 해결하고자 예제 코드의 .storybook/test-runner.js에 코드 8-32와 같은 설정을 추가했다(코드 8-32).

코드 8-32 .storybook/test-runner.js

```javascript
module.exports = {
  async preRender(page, context) {
    if (context.name.startsWith("SP")) {
      page.setViewportSize({ width: 375, height: 667 });    ◀── SP로 시작하는 스토리의 뷰포트를
    } else {                                                     스마트폰 사이즈로 고정한다.
      page.setViewportSize({ width: 1280, height: 800 });   ◀── 그 외 모든 스토리의 뷰포트를
    }                                                            PC 사이즈로 고정한다.
  },
};
```

이 설정을 통해 SP로 시작하는 스토리는 뷰포트가 가로 375px, 세로 667px로, 그 외의 스토리는 가로 1280px, 세로 800px로 변경된다. 다만 어디까지나 임시방편이다. 이를 모르는 멤버가 무심코 SP로 시작하는 스토리를 등록하고 왜 테스트가 통과되지 않는지 의문을 가지지 않도록 주의하자.

---

4 옮긴이 이와 관련된 문제는 2023년 11월 8일에 릴리스된 0.14.0 버전에서 해결됐다.

8.8.3 테스트 러너를 활용한 접근성 테스트 자동화

스토리북의 테스트 러너는 플레이라이트와 헤드리스 브라우저에서 실행된다. 덕분에 플레이라이트의 생태계에 있는 기능들을 테스트 러너에서 활용할 수 있다. `axe-playwright`는 접근성 검증도구인 axe를 사용하는 라이브러리로서 접근성 관련 문제점을 찾는다.

```bash
$ npm install axe-playwright --save-dev
```

테스트 러너 설정 파일인 .storybook/test-runner.js에 `axe-playwright` 설정을 추가한다(코드 8-33).

코드 8-33 .storybook/test-runner.js

```javascript
const { getStoryContext } = require("@storybook/test-runner");
const { injectAxe, checkA11y, configureAxe } = require("axe-playwright");

module.exports = {
  async preRender(page, context) {
    if (context.name.startsWith("SP")) {
      page.setViewportSize({ width: 375, height: 667 });
    } else {
      page.setViewportSize({ width: 1280, height: 800 });
    }
    await injectAxe(page);          // axe를 사용하는
  },                                // 검증 설정
  async postRender(page, context) {
    const storyContext = await getStoryContext(page, context);
    if (storyContext.parameters?.a11y?.disable) {
      return;
    }
    await configureAxe(page, {
      rules: storyContext.parameters?.a11y?.config?.rules,
    });
    await checkA11y(page, "#root", {          // axe를 사용한 검증
      includedImpacts: ["critical", "serious"],   // 'Violations'에 해당하는
      detailedReport: false,                       // 오류만 검출
      detailedReportOptions: { html: true },
      axeOptions: storyContext.parameters?.a11y?.options,
    });
  },
};
```

기본 설정을 사용하면 Incomplete도 오류로 검출된다. 만약 오류가 너무 많다면 includedImpacts

에 `critical`만 설정해서 `Violations`에 해당하는 오류만 검출되도록 변경할 수 있다. 이렇게 오류 검출 수준을 조정하면서 단계적으로 개선을 시도할 수 있다.

8.9 스토리를 통합 테스트에 재사용하기

제스트로 작성한 테스트 코드와 더불어 스토리까지 커밋해야 한다면 운용비가 너무 많이 증가하는 것은 아닌가 염려될 수 있다. 이는 스토리를 통합 테스트에 재사용해서 해결할 수 있다. 양쪽을 모두 커밋하면서도 운용비가 줄어든다. 프로젝트에 양쪽을 모두 커밋했다면 이번 절에서 다루는 재사용 방법이 도움이 될 것이다.

8.9.1 스토리 재사용

UI 컴포넌트 테스트는 검증을 시작하기 전에 상태를 만들어야 한다. 상태를 만드는 일과 스토리를 만드는 일은 거의 동일한 작업이다. 코드 8-34를 통해 살펴보자. 다음은 `AlertDialog`의 스토리다. `AlertDialog`는 8.3절에서 살펴봤던 UI 컴포넌트와 동일하게 Context API에 의존하는 UI 컴포넌트다. 예제는 스토리 등록을 위해 `createDecorator` 함수를 사용한다.

코드 8-34 src/components/organisms/AlertDialog/index.stories.tsx

```typescript
// 스토리 등록용 함수
function createDecorator(defaultState?: Partial<AlertDialogState>) {
  return function Decorator(Story: PartialStoryFn<ReactFramework, Args>) {
    return (
      <AlertDialogProvider defaultState={{ ...defaultState, isShown: true }}>
        <Story />
      </AlertDialogProvider>
    );
  };
}

// 실제로 등록할 스토리
export const Default: Story = {
  decorators: [createDecorator({ message: "성공했습니다" })],
};
```

해당 UI 컴포넌트는 `AlertDialogProvider`에 의존하지만, `createDecorator`를 사용하면 초깃값을 주입할 수 있어 다양한 스토리를 등록할 수 있다. 코드 8-35를 보면 두 종류의 스토리가 더 있다.

코드 8-35 src/components/organisms/AlertDialog/index.stories.tsx

```typescript
export const CustomButtonLabel: Story = {
  decorators: [
    createDecorator({
      message: "기사를 공개합니다. 진행하시겠습니까?",
      cancelButtonLabel: "CANCEL",
      okButtonLabel: "OK",
    }),
  ],
};

export const ExcludeCancel: Story = {
  decorators: [
    createDecorator({
      message: "전송됐습니다",
      cancelButtonLabel: undefined,
      okButtonLabel: "OK",
    }),
  ],
};
```

Context API에 의존하는 컴포넌트다. 즉 `AlertDialogProvider`가 없으면 작동하지 않는다. 이는 테스트할 때도 마찬가지다. 7.2절에서 살펴봤듯이 테스트의 `render`에 매번 `AlertDialogProvider`를 추가해야 한다. 매번 `AlertDialogProvider`를 추가하는 것이 앞서 언급한 상태를 미리 만들어두는 작업에 해당한다.

스토리를 등록할 때 이미 `createDecorator` 함수로 상태를 만들었지만 테스트 코드에도 같은 작업을 반복한다면 중복 작업이라고 느낄 수 있다. 이때 스토리를 테스트 대상으로 만들어 재활용하면 컴포넌트 테스트를 위한 상태를 재차 정의하지 않아도 된다. 바로 이것이 앞서 언급한 스토리의 재사용 방법이다.

8.9.2 스토리를 import하여 테스트 대상으로 만들기

테스트에 스토리를 `import`하려면(재사용하려면) 전용 라이브러리인 `@storybook/testing-react`를 사용해야 한다.

```bash
$ npm install --save-dev @storybook/testing-react
```

먼저 코드 8-36의 세 번째 줄처럼 스토리 파일의 내용을 불러온다. 이후 `composeStories` `(stories)`로 각 스토리를 선언하면 테스트 준비가 완료된다. 단언문은 스토리를 `render`한 후 작성할 수 있기 때문에 스토리를 테스트의 일부라고 생각하자.

코드 8-36 src/components/organisms/AlertDialog/index.test.tsx

```typescript
import { composeStories } from "@storybook/testing-react";
import { render, screen } from "@testing-library/react";
import * as stories from "./index.stories";

const { Default, CustomButtonLabel, ExcludeCancel } = composeStories(stories);

describe("AlertDialog", () => {
  test("Default", () => {
    render(<Default />);  ◀── 스토리 렌더링
    expect(screen.getByRole("alertdialog")).toBeInTheDocument();
  });

  test("CustomButtonLabel", () => {
    render(<CustomButtonLabel />);  ◀── 스토리 렌더링
    expect(screen.getByRole("button", { name: "OK" })).toBeInTheDocument();
    expect(screen.getByRole("button", { name: "CANCEL" })).toBeInTheDocument();
  });

  test("ExcludeCancel", () => {
    render(<ExcludeCancel />);  ◀── 스토리 렌더링
    expect(screen.getByRole("button", { name: "OK" })).toBeInTheDocument();
    expect(
      screen.queryByRole("button", { name: "CANCEL" })
    ).not.toBeInTheDocument();
  });
});
```

제스트를 사용하는 테스트에 스토리 파일을 불러온다.

8.9.3 @storybook/test-runner와의 차이점

테스트와 스토리 등록을 한 번에 처리해서 중복을 줄이는 방법은 8.8절에서 다뤘던 테스트 러너 활용법(스토리의 Play function에 단언문 작성하기)과 유사하다. 어떤 방법을 적용할지는 테스트 목적과 각 방법의 장단점을 비교해 결정해야 한다.

- 제스트에서 스토리를 재사용할 때의 장점
  - 목 모듈 혹은 스파이가 필요한 테스트를 작성할 수 있다(제스트의 목 함수 사용).

－　실행 속도가 빠르다(헤드리스 브라우저를 사용하지 않기 때문).

● 테스트 러너의 장점

　　　－　테스트 파일을 따로 만들지 않아도 된다(적은 작업량).

　　　－　실제 환경과 유사성이 높다(브라우저를 사용해 CSS가 적용된 상황 재현 가능).

CHAPTER

9

시각적 회귀 테스트

9.1 시각적 회귀 테스트의 필요성

이번 장에서는 UI 컴포넌트에 시각적 회귀 테스트를 실시하면서 시각적 회귀 테스트가 왜 필요한지 살펴보겠다.

- https://github.com/frontend-testing-book-kr/vrt

9.1.1 스타일 변경 검증의 어려움

CSS는 여러 프로퍼티가 중첩되며 결정된다. 최종적으로 적용된 프로퍼티는 명시도specificity나 적용된 순서뿐만 아니라 전역에 정의된 스타일에도 영향을 받는다. 이처럼 스타일 변화는 다양한 요소에서 영향을 받으므로 코드만으로 예측하는 것은 어렵다. 가장 이상적인 방법은 브라우저별로 모든 페이지를 육안으로 확인하는 것이다. 하지만 현실적으로 모든 페이지를 육안으로 확인하는 것은 불가능하다.

이전에 작성한 CSS 코드를 수정하거나 삭제하다 보면 의도하지 않은 곳이 변경되기도 한다. 이와 같은 부작용에 대처하고자 '문제가 생기면 이전에 작성한 코드는 건드리지 않고 새로 작성한 코드에서 해결한다'는 소극적인 방침을 세우는 팀도 있다. 하지만 소극적인 방침은 리팩터링을 불가능하게 만드는 대증치료symptomatic treatment에 불과하다.

싱글 페이지 애플리케이션은 작은 UI 컴포넌트를 조합해 화면을 만든다. UI 컴포넌트 조합으로 화면을 만드는 방식은 블록을 조립하는 방식과 비슷하며, **컴포넌트 기반 개발**component-based development, CBD이라고도 불린다. 컴포넌트 기반 개발 방식을 사용하면 로직은 물론이고 중복되기 쉬운 CSS 코드도 한 곳에서 관리할 수 있다.

컴포넌트 기반 개발이 일정한 규칙을 부여하는 데서 오는 장점도 있지만, 많은 화면이 수많은 공통 컴포넌트를 공유하기 때문에 한 컴포넌트의 수정 여파가 크다는 단점도 있다. 아무리 컴포넌트 기반 개발과 같은 방식을 도입해도 CSS 리팩터링은 여전히 쉽지 않다.

9.1.2 시각적 회귀 테스트를 스냅숏 테스트로 대체할 수 있을까

5.8절에서 다뤘던 스냅숏 테스트는 시각적 회귀 테스트의 한 방법이다. 클래스 속성의 변경으로 스타일이 변경되는 것을 알 수 있다. 하지만 스냅숏 테스트만으로는 앞서 언급한 전역에 정의된 스타일 영향은 알기 힘들다. 단위 테스트에서는 알아차리지 못했던 문제를 통합 테스트에서 발견하는 상황과 비슷하다.

게다가 `CSS Modules`을 사용하면 스냅숏 테스트에서는 CSS로 정의한 내용을 알지 못한다. 이처럼 HTML 출력 결과를 비교할 뿐인 스냅숏 테스트만으로는 모든 시각적 회귀 테스트를 대체할 수 없다.

```
                                                              snapshot
exports[`Snapshot`] = `
<div>
  <select
    class="module"      ◀──┐ CSS로 정의한 내용을
    data-theme="dark"      │ 검증할 수 없다.
    data-variant="medium"
  />
</div>
`;
```

9.1.3 시각적 회귀 테스트의 선택지

가장 신뢰도 높은 방법은 실제 브라우저에 렌더링된 화면을 비교하는 것이다. 테스트할 화면을 브라우저에 렌더링하고 특정 시점에 캡처한 이미지들을 픽셀 단위로 비교할 수도 있다. 가장 기본적인 **시각적 회귀 테스트**visual regression test다.

시각적 회귀 테스트는 크로미엄 같은 브라우저를 헤드리스 모드로 실행한 상태에서 실시한다. 일

반적으로 헤드리스 브라우저는 E2E 테스트 프레임워크에 포함됐으며, 대부분 E2E 테스트 프레임워크는 공식적으로 시각적 회귀 테스트를 지원한다. 프레임워크가 지원하는 시각적 회귀 테스트에서도 페이지 단위로 캡처한 화면을 비교한다. 프레임워크는 헤드리스 브라우저에 화면을 요청하고 화면이 이동하면 화면을 캡처한다. 이와 같은 방식으로 모든 페이지를 캡처하면 스타일 변경 전후의 차이점을 발견할 수 있다.

스타일 변경 전후의 이미지를 비교하면 어떤 화면이 변경됐는지 확인할 수 있으나, 세세하게 알 수는 없다. 예를 들어 공통 UI로 사용하는 머리말 여백을 변경했다고 해보자. 머리말이 화면 상단에 위치했다면 머리말보다 아래에 있는 부분은 전부 변경된 부분으로 나온다. 만약 화면에 머리말 외에 변경된 부분이 있어도 검출 이미지에서는 이 같은 세세한 것까지 알지 못한다(그림 9-1).

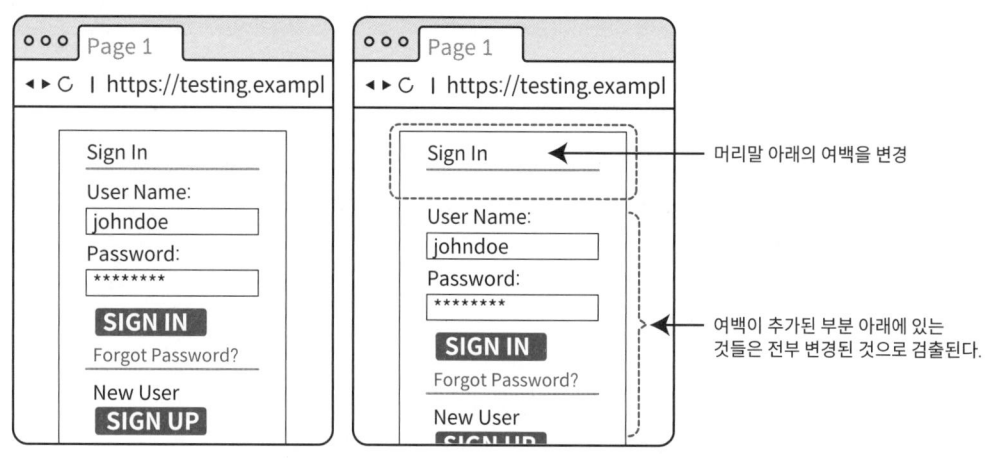

그림 9-1 **변경 사항이 불분명한 시각적 회귀 테스트 결과**

세세하게 검출하고 싶다면 시각적 회귀 테스트를 UI 컴포넌트 단위로 실시해야 한다. UI 컴포넌트 단위로 이미지를 캡처하면 영향을 받는 중간 크기의 UI 컴포넌트를 검출할 수 있다. 이를 통해 변경된 부분 아래에 있는 것의 세부적인 변경 사항의 검출도 가능하다. 이와 같은 시각적 회귀 테스트가 가능한 것이 8장에서 살펴본 스토리북 덕분이다. 작은 크기의 UI 컴포넌트와 중간 크기의 UI 컴포넌트를 개별적인 스토리로 등록하면 컴포넌트 탐색기에서 확인할 수 있을 뿐만 아니라 시각적 회귀 테스트에도 활용할 수 있다.

9.2 reg-cli로 이미지 비교하기

시각적 회귀 테스트용 플랫폼으로 스토리북을 사용할 수 있지만, 이 책에서는 시각적 회귀 테스트 프레임워크로 reg-suit를 사용한다. reg-suit는 AWS S3 같은 실제 버킷 없이도 로컬에서 테스트할 수 있다. 먼저 reg-suit의 핵심 기능인 reg-cli를 사용해서 이미지를 비교해보자.

9.2.1 디렉터리 생성

연습용 디렉터리인 vrt를 생성한 후 vrt로 이동하자. reg-cli에 필요한 actual, expected, diff라는 세 개의 디렉터리를 생성한다.

```bash
$ mkdir vrt && cd vrt
$ mkdir {actual,expected,diff}
```

reg-cli에 기존 이미지와 비교할 이미지를 담을 디렉터리를 지정한다. 각 디렉터리에 이미지가 있는지 확인하고, 이미지 간 차이점을 검출한다. 디렉터리 명칭에 특별한 규칙은 없다. 명칭을 actual, expected, diff로 지은 것은 actual, expected 디렉터리에 있는 이미지를 비교한 결과가 diff에 저장되는 구조이기 때문이다.

- actual: 기존 이미지를 저장하는 디렉터리
- expected: 비교할 이미지를 저장하는 디렉터리
- diff: 비교 결과를 검출한 이미지를 저장하는 디렉터리

9.2.2 새 이미지 검출

이미지를 비교해보기 위해 테스트용 이미지로 reg-cli 저장소에 있는 예시용 이미지를 사용하겠다(그림 9-2).

- https://github.com/reg-viz/reg-cli/blob/master/sample/actual/sample.png

그림 9-2 **차이점 검출을 위한 예시용 이미지**

해당 이미지를 actual/sample.png로 저장하고 다음 커맨드를 실행한다. 커맨드를 실행하면 비교할 이미지를 저장하는 디렉터리인 expected에는 없는 이미지 하나를 발견했다는 리포트가 출력된다.

```bash
$ npx reg-cli actual expected diff -R index.html
➕ append   actual/sample.png
➕ 1 file(s) appended.
```

-R 옵션으로 지정한 HTML 리포트 파일을 열면 그림 9-3과 같은 탐색기 화면이 나타난다. reg-cli/reg-suit는 웹브라우저 탐색기를 사용해 이미지 간 차이점을 확인한다.

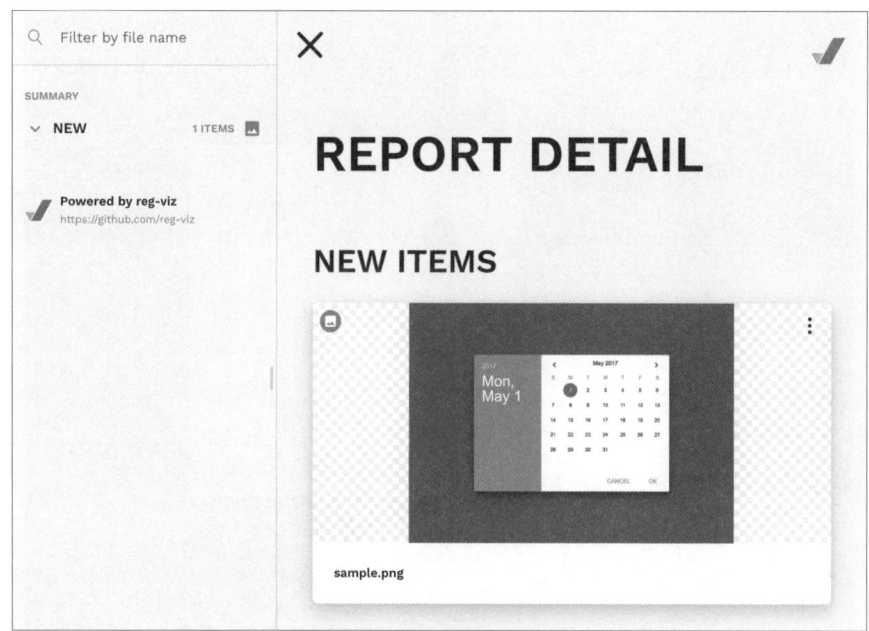

그림 9-3 reg-suit 초기 화면

9.2.3 이미지 간 차이 비교

의도적으로 이미지 간 차이점을 만들어 어떻게 차이점을 검출해내는지 살펴보자. 우선 actual/sample.png를 expected/sample.png로 복사하고, expected/sample.png를 이미지 편집이 가능한 소프트웨어를 사용해 수정한다.

수정이 끝나면 다시 `reg-cli` 커맨드를 실행한다. 이번에는 `expected`에 비교할 이미지가 있고 차이점도 검출됐기 때문에 이미지가 변경됐다는 리포트가 출력된다.

```bash
$ npx reg-cli actual expected diff -R index.html
✗ change  actual/sample.png
✗ 1 file(s) changed.
Inspect your code changes, re-run with `-U` to update them.
```

HTML 리포트 파일을 다시 열어보면 이전과는 다른 화면이 나타난다. 차이점으로 검출된 곳이 빨간색으로 표시됐다(그림 9-4).

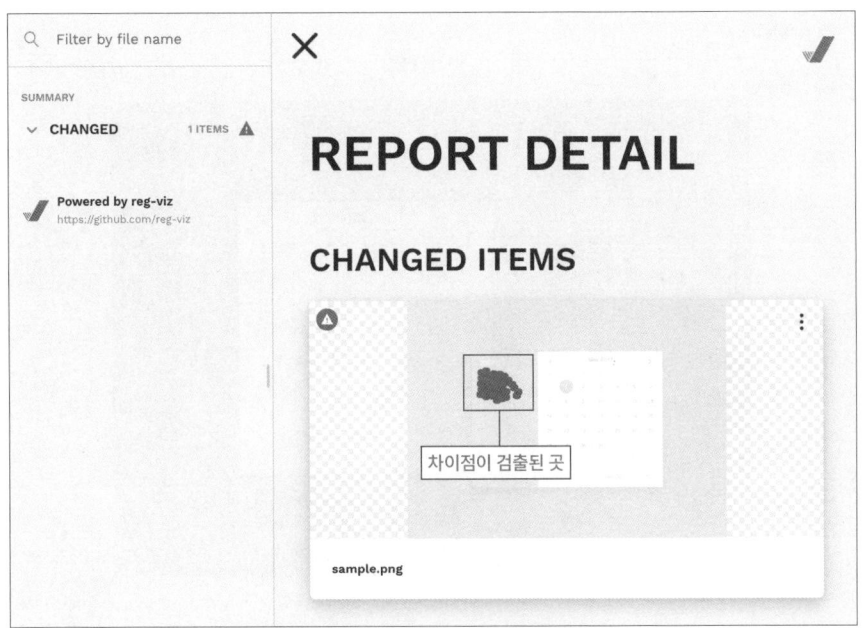

그림 9-4 **차이점이 검출된 화면**

아이템을 클릭하면 그림 9-5와 같이 차이점을 비교할 수 있는 상세 화면이 나타난다. [Diff], [Slide], [2up], [Blend], [Toggle] 중 하나를 선택할 수 있는 토글 스위치를 클릭하거나, 슬라이더 위치를 조절하면서 의도적으로 수정한 부분에 어떤 차이점이 있는지 확인해보자.

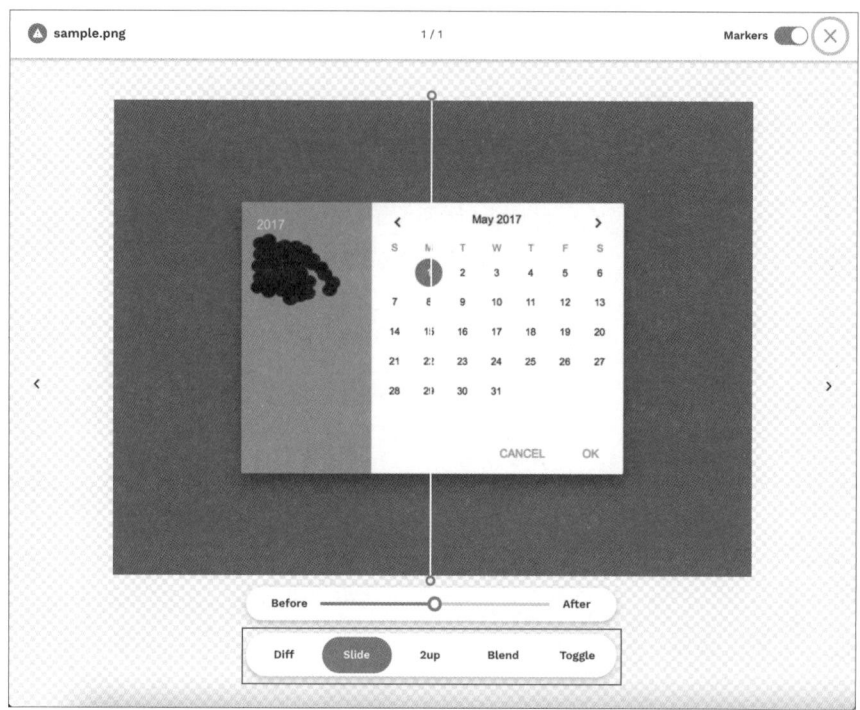

그림 9-5 **차이점 비교 상세 화면**

이처럼 `reg-cli`는 두 개의 디렉터리를 비교해서 그 차이점을 리포트로 출력한다. CI 환경에서 이미지 디렉터리를 다운로드받거나 업로드하는 기능은 `reg-suit`에 있다. 이 기능에 대한 자세한 내용은 9.4절에서 살펴보겠다.

9.3 스토리캡 도입

8.1절에서 작성했던 예제 코드로 스토리북을 활용한 시각적 회귀 테스트를 해보자. 먼저 **스토리캡**Storycap을 설치한다. 스토리캡은 스토리북에 등록된 스토리를 캡처하는 도구다. 스토리캡도 `reg-suit`를 중심으로 한 `reg-viz` 생태계에 속하지만, `reg-suit` 플러그인과 달리 별도로 설치해야 한다.

```bash
$ npm install storycap --save-dev
```

9.3.1 스토리캡 설정

스토리캡 설정을 스토리북 설정 파일에 추가한다. 변경이 필요한 파일은 다음 두 가지다(코드 9-1,

코드 9-2). 해당 설정들을 추가하면 프로젝트에 있는 모든 스토리 파일이 캡처 대상이 되며, 시각적 회귀 테스트를 할 수 있게 된다.

코드 9-1 .storybook/preview.js

```javascript
import { withScreenshot } from "storycap";
export const decorators = [withScreenshot];
```

코드 9-2 .storybook/main.js

```javascript
module.exports = {
  addons: [
    // 기타 설정 생략
    "storycap",
  ],
};
```

9.3.2 스토리캡 실행

스토리를 캡처하기 전에 스토리북을 빌드한다. 지금까지 스토리북을 사용할 때 입력했던 `npm run storybook`은 개발 서버를 실행하는 커맨드였다. 물론 개발 서버에서도 스토리캡을 실행할 수 있지만 빌드를 해야 응답 속도가 빨라지기 때문에 사전에 빌드하는 것을 권장한다. 코드 9-3과 같이 `npm scripts`에 **빌드 스크립트**build script를 등록하고 터미널에서 `npm run storybook:build`를 실행한다(코드 9-3).

코드 9-3 package.json

```json
{
  // 생략
  "scripts": {
    "storybook:build": "storybook build",
    "storycap": "storycap --serverCmd \"npx http-server storybook-static -a localhost -p
6006\" http://localhost:6006",
  },
}
```

빌드가 끝나고 `npm run storycap`을 실행하면 빌드된 스토리북을 정적 사이트로 실행해 모든 스토리를 캡처한다. 스토리북을 설치하면 추가되는 여덟 개의 스토리 예제가 캡처된 것을 확인할 수 있다.

```bash
info Screenshot stored: __screenshots__/Example/Button/Secondary.png in 533 msec.
info Screenshot stored: __screenshots__/Example/Button/Small.png in 533 msec.
info Screenshot stored: __screenshots__/Example/Button/Large.png in 545 msec.
info Screenshot stored: __screenshots__/Example/Button/Primary.png in 544 msec.
info Screenshot stored: __screenshots__/Example/Header/Logged Out.png in 194 msec.
info Screenshot stored: __screenshots__/Example/Header/Logged In.png in 194 msec.
info Screenshot stored: __screenshots__/Example/Page/Logged Out.png in 226 msec.
info Screenshot stored: __screenshots__/Example/Page/Logged In.png in 228 msec.
info Screenshot was ended successfully in 33890 msec capturing 8 PNGs.
```

캡처가 완료된 이미지는 `__screenshots__` 디렉터리에 저장된다. 앞서 사용했던 디렉터리 컨벤션에 맞춰 `__screenshots__`를 `expected`로 변경한다.

```bash
$ mv __screenshots__ expected
```

9.3.3 의도적으로 시각적 회귀 테스트 만들기

시각적 회귀 테스트가 차이점을 발견하도록 CSS 파일을 변경해보자. 코드 9-4는 모든 예제에서 사용 중인 버튼 컴포넌트의 CSS다. `border-radius: 3em;`을 주석 처리하여 테두리 꼭짓점이 둥근 모양이 되지 않도록 만든다.

코드 9-4 stories/button.css

```css
.storybook-button {
  font-family: 'Nunito Sans', 'Helvetica Neue', Helvetica, Arial, sans-serif;
  font-weight: 700;
  border: 0;
  /* border-radius: 3em; */    ◀── 주석 처리하기
  cursor: pointer;
  display: inline-block;
  line-height: 1;
}
```

수정한 파일을 저장하고 스토리북을 다시 빌드한다. 그리고 다시 스토리캡을 실행하면 `__screenshots__` 디렉터리에 변경된 스타일이 반영된 스토리의 이미지가 저장된다. 해당 디렉터리를 `actual`로 변경하자.

```bash
$ npm run storybook:build
$ npm run storycap
$ mv __screenshots__ actual
```

9.3.4 reg-cli로 이미지 간 차이 검출하기

expected와 actual 디렉터리가 만들어졌다. 이전 절에서 사용했던 reg-cli로 이미지 간 차이점을 검출해보자.

```bash
$ npx reg-cli actual expected diff -R index.html
```

커맨드를 실행하면 여덟 개의 스토리 모두에서 차이점이 검출된다.

```bash
✗ change   actual/Example/Button/Large.png
✗ change   actual/Example/Page/Logged Out.png
✗ change   actual/Example/Page/Logged In.png
✗ change   actual/Example/Header/Logged Out.png
✗ change   actual/Example/Header/Logged In.png
✗ change   actual/Example/Button/Small.png
✗ change   actual/Example/Button/Secondary.png
✗ change   actual/Example/Button/Primary.png

✗ 8 file(s) changed.

Inspect your code changes, re-run with `-U` to update them.
```

HTML 리포트를 열어 차이점을 확인해보면 버튼 테두리가 둥글지 않게 변경되면서 모든 컴포넌트 스타일이 달라졌다(그림 9-6). 이 밖에도 여러 가지 방법으로 예제를 변경하면서 변경 사항을 검출하는 연습을 해보자.

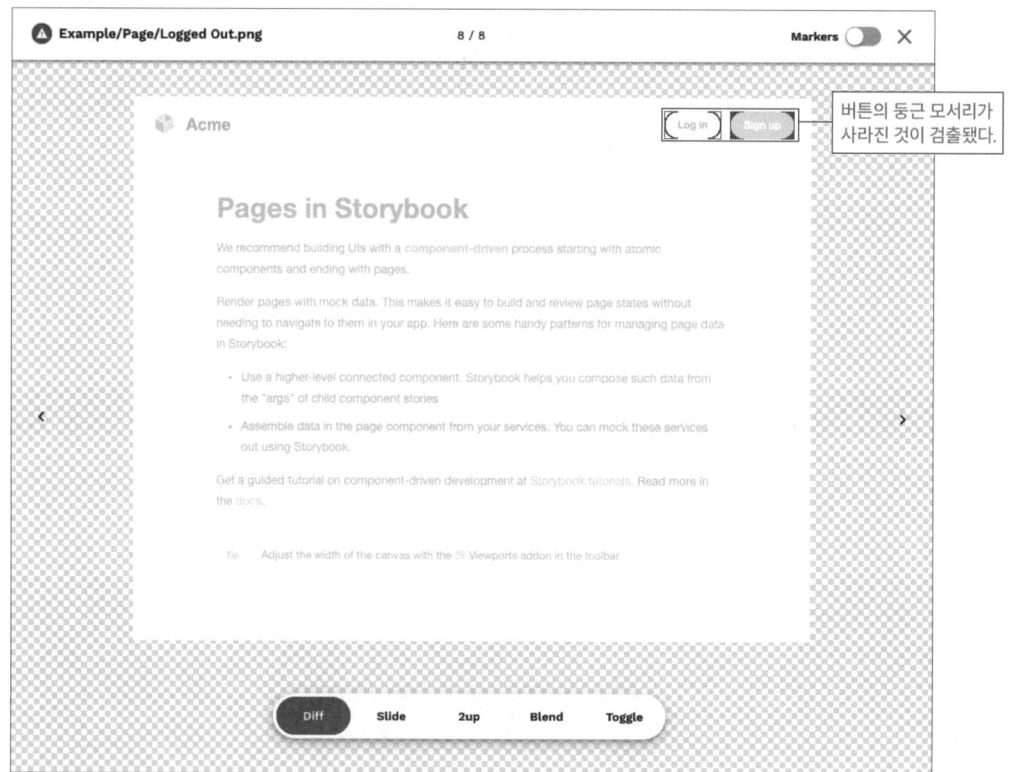

그림 9-6 버튼 테두리의 차이점이 검출된 모습

이번 절에서는 CSS를 의도적으로 수정해 스토리북을 이용해 시각적 회귀 테스트를 했다. 실제로 실무에서 CSS를 수정하면서 의도하지 않은 변경 사항이 발생했는지 검출할 때 사용하는 방법이다. 스토리 단위로 캡처하기 때문에 스토리북을 잘 활용할수록 테스트 효율이 높아진다.

9.4 reg-suit 도입하기

지금까지는 reg-cli를 사용해 로컬 환경에서만 시각적 회귀 테스트를 실시했다. 이번 절에서는 시각적 회귀 테스트를 자동화해서 깃허브와 연동해보겠다. 깃허브와 연동하면 저장소에 푸시push할 때마다[1] **토픽 브랜치**topic branch의 시각적 회귀 테스트가 실시되기 때문에 변경된 코드에서 어떤 차이점이 발생하는지 자동으로 리포트를 받아볼 수 있다(그림 9-7).

---

1   예제에는 푸시할 때마다 실시되도록 설정했지만 실시하는 타이밍은 자유롭게 설정할 수 있다.

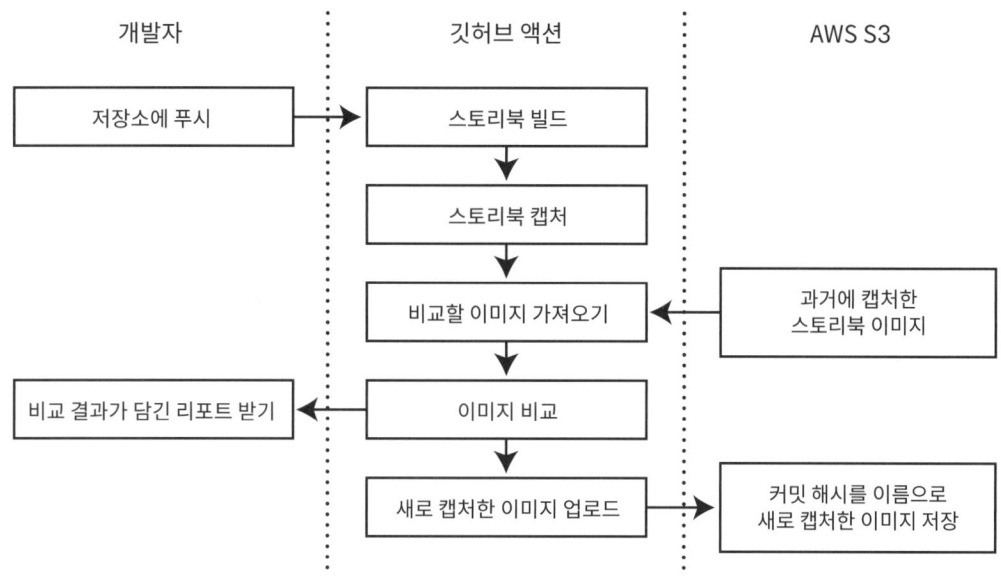

개발자   깃허브 액션   AWS S3

그림 9-7 **깃허브에 연동된 시각적 회귀 테스트의 진행 흐름**

9.4.1 reg-suit 도입

프로젝트 저장소의 최상위 경로로 이동한 후 `npx reg-suit init`을 실행하자. 만약 개발 환경에 `reg-suit`를 글로벌로 설치했다면 `reg-suit init`으로 실행해도 된다.

```bash
$ cd path/to/your/project
$ npx reg-suit init
```

커맨드를 실행하면 어떤 플러그인을 설치할지 물어볼 것이다. 기본값으로 선택된 세 가지 플러그인을 선택한 그대로 엔터 키를 누르자.

```bash
? Plugin(s) to install (bold: recommended) (Press <space> to select,
<a> to toggle all, <i> to invert selection, and <enter> to proceed)
>◉  reg-keygen-git-hash-plugin : Detect the snapshot key to be compare with using Git hash.
 ◉  reg-notify-github-plugin : Notify reg-suit result to GitHub repository
 ◉  reg-publish-s3-plugin : Fetch and publish snapshot images to AWS S3.
 ○  reg-notify-chatwork-plugin : Notify reg-suit result to Chatwork channel.
 ○  reg-notify-github-with-api-plugin : Notify reg-suit result to GHE repository using API
 ○  reg-notify-gitlab-plugin : Notify reg-suit result to GitLab repository
 ○  reg-notify-slack-plugin : Notify reg-suit result to Slack channel.
```

해당 플러그인들은 임의의 CI 환경에 `reg-suit`를 도입시켜주는 편리한 라이브러리다. `reg-keygen-git-hash-plugin`과 `reg-publish-s3-plugin`은 원격 환경에서 이미지를 비교하기 위한 라이브러리다. **커밋 해시**commit hash로 파일명을 지은 스냅숏셋과 검증 결과 리포트를 외부 파일 저장소 서비스(AWS S3)에 전송한다. 토픽 브랜치의 기반이 되는 커밋에서 스냅숏셋을 추출하여 기댓값으로 두고, 이후의 커밋에서 추출한 이미지와의 차이점을 검출한다(그림 9-8).

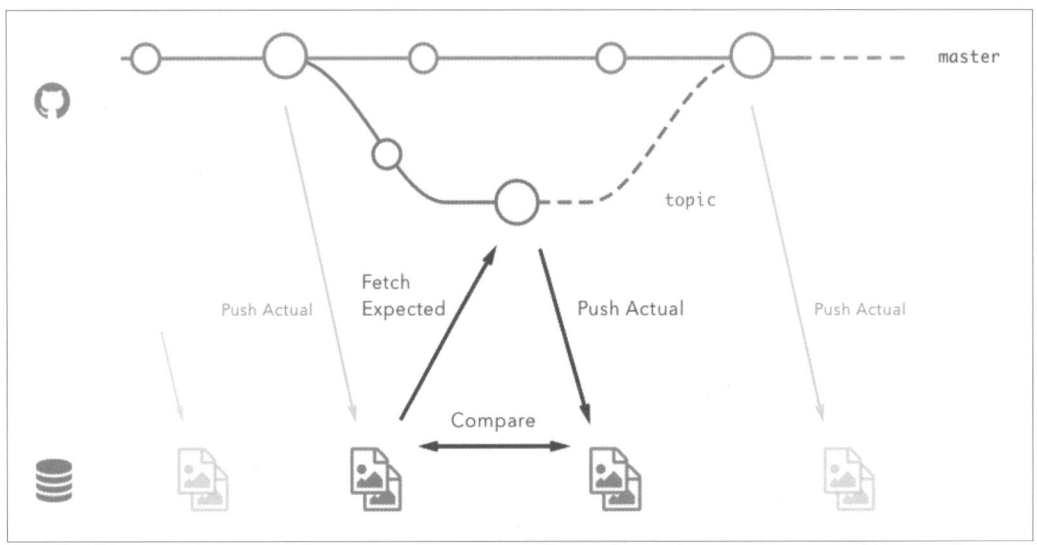

그림 9-8 **커밋 간 이미지 비교**[2]

외부 파일 저장소 서비스는 AWS S3 외에 구글 클라우드 스토리지Google Cloud Storage, GCS와 연동할 수 있는 플러그인도 선택할 수 있다.

검증 결과를 풀 리퀘스트에 알려주는 `reg-notify-github-plugin`을 사용하면 통상적인 **워크플로**workflow에 시각적 회귀 테스트를 도입할 수 있다. 깃허브 외에 **깃랩**GitLab용 알림 플러그인도 있으며, 슬랙 등의 채팅 도구에 알림을 보내는 플러그인도 있다.

9.4.2 reg-suit 설정 파일 생성
이어서 터미널에 나오는 질문들에 응답하자.

---

2   https://github.com/reg-viz/reg-suit

```bash
# 기본값인 .reg인 상태로 엔터키를 누른다.
? Working directory of reg-suit. .reg
# 스토리캡 결과물을 저장할 디렉터리로 __screenshots__를 지정한다.
? Directory contains actual images. __screenshots__
# 이미지 비교의 강도를 0에서 1 사이로 설정한다. 일단 기본값인 0인 상태로 엔터키를 누른다.
? Threshold, ranges from 0 to 1. Smaller value makes the comparison more sensitive. 0
# reg-suit Github App을 저장소에 추가하기 위해 Yes를 선택한다.
? notify-github plugin requires a client ID of reg-suit GitHub app. Open installation window
in your browser Yes
# 이어서 수동으로 설정할 예정이므로 입력하지 않고 엔터키를 누른다.
? This repositoriy's client ID of reg-suit GitHub app
# 버킷은 이후에 작성하므로 No를 선택한다.
? Create a new S3 bucket No
# 마찬가지로 이후에 작성하므로 입력하지 않고 엔터키를 누른다.
? Existing bucket name
# 설정 파일을 업데이트하기 위해 Yes를 선택한다.
? Update configuration file Yes
# 예시용 이미지는 불필요하므로 No를 선택한다.
? Copy sample images to working dir No
```

`reg-notify-github-plugin` 질문에 Yes를 선택하면 브라우저가 열린다. 이는 `reg-suit`의 깃허브 애플리케이션 설치와 저장소 연동을 위한 것이다. 이렇게 설치하는 것만으로 풀 리퀘스트에 검증 결과를 알려준다.

[Configure] 버튼을 클릭하면 저장소 연동 화면으로 이동하며, 시각적 회귀 테스트를 실시할 저장소를 선택한다. 연동이 완료되면 선택된 저장소가 화면에 표시된다(그림 9-9).

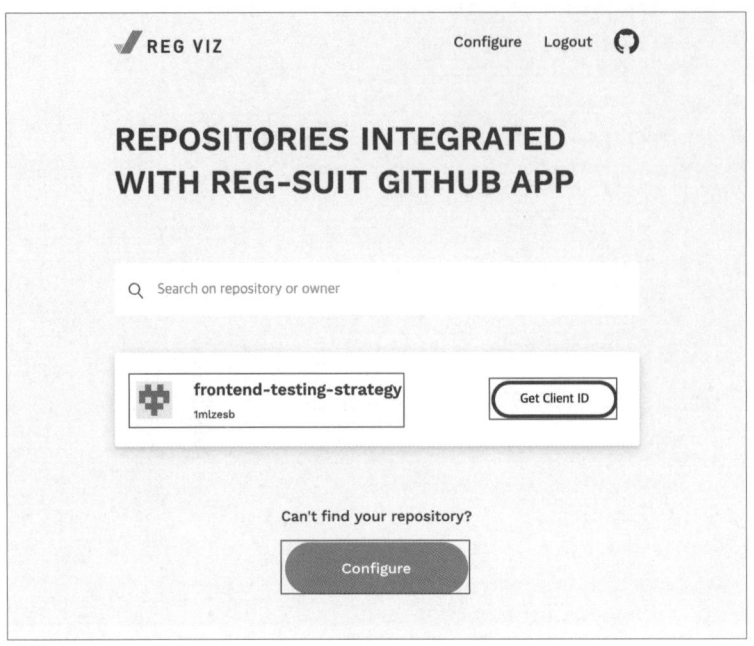

그림 9-9 reg-suit Client ID 취득

연동한 저장소에 있는 [Get Client ID] 버튼을 클릭하면 모달이 열린다(그림 9-10). 해당 Client ID는 환경 변수로 설정할 것이므로 [Copy to clipboard] 버튼을 클릭해 복사한다.

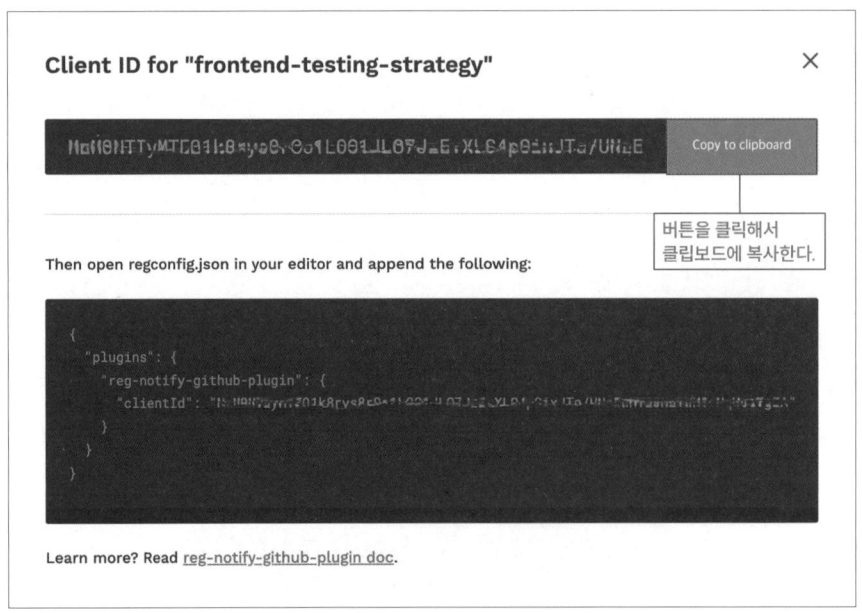

그림 9-10 reg-suit Client ID 확인

Client ID 취득

설치가 완료되면 reg-suit 설정 파일인 `regconfig.json`이 생성된다. 파일을 열어 `clientId`에는 `"$REG_NOTIFY_CLIENT_ID"`를, `bucketName`에는 `"$AWS_BUCKET_NAME"`을 입력한다(코드 9-5). 이 값들은 깃허브 액션 실행 시에 환경 변수에서 참조한다. 깃허브 액션의 환경 변수는 나중에 설정하겠다.

코드 9-5 regconfig.json

```json
{
  "core": {
    "workingDir": ".reg",
    "actualDir": "__screenshots__",
    "thresholdRate": 0,
    "ximgdiff": {
      "invocationType": "client"
    }
  },
  "plugins": {
    "reg-keygen-git-hash-plugin": true,
    "reg-notify-github-plugin": {
      "prComment": true,
      "prCommentBehavior": "default",
      "clientId": "$REG_NOTIFY_CLIENT_ID"   ◀── 깃허브의 Secrets에
                                                별도로 값을 설정한다.
    },
    "reg-publish-s3-plugin": {
      "bucketName": "$AWS_BUCKET_NAME"   ◀── 깃허브의 Secrets에
                                             별도로 값을 설정한다.
    }
  }
}
```

9.4.4 실제 운영 환경을 고려한 오차 범위 설정

실제 운영 환경에 자동화된 시각적 회귀 테스트는 불안정한 테스트(코드나 테스트에 변경 사항이 없는데도 상황에 따라 성공하기도 실패하기도 하는 테스트)로 변질되곤 한다. 이는 브라우저에서 여러 요소가 트리 구조로 계층화될 때 **안티에일리어싱**(위신호 제거)anti-aliasing, AA이 발생하는 과정에서 차이점이 검출되는 것이 원인이다.

불안정한 테스트가 발견되면 차이점을 검출하는 강도를 낮추는 것을 검토해야 한다. `threshold Rate`(차이점이 검출된 곳의 픽셀 수를 전체 대비 비율로 계산)나 `thresholdPixel`(차이점이 검출된 픽셀 수의 절댓값)을 조정하면서 안정적인 운용이 가능한 임계치를 찾아야 한다(코드 9-6).

코드 9-6 **regconfig.json**

```json
{
  "core": {
    "workingDir": ".reg",
    "actualDir": "__screenshots__",
    "thresholdRate": 50,        차이점으로 검출된 부분을
    "ximgdiff": {               허용하는 임계치
      "invocationType": "client"
    }
  }
}
```

9.5 외부 스토리지 서비스 설정

스냅숏셋과 검증 결과 리포트를 저장할 외부 스토리지 서비스를 설정해보자. `reg-publish-s3-plugin`은 이미 선택했기 때문에, 이번 절에서는 AWS S3에 **버킷**bucket을 생성한다. 예제에서는 간단하게 처리하지만 실무에서는 팀원마다 열람 등의 접근 권한이 적절한지 검토해야 한다.

9.5.1 버킷 생성

AWS Management Console에 로그인하고 S3에서 새 버킷을 생성하자. `reg-suit` 깃허브 애플리케이션이 생성된 버킷에 검증 결과 리포트를 전송하고, 열람할 수 있도록 일부 권한을 설정한다. 우선 객체 소유권에서 ACL(접근 제어 목록)access control list을 활성화한다(그림 9-11).

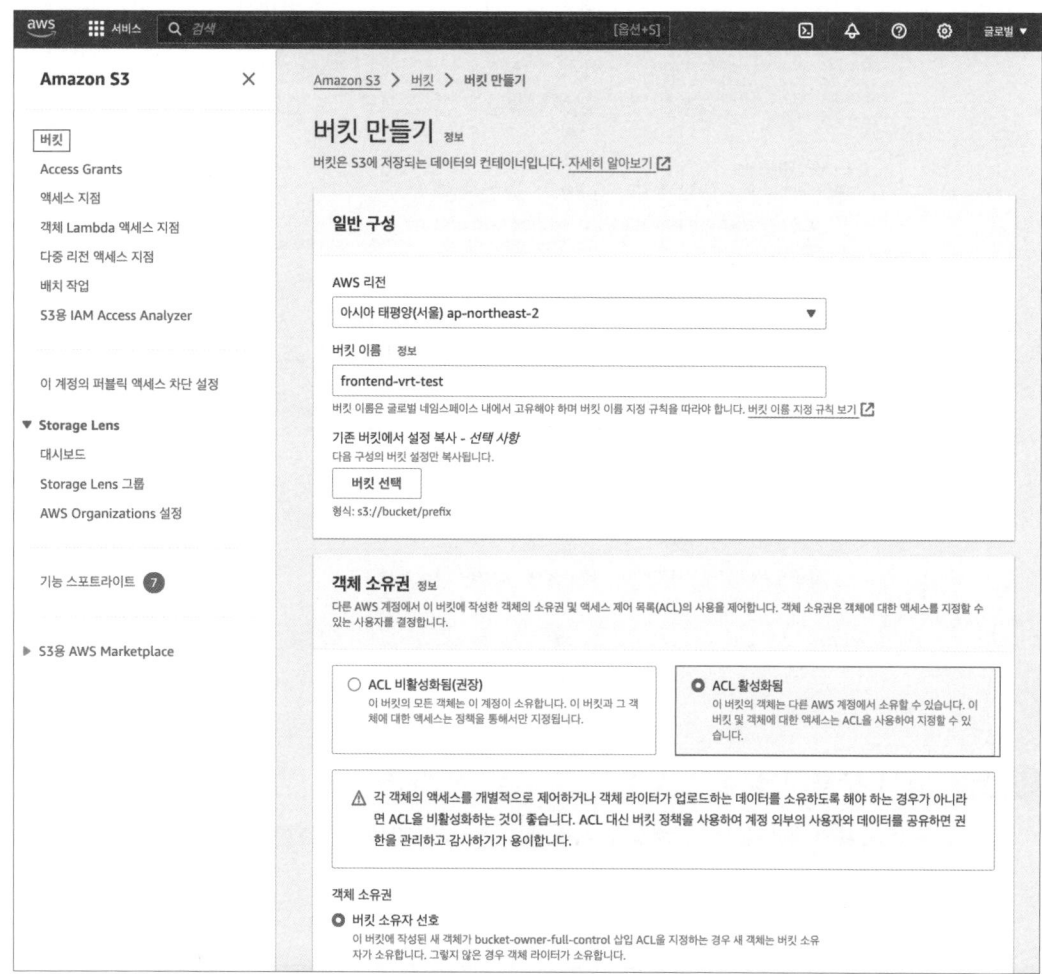

그림 9-11 **새 버킷 생성**

버킷의 퍼블릭 액세스 차단 설정에서 다음과 같이 일부 차단 설정을 해제한다(그림 9-12).

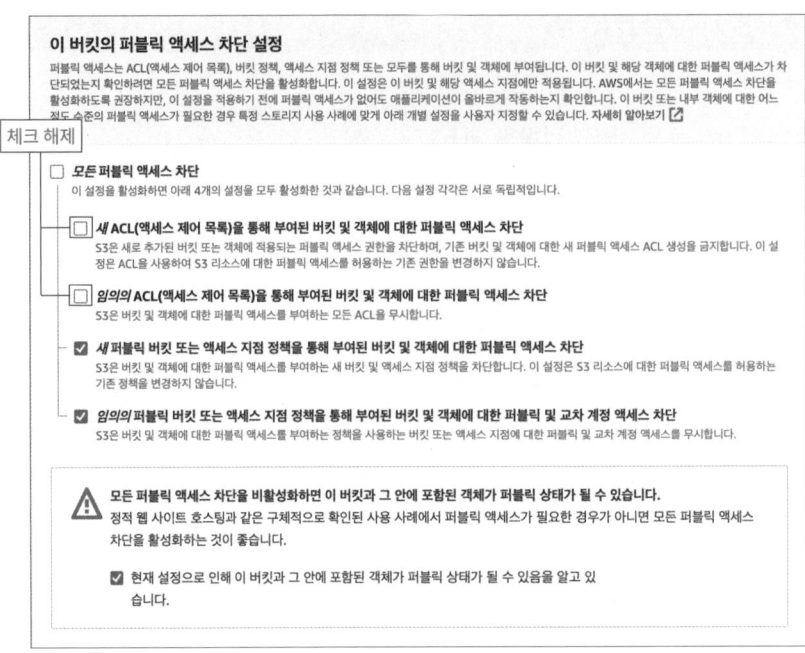

그림 9-12 **퍼블릭 액세스 차단 설정**

9.5.2 IAM 사용자 생성

버킷에 접근할 사용자를 IAM에서 생성해보자. 원하는 사용자명을 입력하고 [다음]을 클릭한다(그림 9-13).

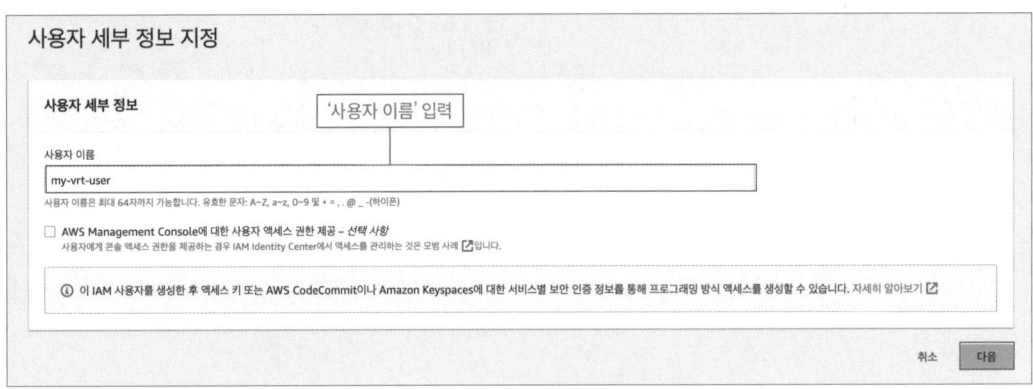

그림 9-13 **사용자 생성**

AmazonS3FullAccess 권한을 연결해서 사용자가 S3 버킷에 자유롭게 접근할 수 있도록 만든다 (그림 9-14).[3]

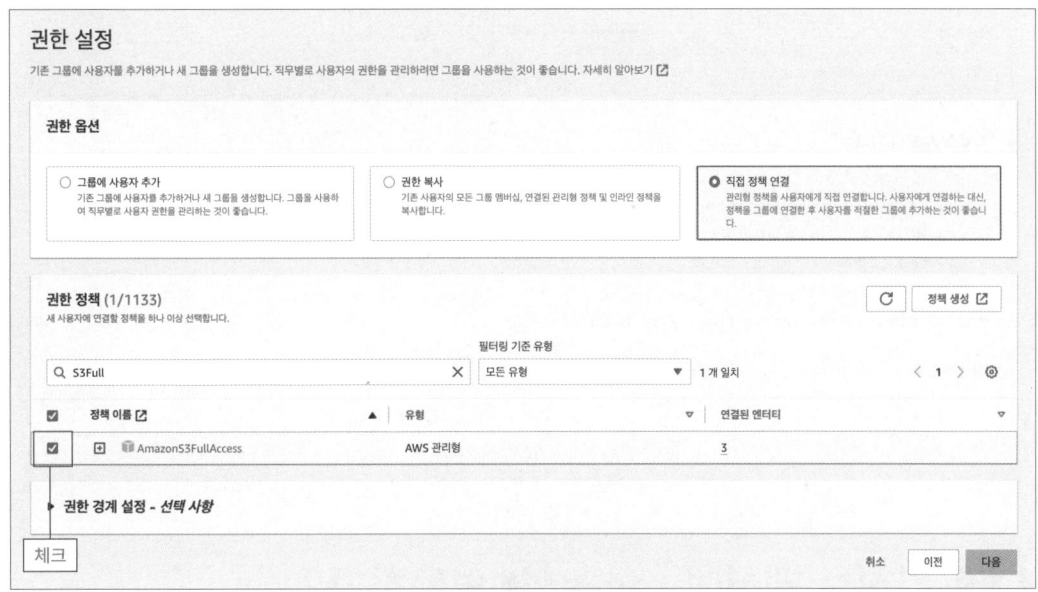

그림 9-14 **사용자 접근 허가 설정**

사용자 생성을 완료하고 액세스 키와 비밀 액세스 키를 취득한다(그림 9-15).[4] csv 파일을 저장하거나 액세스 키들을 다른 곳에 복사한다. 액세스 키들은 절대 저장소에 커밋하지 않도록 주의해야 한다.

---

3 옮긴이 '권한 옵션'은 기존에 설정한 권한이 있다면 [그룹에 사용자 추가]나 [권한 복사]를 활용하면 되며, AWS를 처음 사용한다면 [직접 정책 연결]을 선택하면 된다.

4 옮긴이 https://docs.aws.amazon.com/ko_kr/keyspaces/latest/devguide/access.credentials.html

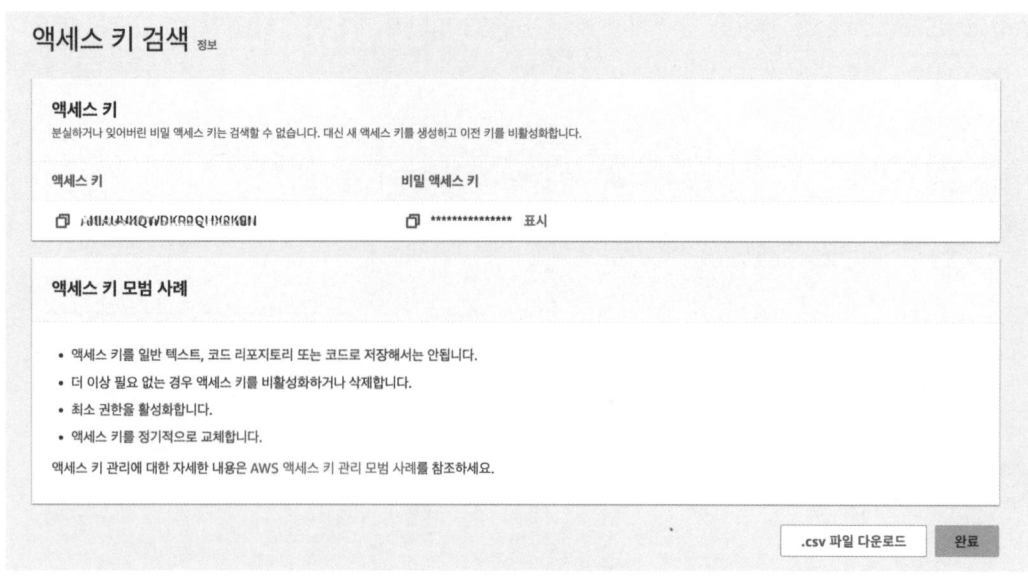

액세스 키 검색 정보

액세스 키

분실하거나 잊어버린 비밀 액세스 키는 검색할 수 없습니다. 대신 새 액세스 키를 생성하고 이전 키를 비활성화합니다.

액세스 키   비밀 액세스 키

📋 /HUSL944QWDKP9Q1HRKGN   📋 ************** 표시

액세스 키 모범 사례

- 액세스 키를 일반 텍스트, 코드 리포지토리 또는 코드로 저장해서는 안됩니다.
- 더 이상 필요 없는 경우 액세스 키를 비활성화하거나 삭제합니다.
- 최소 권한을 활성화합니다.
- 액세스 키를 정기적으로 교체합니다.

액세스 키 관리에 대한 자세한 내용은 AWS 액세스 키 관리 모범 사례를 참조하세요.

.csv 파일 다운로드   완료

그림 9-15 액세스 키 취득

9.6 깃허브 액션에 reg-suit 연동하기

드디어 깃허브 액션에 `reg-suit`를 연동할 차례다. 연동이 완료되면 풀 리퀘스트를 생성할 때마다 자동으로 시각적 회귀 테스트가 실시되며, 테스트가 끝나면 검증 결과를 풀 리퀘스트에 알린다.

9.6.1 크리덴셜을 Actions Secrets에 등록

지금까지 메모한 **크리덴셜**credential을 저장소의 Actions Secrets에 설정한다. 저장소의 [Settings] ➡ [Secrets and variables] ➡ [Actions]로 이동한 뒤 [New repository secret] 버튼을 클릭한다 (그림 9-16).

Actions secrets / **New secret**

Name *

YOUR_SECRET_NAME

Secret *

Add secret

그림 9-16 Actions Secret 생성

다음 보안 정보를 하나씩 Actions Secrets에 등록한다(그림 9-17).

- `AWS_ACCESS_KEY_ID`: IAM 사용자의 액세스 키
- `AWS_BUCKET_NAME`: S3 버킷 이름
- `AWS_SECRET_ACCESS_KEY`: IAM 사용자의 비밀 액세스 키
- `REG_NOTIFY_CLIENT_ID`: `reg-suit`의 Client ID

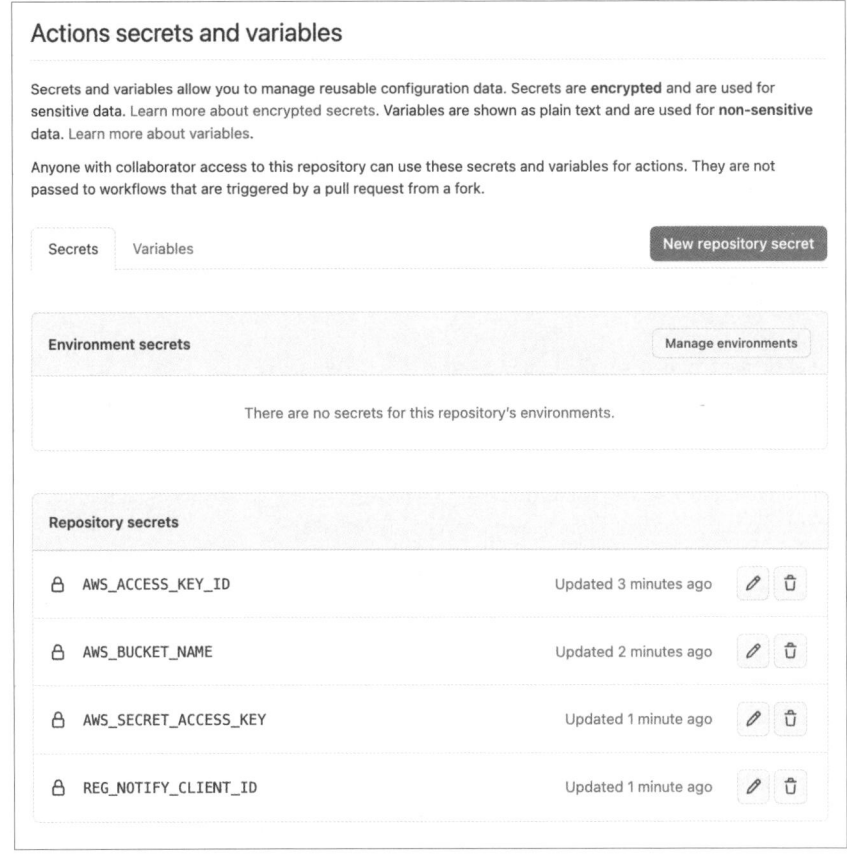

그림 9-17 Actions Secret 목록

AWS_BUCKET_NAME, REG_NOTIFY_CLIENT_ID는 최종적으로 `regconfig.json`에 적용된다. 이 값들은 중요한 정보가 아니기 때문에 `regconfig.json`에 직접 작성해도 되지만, 저장소별로 설정해야 하는 값이므로 편의상 환경 변수에서 값을 불러오도록 만들었다.

9.6.2 깃허브 액션 설정

깃허브 액션의 워크플로를 작성하겠다(코드 9-7). 주석에 작성한 것처럼 `fetch-depth: 0`을 반드시 추가해야 한다. 이 값이 없으면 부모 커밋을 취득하지 못해 테스트가 실패한다.

코드 9-7 .github/workflows/vrt.yaml

```yaml
name: Run VRT

on: push

env:
  REG_NOTIFY_CLIENT_ID: ${{ secrets.REG_NOTIFY_CLIENT_ID }}
  AWS_BUCKET_NAME: ${{ secrets.AWS_BUCKET_NAME }}

jobs:
  build:
    runs-on: ubuntu-latest
    steps:
      - uses: actions/checkout@v3
        with:
          fetch-depth: 0 # 이 값이 없으면 비교를 진행할 수 없다.
      - uses: actions/setup-node@v3
        with:
          node-version: 18
      - name: Configure AWS Credentials
        uses: aws-actions/configure-aws-credentials@master
        with:
          aws-access-key-id: ${{ secrets.AWS_ACCESS_KEY_ID }}
          aws-secret-access-key: ${{ secrets.AWS_SECRET_ACCESS_KEY }}
          aws-region: ap-northeast-2
      - name: Install dependencies
        run: npm ci
      - name: Buid Storybook
        run: npm run storybook:build
      - name: Run Storycap
        run: npm run vrt:snapshot
      - name: Run reg-suit
        run: npm run vrt:run
```

코드 9-7의 워크플로에서 실행하는 `npm scripts`는 코드 9-8과 같다.

코드 9-8 **package.json**

```json
{
  "scripts": {
    "storybook:build": "storybook build",
    "vrt:snapshot": "storycap --serverCmd \"npx http-server storybook-static -a localhost
-p 6006\" http://localhost:6006",
    "vrt:run": "reg-suit run",
  }
}
```

9.6.3 연동 확인

깃허브 액션에서 시각적 회귀 테스트가 실행되는지 확인해보자(그림 9-18). 풀 리퀘스트를 생성하고 깃허브 액션이 완료되면 reg-suit봇이 코멘트를 남긴다. 차이점이 검출되도록 의도적으로 CSS를 변경해보자.

- 빨간색 동그라미: 차이점이 검출된 아이템

- 흰색 동그라미: 새로게 추가된 아이템

- 검은색 동그라미: 삭제된 아이템

- 파란색 동그라미: 차이점이 발견되지 않은 아이템

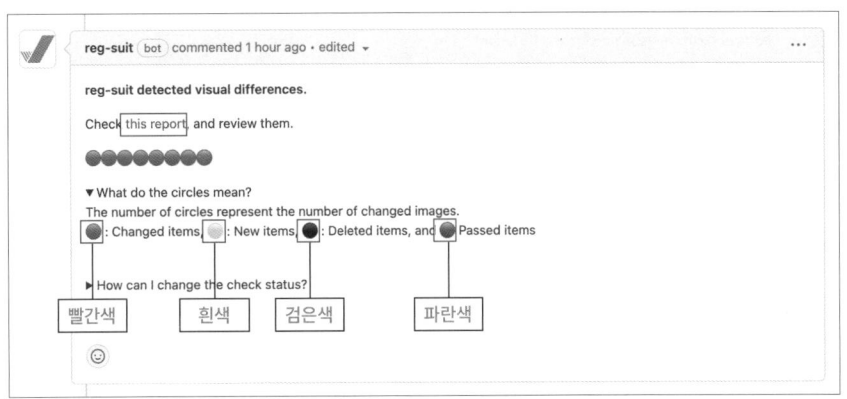

그림 9-18 **차이점 검출 시 봇이 남기는 코멘트**

봇이 남긴 코멘트에 있는 [this report] 링크를 클릭하면 S3에 저장한 검증 결과 리포트를 확인할 수 있다(그림 9-19). 리뷰어는 리포트에서 차이점을 보면서 문제가 없는지 확인한다.

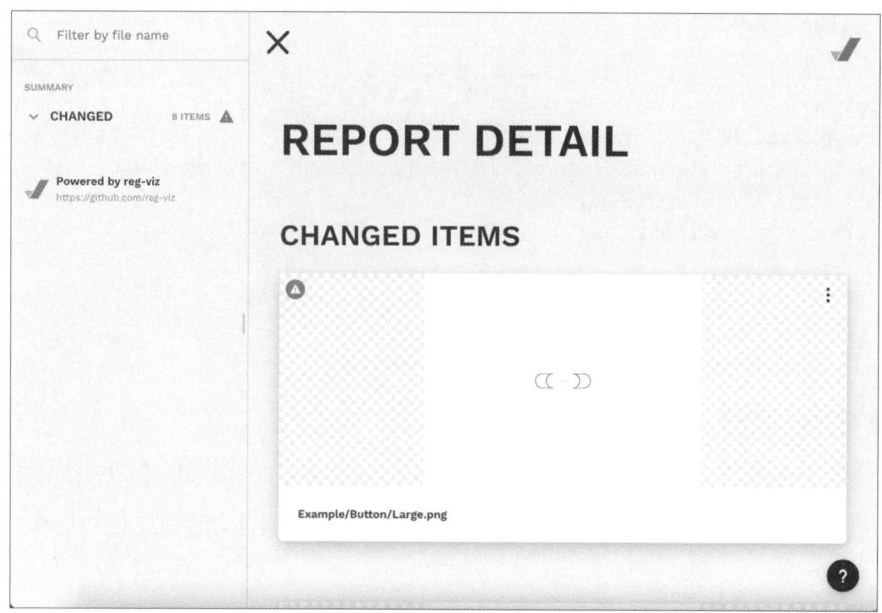

그림 9-19 **검증 결과 리포트**

차이점이 없어지거나 리뷰어가 풀 리퀘스트를 승인하면 체크 상태가 녹색으로 변경된다(그림 9-20). 시각적 회귀 테스트를 자동화하는 과정이 완료됐다.

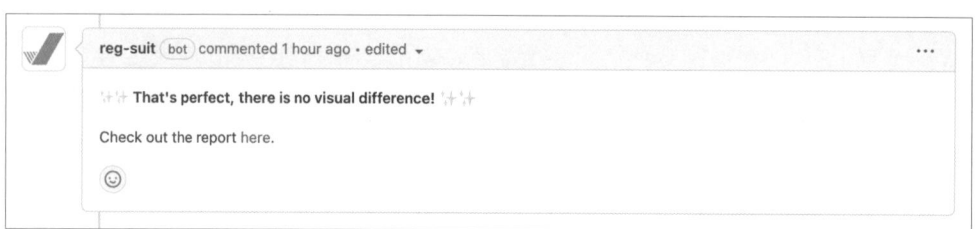

그림 9-20 **차이점이 검출되지 않았을 때 봇이 남기는 코멘트**

9.7 시각적 회귀 테스트를 활용한 적극적 리팩터링

이번 장에서는 컴포넌트 단위로 시각적 회귀 테스트를 도입하면 어떤 장점이 있는지 살펴봤다. 회귀 테스트는 릴리스 전에 실시한다고 생각하지만, 반복 작업을 줄이고 싶다면 개발 과정에도 도입하는 것이 좋다.

9.7.1 반응형 디자인에 활용하기

2.5절에서도 언급했듯이 반응형으로 디자인된 프로젝트는 효율적으로 시각적 회귀 테스트를 활용할 수 있다. 프로젝트 사정상 PC용 디자인을 먼저 완성하고 이후 모바일용 디자인을 구현해도 시각적 회귀 테스트가 설정됐다면 실수를 줄일 수 있다.

9.1절과 9.2절에서 다뤘던 것처럼 `reg-suit`는 CI를 도입하지 않았다고 해도 유용하게 사용할 수 있다. 수동이라도 편리하게 실시할 수 있을 정도로만 환경을 만들면 마음 놓고 미디어 쿼리_{media} query로 반응형 대응을 하거나 리팩터링을 시작할 수 있다.

9.7.2 릴리스 직전의 리팩터링에 활용하기

필자는 과거에 레거시 코드_{lagacy code}를 Next.js로 리팩터링한 적이 있다. 레거시 코드에는 컴포넌트별 마크업과 BEM_{block element modifier} 형식으로 작성된 CSS가 있었는데, 리액트 컴포넌트로 순조롭게 리팩터링했다.

그런데 릴리스 직전, 사용처가 불분명한 전역 CSS 코드가 발견됐다. 사용처가 불분명한 전역 CSS 코드는 많든 적든 대부분 프로젝트에서 발견된다. 전역 코드는 같은 속성을 덮어쓰지 않은 모든 컴포넌트에 영향을 미칠 정도로 치명적이다. 또한, 한 개의 전역 코드를 삭제했을 때 어디까지 영향을 미칠지 정확하게 특정하는 것도 어렵다.

하지만 시각적 회귀 테스트를 도입했던 필자는 마음 놓고 리팩터링을 시작했다. 전역 코드를 하나씩 삭제하면서 시각적 회귀 테스트를 통해 프로젝트에 미치는 영향을 확인할 수 있었다. 이처럼 실제로 필요한 CSS 코드만 남기는 리팩터링은 시각적 회귀 테스트가 없었다면 불가능했을 것이다.

9.7.3 스토리 커밋 습관화로 시작하는 시각적 회귀 테스트

앞서 설명했듯이 스토리를 만들면 UI 컴포넌트 단위로 시각적 회귀 테스트를 실시하는 것이 쉽다. 스토리가 필요할 때만 등록할 수도 있지만, 등록된 스토리의 숫자만큼 세밀한 검증이 가능하기 때문에 습관적으로 스토리를 커밋할 것을 권한다.

또한, 릴리스 직전에 스토리를 커밋하면 반응형 디자인이 필요할 때 여유롭게 대응하는 것이 힘들어 도입 자체가 좌절되기 쉽다. 필자는 스토리가 정말로 필요하지 않다고 느껴지지 않는 한, 처음부터 커밋한다.

8장에서 언급했듯이 스토리북은 테스트 전략을 세우는 데에도 활용된다. 단위 테스트, 통합 테스트, E2E 테스트와 함께 시각적 회귀 테스트의 도입을 검토해보길 바란다.

CHAPTER

10

E2E 테스트

10.1 E2E 테스트란

프런트엔드에서 E2E 테스트는 브라우저를 사용할 수 있기 때문에 실제 애플리케이션에 가까운 테스트가 가능하다. 브라우저 고유의 API를 사용하는 상황이나 화면을 이동하며 테스트해야 하는 상황에 안성맞춤이다. 일반적으로 E2E 테스트 프레임워크로 테스트를 실시할 때는 다음 상황을 구분하지 않고 E2E 테스트라고 한다.

- 브라우저 고유 기능과 연동된 UI 테스트
- 데이터베이스 및 하위 시스템과 연동된 E2E 테스트

E2E 테스트는 무엇을 테스트할지 목적을 명확히 세우는 것이 가장 중요하다. 실제 애플리케이션은 데이터베이스 서버나 외부 저장소 서비스와 연결된다. E2E 테스트에서는 이 시스템들을 포함한 전체 구조에서 얼마나 실제와 유사한 상황을 재현할 것인지가 중요한 기준점이 된다. 어떤 관점에서 어떤 선택을 내려야 할지 상황별로 살펴보자.

10.1.1 브라우저 고유 기능과 연동한 UI 테스트

웹 애플리케이션은 브라우저 고유 기능을 사용한다. 다음과 같은 상황들은 `jsdom`에서 제대로 된 테스트를 할 수 없다.

- 화면 간의 이동

- 화면 크기를 측정해서 실행되는 로직

- CSS의 미디어 쿼리를 사용한 반응형 처리

- 스크롤 위치에 따른 이벤트 발생

- 쿠키cookie나 로컬 저장소 등에 데이터를 저장

물론 제스트와 `jsdom`으로 목 객체를 만들어서 테스트를 작성할 수도 있다. 하지만 상황에 따라 브라우저로 실제 상황과 최대한 유사하게 테스트하고 싶다면 **UI 테스트**user interface test를 하자(그림 10-1). UI 테스트는 브라우저 고유 기능으로 인터랙션할 수 있으면 충분하다. API 서버나 다른 하위 시스템은 목 서버를 만들어 E2E 테스트 프레임워크에서 연동된 기능을 검증하면 된다. **피처 테스트**feature testing라고도 부른다.

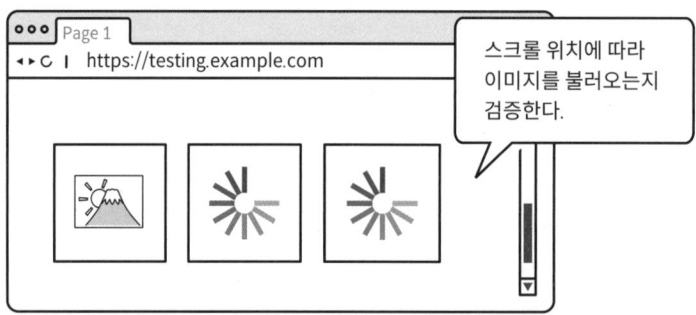

그림 10-1 브라우저를 사용하지 않으면 검증할 수 없는 UI 테스트

10.1.2 데이터베이스 및 서브 시스템과 연동한 E2E 테스트

일반적으로 웹 애플리케이션은 데이터베이스 서버나 외부 시스템과 연동하여 다음과 같은 기능을 제공한다. 이를 최대한 실제와 유사하게 재현해 검증하는 테스트를 E2E 테스트라고 한다. E2E 테스트 프레임워크는 UI 자동화 기능으로 실제 애플리케이션을 브라우저 너머에서 조작한다.

- 데이터베이스 서버와 연동하여 데이터를 불러오거나 저장한다.

- 외부 저장소 서비스와 연동하여 이미지 등을 업로드한다.

- 레디스Redis와 연동하여 세션을 관리한다.

이처럼 E2E 테스트는 표현 계층presentation layer, 응용 계층application layer, 영속 계층persistence layer을

연동하여 검증하므로 실제 상황과 유사성이 높은 테스트로 자리매김했다(그림 10-2). 반대로 많은 시스템과 연동하기 때문에 실행 시간이 길고, 불안정하다(연동한 시스템에 문제가 있으면 실패할 수 있다)는 단점도 있다.

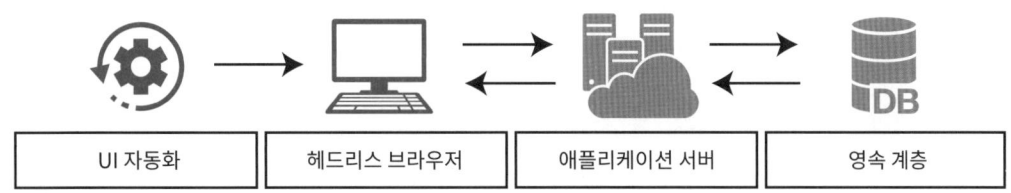

| UI 자동화 | 헤드리스 브라우저 | 애플리케이션 서버 | 영속 계층 |

그림 10-2 **E2E 테스트**

10.1.3 이번 장에서 다루는 E2E 테스트

10장에서 다룰 E2E 테스트 예제는 그림 10-3을 보면 알 수 있듯이 데이터베이스 서버나 외부 저장소 서비스와 연동됐다. 도커 컴포즈Docker Compose로 여러 도커 컨테이너Docker Container를 실행하며, 컨테이너 간 통신으로 시스템을 연동해 테스트한다. 예를 들어 UI를 조작하면 영속 계층에 의도한 내용이 저장되고, 그 내용이 화면에 반영되는지 검증한다.

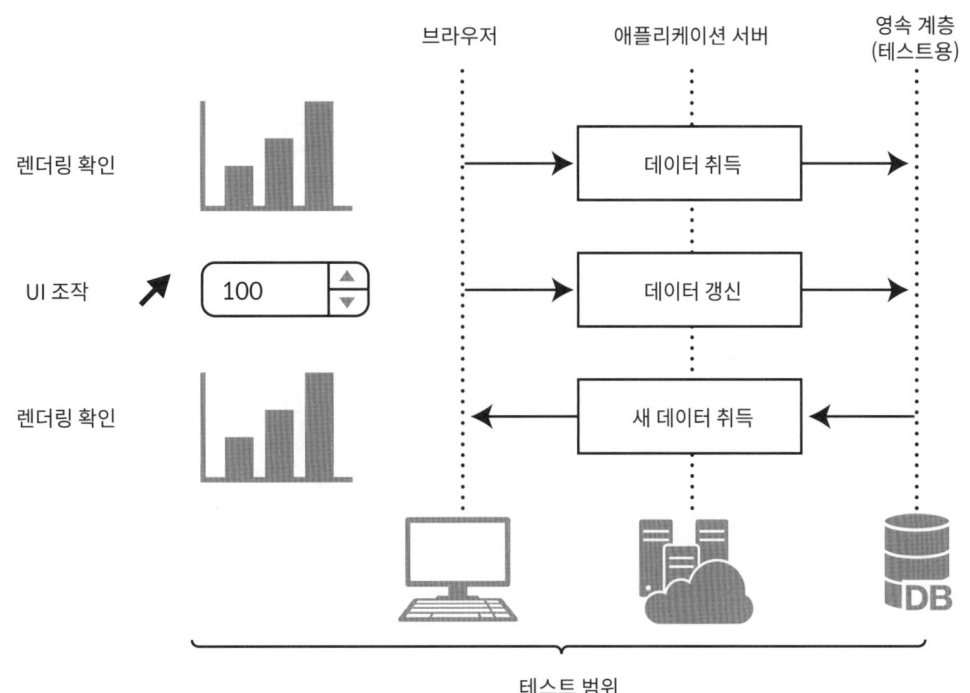

그림 10-3 **영속 계층과 연동한 E2E 테스트**

E2E 테스트에 도커 컴포즈를 도입하면 테스트 환경을 실행하고 종료하는 것이 편리해진다. CI에서 하나의 작업으로 실행할 수 있기 때문에 개발 워크플로에 포함시켜 쉽게 자동화할 수도 있다. 예제 코드의 docker-compose.e2e.yaml 파일을 보자. 연동할 데이터베이스 서버와 레디스 서버 관련 코드가 작성된 것을 확인할 수 있다.

10.2 플레이라이트 설치 및 기초

Next.js 예제의 E2E 테스트 코드를 살펴보기에 앞서 이 책에서 사용할 E2E 테스트 프레임워크인 **플레이라이트**Playwright의 설치 방법과 테스트 코드 작성 방법을 간단하게 살펴보겠다.

- https://github.com/frontend-testing-book-kr/playwright

플레이라이트는 마이크로소프트Microsoft가 공개한 E2E 테스트 프레임워크다.[1] **크로스 브라우징**cross browsing을 지원하며 디버깅 테스트debugging tests, 리포터Reporters, 트레이스 뷰어Trace Viewer, 테스트 코드 생성기Test generator 등 다양한 기능이 있다.

10.2.1 설치 및 설정

프로젝트에 플레이라이트를 도입하기 위해 다음 커맨드를 실행한다.

```bash
$ npm init playwright@latest
```

커맨드를 실행하면 몇 가지 질문이 나오는데, 다음과 같이 답변한다.

```bash
# 타입스크립트와 자바스크립트 중 타입스크립트를 선택한다.
✓ Do you want to use TypeScript or JavaScript? · TypeScript
# 테스트 파일을 저장할 폴더를 설정한다. e2e라는 이름의 폴더를 사용한다.
✓ Where to put your end-to-end tests? · e2e
# 깃허브 액션의 워크플로를 추가할지 말지 선택한다. No를 선택한다.
✓ Add a GitHub Actions workflow? (y/N) · false
# 플레이라이트 브라우저를 설치한다. Yes를 선택한다.
✓ Install Playwright browsers (can be done manually via 'npx playwright install')? (Y/n) ·
true
```

---

[1] https://playwright.dev/
https://github.com/microsoft/playwright

설치가 완료되면 package.json에 필요한 모듈이 추가되고, 설정 파일 양식과 예제 테스트 코드가 생성된다.

```bash
playwright.config.ts
package.json
package-lock.json
e2e/
  example.spec.ts
tests-examples/
  demo-todo-app.spec.ts
```

10.2.2 처음 시작하는 E2E 테스트

e2e/example.spec.ts에 생성된 테스트 코드 예제를 살펴보자(코드 10-1). 브라우저 자동화 테스트는 테스트마다 브라우저를 열어 지정된 URL로 접속하는 것으로 시작된다. page.goto에 URL로 지정된 "https://playwright.dev/"는 플레이라이트의 공식 문서 페이지다.

코드 10-1 e2e/example.spec.ts

```typescript
import { test, expect } from '@playwright/test';

test("has title", async ({ page }) => {
  await page.goto("https://playwright.dev/");

  // 페이지 제목에 "Playwright"가 포함됐는지 검증한다.
  await expect(page).toHaveTitle(/Playwright/);
});

test("get started link", async ({ page }) => {
  await page.goto("https://playwright.dev/");

  // "Get started"라는 접근 가능한 이름을 가진 링크를 취득하고, 링크를 클릭한다.
  await page.getByRole("link", { name: "Get started" }).click();

  // 페이지 URL에 "intro"가 포함됐는지 검증한다.
  await expect(page).toHaveURL(/.*intro/);
});
```

그림 10-4는 실제 플레이라이트의 공식 문서 페이지다. 코드 10-1은 [GET STARTED] 버튼을 클릭해서 공식 문서 페이지로 이동할 수 있는지 검증한다. 수동으로 브라우저를 조작하면서 애플리케이션 기능을 검증하는 것을 코드로 대체해 테스트를 자동화할 수 있다.

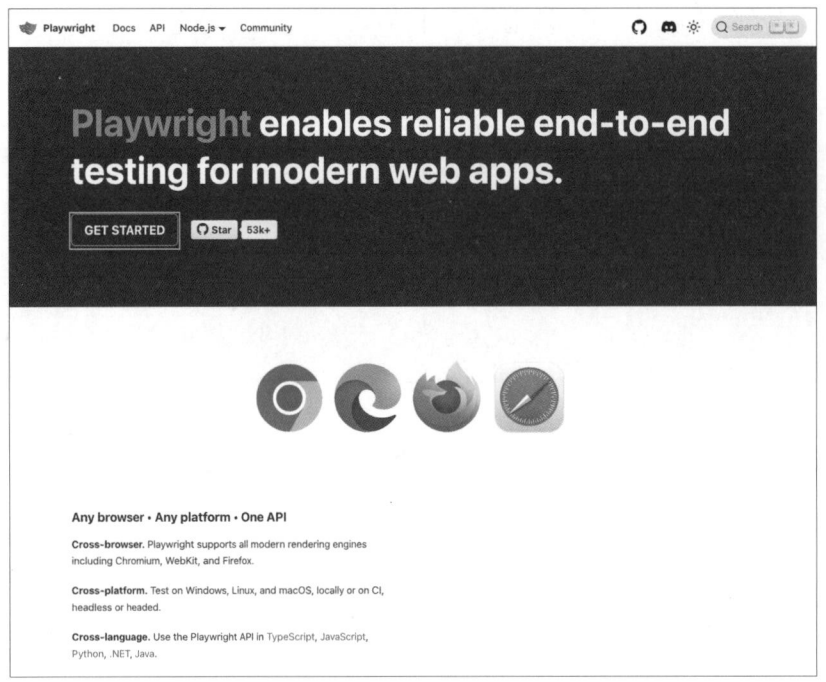

그림 10-4 플레이라이트의 공식 문서 페이지

실제 테스트에서는 공개된 페이지에 접근하는 경우가 드물다. 별도의 테스트 환경이나 로컬에서
웹 애플리케이션 서버를 실행하고 해당 서버에 테스트를 실시한다.

10.2.3 로케이터

로케이터Locator[2]는 플레이라이트의 핵심 API다(코드 10-2). 현재 페이지에서 특정 요소를 가져온다.
1.27.0 버전에는 테스팅 라이브러리로부터 영향을 받은 접근성 기반 로케이터가 추가됐다.[3] 플레이
라이트도 테스팅 라이브러리의 쿼리와 마찬가지로 신체적, 정신적 특성에 따른 차이 없이 동등하
게 정보에 접근할 수 있도록 접근성 기반 로케이터를 우선적으로 사용하는 것을 권장한다.

코드 10-2 레이블에 연결된 텍스트 입력 요소를 취득하고 fill로 문자열을 입력한다.

```typescript
await page.getByLabel("User Name").fill("John");
await page.getByLabel("Password").fill("secret-password");
await page.getByRole("button", { name: "Sign in" }).click();
```
접근 가능한 이름으로 버튼을
취득하고 클릭한다.

---

2 https://playwright.dev/docs/locators
3 [옮긴이] 2024년 2월 기준으로 `all`, `and`, `blur`, `clear`, `or`, `pressSequentially` 메서드가 추가됐다.

테스팅 라이브러리와 다른 점이 있다면 대기 시간이 필요한지에 따라 `findByRole` 등을 구분해서 사용하지 않아도 된다는 것이다. 인터랙션은 비동기 함수이기 때문에 `await`로 인터랙션이 완료될 때까지 기다린 후 다음 인터랙션을 실행하는 방식으로 작동한다.

10.2.4 단언문

단언문assertion[4]은 명시적으로 `expect`를 `import`해서 작성한다. 비주얼 스튜디오 코드 같은 에디터에서는 인수에 로케이터를 할당하면 해당 요소 검증에 알맞은 매처를 추천한다. 추천받은 매처 중 상황에 가장 적절한 매처를 선택하면 된다. 코드 10-3과 같이 제스트와 동일하게 `not`을 사용해서 진릿값을 반전시킬 수도 있다.

코드 10-3 로케이터를 사용한 단언문 작성법

```typescript
import { expect } from "@playwright/test";
test("Locator를 사용한 단언문 작성법", async ({ page }) => {
// 특정 문자열을 가진 요소를 취득해서 화면에 보이는 상태인지 검증한다.
await expect(page.getByText("Welcome, John!")).toBeVisible();
// 체크 박스를 취득해서 체크됐는지 검증한다.
await expect(page.getByRole("checkbox")).toBeChecked();
// not으로 진릿값을 반전시킨다.
await expect(page.getByRole("heading")).not.toContainText("some text");
});
```

`expect`의 인수에는 페이지를 할당할 수도 있다. 페이지를 인수로 넘기면 에디터가 페이지 검증용 매처를 추천해준다(코드 10-4).

코드 10-4 페이지를 사용한 단언문 작성법

```typescript
import { expect } from "@playwright/test";
test("페이지를 사용한 단언문 작성법", async ({ page }) => {
  // 페이지 URL에 "intro"가 포함됐는지 검증한다.
  await expect(page).toHaveURL(/.*intro/);
  // 페이지 제목에 "Playwright"가 포함됐는지 검증한다.
  await expect(page).toHaveTitle(/Playwright/);
});
```

---

4 https://playwright.dev/docs/test-assertions

10.3 테스트할 애플리케이션

예제에 있는 E2E 테스트 코드를 살펴보기에 앞서 테스트할 애플리케이션의 개요와 로컬 개발 환경 설정 순서를 먼저 살펴보자.

그림 10-5는 7~9장에서 다뤘던 Next.js[5]로 만든 애플리케이션의 화면이다. 레디스 서버, 데이터베이스 서버, 외부 저장소 서비스와 연동해야 한다. 이번 장에서는 해당 애플리케이션을 대상으로 작성된 E2E 테스트 코드를 다루겠다.

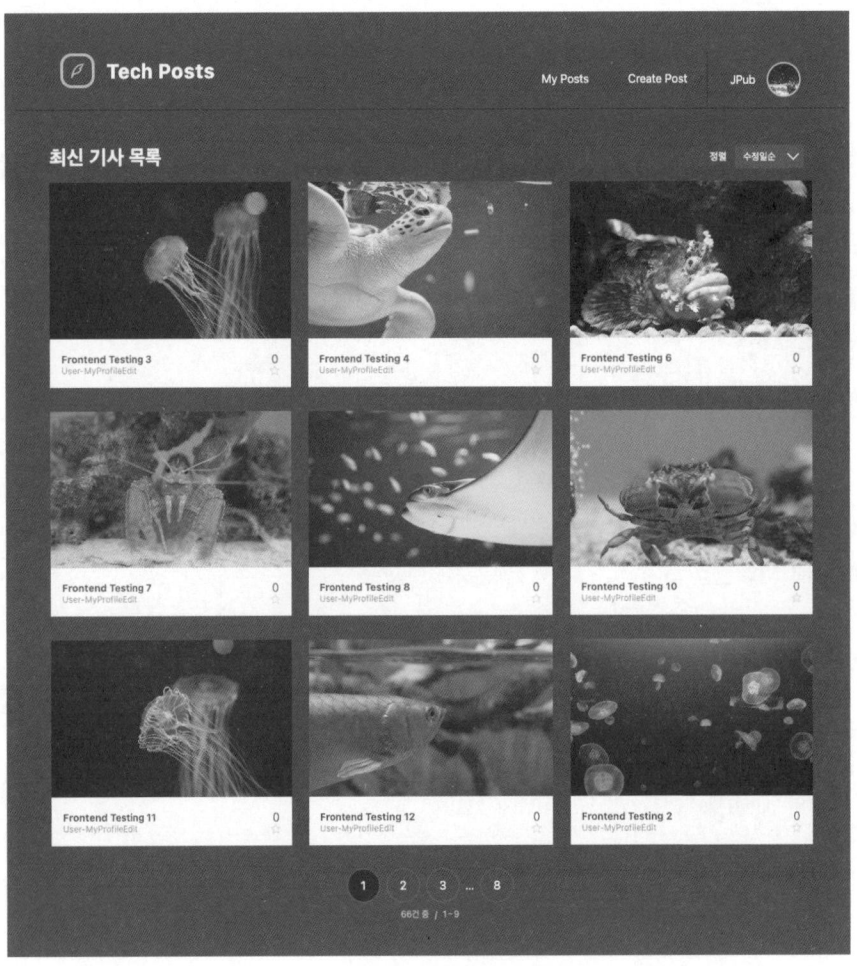

그림 10-5 메인 페이지

---

5 https://nextjs.org/

10.3.1 애플리케이션 개요

Next.js로 만든 예제는 사용자가 로그인하여 기술 관련 기사를 작성하고 편집하는 애플리케이션이다. 다른 사용자가 작성한 기사에 [Like] 버튼을 누를 수 있다. 회원가입 기능은 구현하지 않았지만, 로그인한 사용자는 프로필을 편집할 수 있다(그림 10-6).

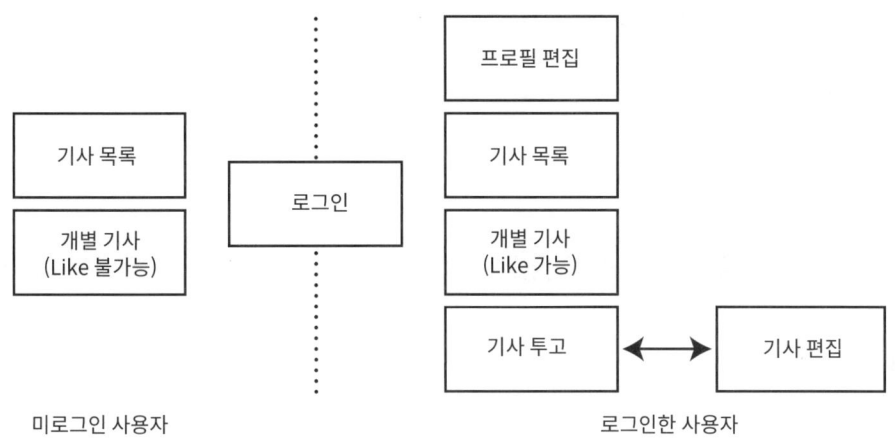

그림 10-6 **애플리케이션 개요도**

❶ Next.js

모든 페이지를 서버 사이드 렌더링server side rendering, SSR으로 렌더링하며 인증된 요청인지 검사한다. 만약 로그인하지 않은 상태이면 로그인 화면으로 리다이렉트시킨다. Next.js는 레디스 서버와 연동하여 세션으로부터 사용자 정보를 취득한다.

❷ 프리즈마

관계형 데이터베이스는 PostgreSQL을 사용한다. Next.js 서버는 객체 관계 매핑object-relational mapping, ORM 도구로 **프리즈마**Prisma[6]를 사용한다. 프리즈마는 타입스크립트와 호환성이 좋다. 예를 들어 이너 조인inner join한 테이블의 응답을 타입 추론으로 획득할 수 있다. 이와 같은 이유로 타입스크립트를 사용하는 프로젝트에서 인기가 많은 오픈소스다.

---

6   https://www.prisma.io/

❸ S3 Client

외부 파일 저장소 서비스로는 AWS S3를 사용한다. 로컬 환경에서는 실제 버킷을 사용하지 않고, AWS S3 API와 호환이 가능할 수 있는 **MinIO**[7]를 사용한다. MinIO는 로컬 환경에서 개발하거나 테스트할 때 사용하며, 기사의 메인 및 프로필 이미지를 저장하는 공간으로 활용된다.

10.3.2 로컬 개발 환경 설정 순서

Node.js가 설치된 개발 환경에 예제 저장소를 클론한 뒤 의존 모듈을 설치한다.

- https://github.com/frontend-testing-book-kr/nextjs

```bash
$ npm i
```

❶ MinIO Client 설치

개발할 때는 S3를 직접 사용하지 않고 로컬 환경용 S3인 MinIO를 사용한다. **MinIO Client**를 설치하지 않았다면 다음 커맨드로 설치하자. macOS용 커맨드다. 다른 운영체제를 사용 중이라면 MinIO의 공식 문서[8]를 참고해서 설치하자.

```bash
$ brew install minio/stable/mc
```

❷ 도커 컴포즈로 여러 컨테이너 실행하기

로컬 환경용으로 만든 도커 컴포즈 파일을 사용해서 Next.js 외의 컨테이너를 실행한다. 개발 환경에서 도커 컴포즈를 사용하려면 도커 데스크톱Docker Desktop[9]을 미리 설치해야 한다. 설치가 완료되면 다음 커맨드를 실행하자.

```bash
$ docker compose up -d
```

도커 컴포즈로 실행한 MinIO 서버에 버킷을 생성하는 스크립트를 실행한다.

---

7 https://min.io/
8 https://min.io/docs/minio/linux/reference/minio-mc.html?ref=docs
9 https://www.docker.com/products/docker-desktop/

```bash
$ sh create-image-bucket.sh
```

데이터베이스를 마이그레이션해서 테스트용 초기 데이터를 주입한다.

```bash
$ npm run prisma:migrate
```

마지막으로 Next.js 개발 서버를 실행한다. http://localhost:3000/를 열면 애플리케이션 화면이 나타난다.

```bash
$ npm run dev
```

로컬 개발 환경에 레디스 서버가 실행되지 않았다면 다음과 같은 오류가 나타난다. 먼저 `docker compose up -d`를 실행한 후 `npm run dev`를 실행해야 한다.

```bash
[ioredis] Unhandled error event: Error: connect ECONNREFUSED 127.0.0.1:6379
```

[로그인] 버튼을 클릭해서 http://localhost:3000/login으로 이동하면, 테스트용 사용자로 로그인할 수 있다(그림 10-7).

```bash
메일 주소: jpub@example.com
비밀번호: abcd1234
```

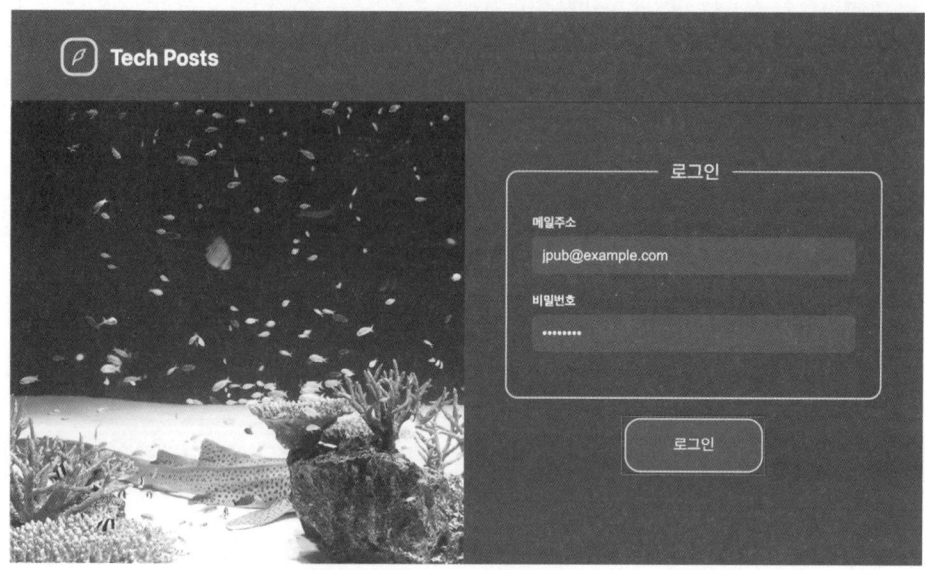
그림 10-7 로그인 페이지

10.4 개발 환경에서 E2E 테스트 실행하기

이전 절에서는 Next.js 예제에 E2E 테스트를 실행하기 위한 개발 환경을 설정했다. 이번 절에서는 E2E 테스트를 실행해보겠다.

10.4.1 E2E 테스트 설정

개발 환경에서 E2E 테스트를 실시하려면 빌드된 Next.js 애플리케이션을 실행해야 한다(`docker compose up -d`로 도커 컨테이너를 실행한 상태여야 한다).

```bash
$ npm run build && npm start
```

E2E 테스트를 실행하기 전에 데이터베이스의 테스트 데이터를 초기화하자. E2E 테스트를 실행하면 데이터베이스에 있는 데이터가 변경돼 이후에 실행하는 테스트에 영향을 미치기 때문에 E2E 테스트를 실행할 때마다 이 커맨드를 사용해야 한다.

```bash
$ npm run prisma:reset
```

10.4.2 E2E 테스트 실행

다음 커맨드를 입력하면 E2E 테스트가 실행된다. 초기 설정을 사용하면 헤드리스 모드로 E2E 테스트를 실행하기 때문에 브라우저는 나타나지 않는다.

```bash
$ npx playwright test
```

32건의 테스트가 모두 성공한 상태로 종료되고, 32 passed라는 메시지가 나타난다.

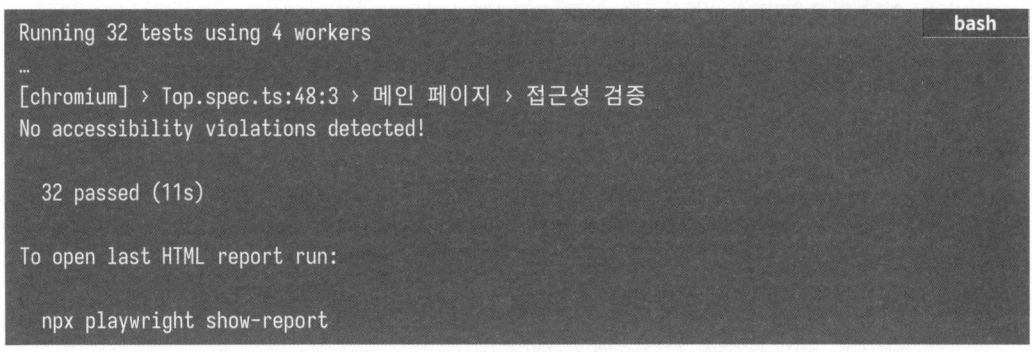

```bash
Running 32 tests using 4 workers
…
[chromium] › Top.spec.ts:48:3 › 메인 페이지 › 접근성 검증
No accessibility violations detected!

  32 passed (11s)

To open last HTML report run:

  npx playwright show-report
```

테스트 결과를 리포트로 생성하고자 npx playwright show-report를 실행한다. 생성된 리포트는 http://localhost:9223/에서 확인할 수 있다(그림 10-8).

그림 10-8 플레이라이트의 HTML 리포트

명령줄 인터페이스에 특정 테스트 파일명을 인수로 지정하면 해당 파일에만 테스트를 실시한다. 모든 파일을 테스트하는 것은 시간이 많이 걸리므로, 파일별로 테스트를 실행하자.

```bash
$ npx playwright test Login.spec.ts
```

10.4.3 플레이라이트 검사 도구를 활용한 디버깅

E2E 테스트를 작성하다 보면 생각한 것과 다르게 테스트가 통과되지 않을 때가 있다. 이럴 때는 **플레이라이트 검사 도구**Playwright Inspector로 원인을 파악해야 한다. 테스트를 실행하는 커맨드에 `--debug` 옵션을 붙이면 headed 모드(브라우저를 열어서 육안으로 자동화된 UI 테스트를 확인할 수 있는 모드)로 테스트가 시작된다.

```bash
$ npx playwright test Login.spec.ts --debug
```

커맨드가 실행되면 두 개의 창이 동시에 나타난다. 그중 작은 창이 플레이라이트 검사 도구다. 플레이라이트 검사 도구를 사용하면 실행 중인 테스트 코드를 보면서 UI가 어떻게 조작되는지 확인할 수 있다(그림 10-9).

좌측 상단에 있는 녹색 삼각형 형태의 재생 아이콘(▶)을 클릭하면 자동화된 UI 테스트가 시작된다. 테스트가 종료되면 두 개의 창이 동시에 닫히고, 다음 테스트를 위한 두 개의 창이 새로 열린다.

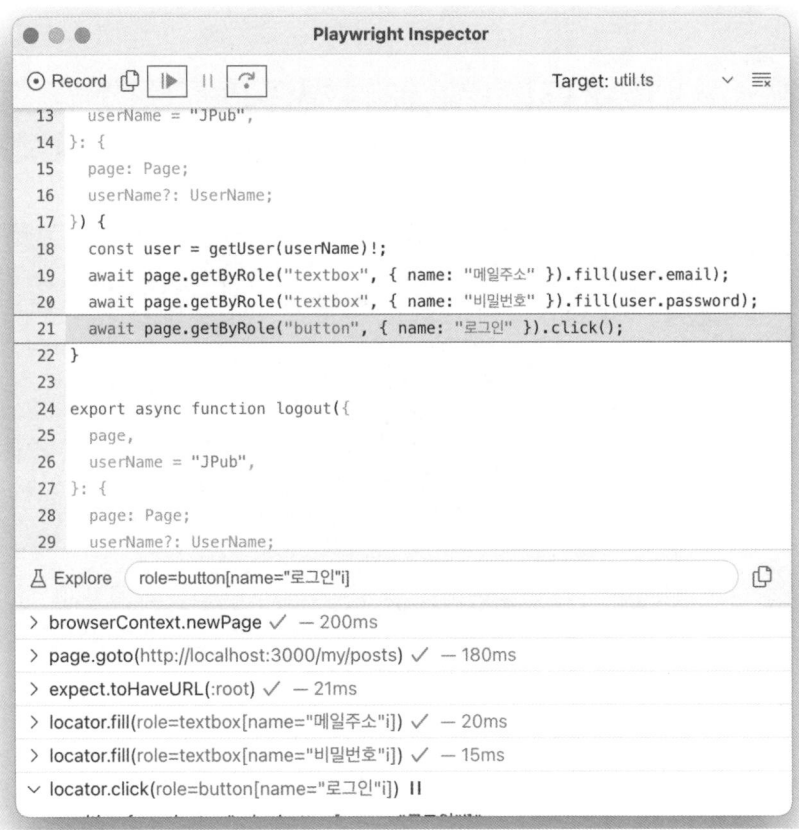

```
13    userName = "JPub",
14  }: {
15    page: Page;
16    userName?: UserName;
17  }) {
18    const user = getUser(userName)!;
19    await page.getByRole("textbox", { name: "메일주소" }).fill(user.email);
20    await page.getByRole("textbox", { name: "비밀번호" }).fill(user.password);
21    await page.getByRole("button", { name: "로그인" }).click();
22  }
23
24  export async function logout({
25    page,
26    userName = "JPub",
27  }: {
28    page: Page;
29    userName?: UserName;
```

△ Explore   role=button[name="로그인"i]

> browserContext.newPage ✓ — 200ms
> page.goto(http://localhost:3000/my/posts) ✓ — 180ms
> expect.toHaveURL(:root) ✓ — 21ms
> locator.fill(role=textbox[name="메일주소"i]) ✓ — 20ms
> locator.fill(role=textbox[name="비밀번호"i]) ✓ — 15ms
∨ locator.click(role=button[name="로그인"i]) ‖

그림 10-9 **플레이라이트 검사 도구**

재생 아이콘의 우측에 있는 녹색 화살표 형태의 스텝 오버step over 아이콘(⟳)을 클릭하면 한 줄
씩 테스트 코드가 실행된다. 테스트가 통과되는지 한 줄씩 확인할 수 있어 버그 발생 부분을 쉽게
찾을 수 있다(그림 10-10). 더 자세한 사용 방법이 알고 싶다면 공식 문서[10]를 참고하기를 바란다.

---

10   https://playwright.dev/docs/debug

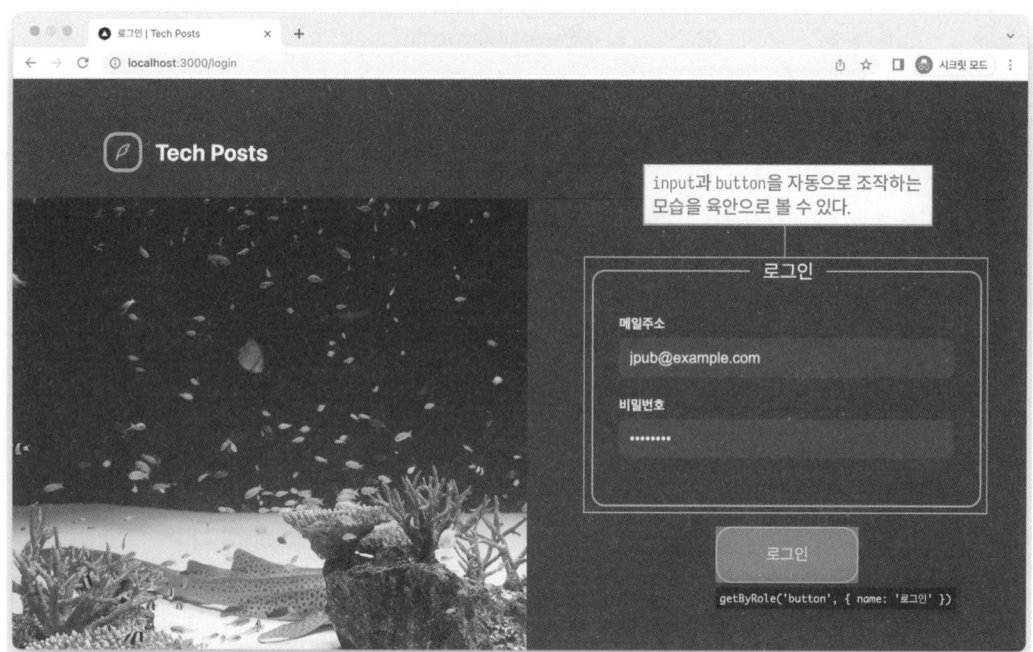

input과 button을 자동으로 조작하는
모습을 육안으로 볼 수 있다.

getByRole('button', { name: '로그인' })

그림 10-10 headed 모드

10.4.4 도커 컴포즈를 사용하는 E2E 테스트

도커 컴포즈를 사용해서 E2E 테스트를 실행할 때는 다음 커맨드를 입력한다. 다른 테스트와 다르게 초기에 컨테이너를 빌드하는 시간이 필요하다.

```bash
$ npm run docker:e2e:build && npm run docker:e2e:ci
```

CI(깃허브 액션)용으로 작성한 것이다. CI에 대한 자세한 내용은 부록에서 다루겠다.

10.5 프리즈마를 활용한 테스트

Next.js 예제 애플리케이션은 Next.js 서버(getServerSideProps, API Routes)가 프리즈마를 통해 데이터베이스 서버에서 데이터를 취득하고 갱신하도록 구현됐다. 이번 장 주제인 E2E 테스트는 데이터베이스 서버와 연동하는 기능을 테스트 범위에 포함하고 있어서 UI 조작으로 데이터베이스를 갱신할 수 있는지도 검증할 수 있다.

데이터베이스와 연동된 E2E 테스트는 테스트를 실행할 때마다 데이터베이스를 초기화하고 테스트용 데이터를 추가해야 한다. 시드 스크립트seed script는 항상 같은 내용을 가진 데이터베이스를 재구축할 수 있기 때문에 테스트는 물론 개발 환경 초기 설정에도 필수다. 이번 절에서는 테스트 설정 일환으로 프리즈마가 무엇인지 간단히 살펴보고, 시드 스크립트 작성법을 알아보겠다.

10.5.1 프리즈마 스키마

프리즈마는 **프리즈마 스키마**Prisma schema라는 엔티티 간 관계를 나타내는 도메인 특화 언어domain specific language, DSL를 사용해 데이터베이스를 정의한다. 해당 스키마 파일이 마이그레이션 스크립트로 변환되는 동시에 **프리즈마 클라이언트**Prisma client(애플리케이션 코드에서 데이터베이스에 쿼리를 날리는 클라이언트)가 생성된다. 코드 10-5에서 스키마를 정의했다.

코드 10-5 **prisma/schema.prisma**

```
generator client {
  provider = "prisma-client-js"
}

datasource db {
  provider = "postgresql"
  url      = env("DATABASE_URL")
}

model User {
  id             Int      @id @default(autoincrement())
  createdAt      DateTime @default(now())
  updatedAt      DateTime @updatedAt
  name           String
  bio            String
  githubAccount  String
  twitterAccount String
  imageUrl       String
  email          String @unique
  password       String
  posts          Post[]
  likes          Like[]
}

model Post {
  id          Int      @id @default(autoincrement())
  createdAt   DateTime @default(now())
  updatedAt   DateTime @updatedAt
  title       String
```

```
  description String?
  body        String?
  imageUrl    String?
  published   Boolean @default(false)
  author      User       @relation(fields: [authorId], references: [id])
  authorId    Int
  likes       Like[]
}

model Like {
  id         Int      @id @default(autoincrement())
  createdAt  DateTime @default(now())
  user       User @relation(fields: [userId], references: [id])
  userId     Int
  post       Post @relation(fields: [postId], references: [id])
  postId     Int
  authorId   Int
}
```

1 프리즈마 클라이언트 사용하기

스키마 파일을 통해 자동으로 생성되는 프리즈마 클라이언트가 무엇인지 살펴보자. 코드 10-6에는 프리즈마 클라이언트가 인스턴스화된 상태로 export됐다.

코드 10-6 src/services/server/index.ts

```TypeScript
import { PrismaClient } from "@prisma/client";
export const prisma = new PrismaClient();
```

이 프리즈마 클라이언트는 prisma.schema 파일에 정의된 내용에 기반한 클라이언트다. 따라서 User 테이블에는 prisma.user로 접근하고, Post 테이블에는 prisma.post로 접근할 수 있다.

프리즈마는 타입스크립트와 호환성이 좋다는 장점이 있다. prisma.schema에 작성한 스키마 정의는 타입스크립트 타입으로 변환이 가능하다. 예를 들어 프리즈마 클라이언트로 취득한 값에 타입 추론을 사용할 수 있다. 게다가 이너 조인한 결과에도 타입 추론을 적용할 수 있기 때문에 특히 타입스크립트를 사용하는 프로젝트에서 프리즈마를 객체 관계 매핑으로 많이 사용한다.

코드 10-7은 로그인한 사용자가 자신이 작성한 기사를 취득하는 비동기 함수다. 이 함수는 await prisma.post.findUnique ({ where: { id } })라는 쿼리로, 특정 ID를 가진 기사를 취득한다. 코드만 보면 타입스크립트와 연관된 내용이 없어 보이지만 촘촘히 타입 추론이 적용돼 있다.

코드 10-7 src/services/server/MyPost/index.ts

```typescript
export async function getMyPost({
  id,
  authorId,
}: {
  id: number;
  authorId: number;
}) {
  try {
    // 요청한 ID와 일치하는 기사 데이터를 반환한다.
    const data = await prisma.post.findUnique({ where: { id } });
    // 데이터가 없거나 미로그인 상태이면 Not Found 오류가 발생한다.
    if (!data || data?.authorId !== authorId) throw new NotFoundError();
    const { createdAt, updatedAt, ...res } = data;
    // 타입 추론이 마지막까지 적용되어 있다.
    return res;
  } catch (err) {
    handlePrismaError(err);
  }
}
```

10.5.2 시드 스크립트 등록

package.json에 시드 스크립트 실행 시 적용할 커맨드를 작성하자(코드 10-8). 해당 커맨드로 타입스크립트 파일을 트랜스파일링transpiling하지 않고 ts-node를 경유해 prisma/seed/index.ts를 실행한다(Next.js 프로젝트에서 프리즈마를 사용하려면 compiler-options에 CommonJS를 지정해야 한다[11]).

코드 10-8 package.json

```json
{
  "prisma": {
    "seed": "ts-node --compiler-options {\"module\":\"CommonJS\"} prisma/seed/index.ts"
  }
}
```

이제 프리즈마 명령줄 인터페이스에서 시드 스크립트가 필요할 때마다 실행할 수 있게 됐다. 적용이 잘됐는지 확인해보고자 docker-compose up -d를 실행하자. E2E 테스트를 실행하기 전에 매번 초기화하는 데 사용하는 npm run prisma:reset을 실행하면, 다음과 같은 로그가 출력되며 초기 데이터가 주입되는 것을 확인할 수 있다.

---

11 https://www.prisma.io/docs/guides/migrate/seed-database#seeding-your-database-with-%20typescript-or-javascript

```bash
Running seed command `ts-node --compiler-options {"module":"CommonJS"}
prisma/seed/index.ts` ...
Start seeding ...
Seeding finished.

🌱 The seed command has been executed.
```

10.5.3 시드 스크립트 실행 파일

코드 10-9는 시드 스크립트 실행 파일이다. 프리즈마 클라이언트를 사용해 초기 데이터를 작성하고, await prisma.$transaction으로 User, Post, Like 테이블에 초기 데이터를 일괄적으로 주입한다.

코드 10-9 prisma/seed/index.ts

```typescript
import { PrismaClient } from "@prisma/client";
import { likes } from "./like";
import { posts } from "./post";
import { users } from "./user";

export const prisma = new PrismaClient();

const main = async () => {
  console.log(`Start seeding ...`);
  await prisma.$transaction([...users(), ...posts(), ...likes()]);
  console.log(`Seeding finished.`);
};

main()
  .catch((e) => {
    console.error(e);
    process.exit(1);
  })
  .finally(async () => {
    await prisma.$disconnect();
  });
```

초기 데이터 작성법은 프리즈마 클라이언트로 레코드를 작성하는 방법과 동일하다. 초기 데이터는 prisma.$transaction에서 일괄적으로 추가할 예정이므로 해당 시드 함수는 Promise 배열을 반환한다(코드 10-10).

코드 10-10 prisma/seed/like.ts

```typescript
import { Like, PrismaPromise } from "@prisma/client";
import { prisma } from ".";
import { likesFixture } from "../fixtures/like";

export const likes = () => {
  const likes: PrismaPromise<Like>[] = [];
  for (const data of likesFixture()) {
    const like = prisma.like.create({ data });
    likes.push(like);
  }
  return likes;
};
```

코드 10-11을 보면 알 수 있듯이 `likesFixture`는 하드 코딩된 데이터를 반환한다. 이와 같이 타입 스크립트로 데이터를 만들어서 사용하거나 CSV 등 외부 파일을 픽스처로 사용해도 된다. 만약 임의의 값을 생성하는 라이브러리를 사용하거나 실제 실행 시간을 적용하면 테스트 결과가 달라질 수도 있으니, 픽스처는 실행할 때마다 값이 바뀌지 않도록 주의해야 한다.

코드 10-11 prisma/fixtures/like.ts

```typescript
import { Like } from "@prisma/client";

export const likesFixture = (): Omit<Like, "id" | "createdAt">[] => [
  {
    userId: 1,
    postId: 1,
    authorId: 2,
  },
];
```

10.6 로그인 기능 E2E 테스트

예제 애플리케이션에 있는 대부분의 기능은 로그인이 필요하다(그림 10-11). 로그인하지 않은 사용자는 접근이 제한되거나 렌더링되는 요소가 달라진다. 이런 상황에서 E2E 테스트는 로그인 여부에 따라 애플리케이션이 기대한 대로 작동하는지 검증해야 하며, 이를 검증하려면 로그인한 후에 특정 작업을 수행하는 인터랙션을 자주 사용해야 한다. 이번 절에서는 로그인 상태와 연관된 기능 테스트를 위해 반복적인 작업을 어떻게 공통화하고 어떤 방식으로 검증해야 하는지를 알아보겠다.

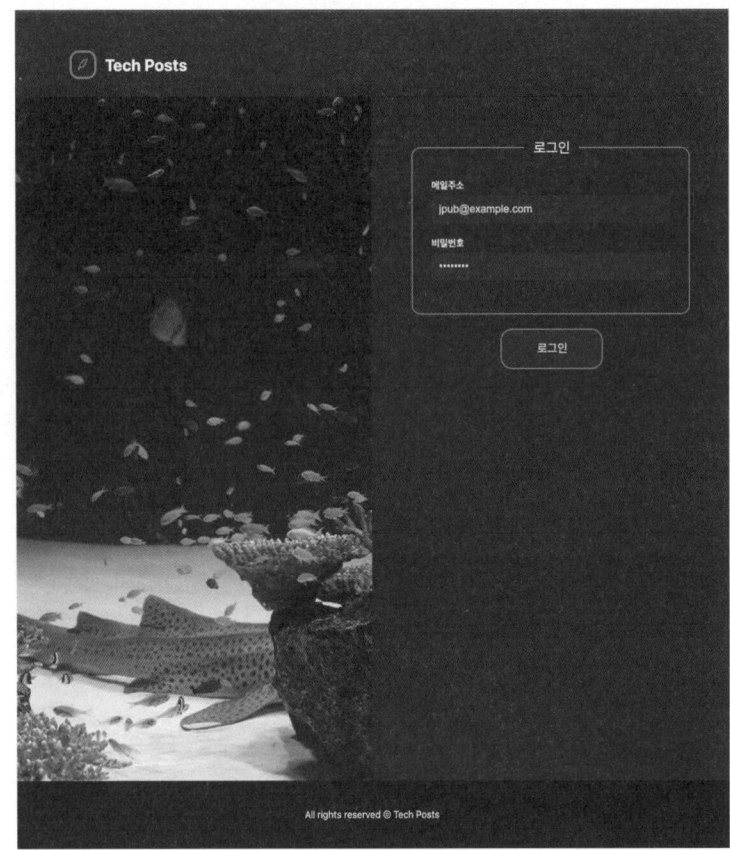

그림 10-11 로그인 페이지

10.6.1 등록 완료된 사용자로 로그인하기

예제 애플리케이션에는 아직 회원가입 기능은 구현하지 않았다. 대신 시드 스크립트로 테스트용 사용자를 설정했다. 테스트용 사용자를 활용해 테스트를 작성해보자.

코드 10-12의 `login`이라는 유틸리티 함수는 테스트용 사용자로 로그인하고 있다. 이미 등록된 사용자의 정보를 불러와서 폼에 입력하고 로그인한다(코드 10-12).

코드 10-12 e2e/util.ts

```typescript
export async function login({
  page,
  userName = "JPub",
}: {
  page: Page;
  userName?: UserName;
```

```typescript
}) {
  const user = getUser(userName)!;
  await page.getByRole("textbox", { name: "메일주소" }).fill(user.email);
  await page.getByRole("textbox", { name: "비밀번호" }).fill(user.password);
  await page.getByRole("button", { name: "로그인" }).click();
}
```

10.6.2 로그인 상태에서 로그아웃하기

로그아웃 인터랙션도 로그인과 동일하게 함수로 만들어 공통화한다. 헤더 네비게이션 우측에는
로그인된 사용자의 아바타 이미지가 있다. 이 요소 위에 마우스를 올리면 로그아웃 버튼이 나타나
고, 버튼을 클릭하면 로그아웃된다. 이 인터랙션을 다음과 같이 함수로 만들 수 있다(코드 10-13).

코드 10-13 e2e/util.ts

```typescript
export async function logout({                                    TypeScript
  page,
  userName = "JPub",
}: {
  page: Page;
  userName?: UserName;
}) {
  const user = getUser(userName)!;
  const loginUser = page
    .locator("[aria-label='로그인한 사용자']")
    .getByText(user.name);
  await loginUser.hover();   ◄──────         마우스를 위에 올려서 로그아웃
  await page.getByText("로그아웃").click();     버튼이 나타나게 한다.
}
```

10.6.3 로그인 상태가 아니면 로그인 화면으로 리다이렉트시키기

구현된 일곱 개의 페이지 중 다섯 개는 로그인한 사용자만 열람할 수 있도록 제한됐다(/my/**/
* 페이지). 미로그인 사용자가 해당 페이지들에 접근하면 로그인 화면으로 리다이렉트시켜서 로그인
을 요청해야 한다. 이 작업도 대부분 테스트에서 필요한 것이므로 함수로 공통화한다(코드 10-14).

코드 10-14 e2e/util.ts

```typescript
export async function assertUnauthorizedRedirect({                 TypeScript
  page,
  path,
}: {
```

```
  page: Page;
  path: string;
}) {
  // 지정된 페이지에 접근한다.
  await page.goto(url(path));
  // 리다이렉트될 때까지 기다린다.
  await page.waitForURL(url("/login"));
  // 로그인 페이지로 이동했는지 확인한다.
  await expect(page).toHaveTitle("로그인 | Tech Posts");
}
```

로그인 상태가 아니면 접근할 수 없는 페이지에는 assertUnauthorizedRedirect 함수로 미로그인 사용자가 리다이렉트됐는지 검증한다(코드 10-15).

코드 10-15 assertUnauthorizedRedirect 함수 사용 예시

```
                                                                    TypeScript
test("로그인 상태가 아니면 로그인 화면으로 리다이렉트된다", async ({ page }) => {
  const path = "/my/posts"; ◀── 접근할 URL 경로
  await assertUnauthorizedRedirect({ page, path });
});
```

10.6.4 로그인 후 리다이렉트 이전 화면으로 돌아가기

Next.js 예제 코드는 로그인 성공 후에 리다이렉트 이전 화면으로 돌아가게끔 구현돼 있다. 예제 코드에 있는 src/lib/next/gssp.ts 파일의 19번째 줄에 해당 코드가 있다. getServerSideProps 의 반환값에 { redirect }가 포함됐으면 destinationURL로 리다이렉트된다. 리다이렉트되기 직전에 화면의 URL을 세션에 저장한다(코드 10-16).

코드 10-16 src/lib/next/gssp.ts

```
                                                                    TypeScript
if (err instanceof UnauthorizedError) {
  session.redirectUrl = ctx.resolvedUrl;
  return { redirect: { permanent: false, destination: "/login" } };
}
```

이 기능을 검증하는 테스트는 코드 10-17과 같다. 로그인 후에 리다이렉트 전 페이지로 돌아가는지 검증하자.

코드 10-17 **e2e/Login.spec.ts**

```typescript
test.describe("로그인 페이지", () => {
  const path = "/login";

  test("로그인 성공 시 리다이렉트 이전 페이지로 돌아간다", async ({ page }) => {
    await page.goto(url("/my/posts"));
    await expect(page).toHaveURL(url(path));       // 로그인 화면으로
                                                   // 리다이렉트된다.
    await login({ page });                         // 로그인 인터랙션을
    await expect(page).toHaveURL(url("/my/posts"));  // 실행한다.
  });
});
```

10.7 프로필 기능 E2E 테스트

프로필 편집 페이지(그림 10-12)와 E2E 테스트를 보자. 새 프로필 정보를 입력하고 [**프로필 변경하기**] 버튼을 클릭하면 프로필 정보가 갱신된다. 갱신이 완료되면 로그인한 사용자가 작성한 기사 목록 페이지로 이동한다.

페이지 제목(브라우저 탭에 표시되는 제목)을 보면 로그인한 사용자명이 반영된 것을 확인할 수 있다. 해당 페이지는 사용자명 반영을 위해 세션에 저장된 사용자 정보를 참조하거나 Next.js 기능인 getServerSideProps와 API Routes를 활용해야 한다.

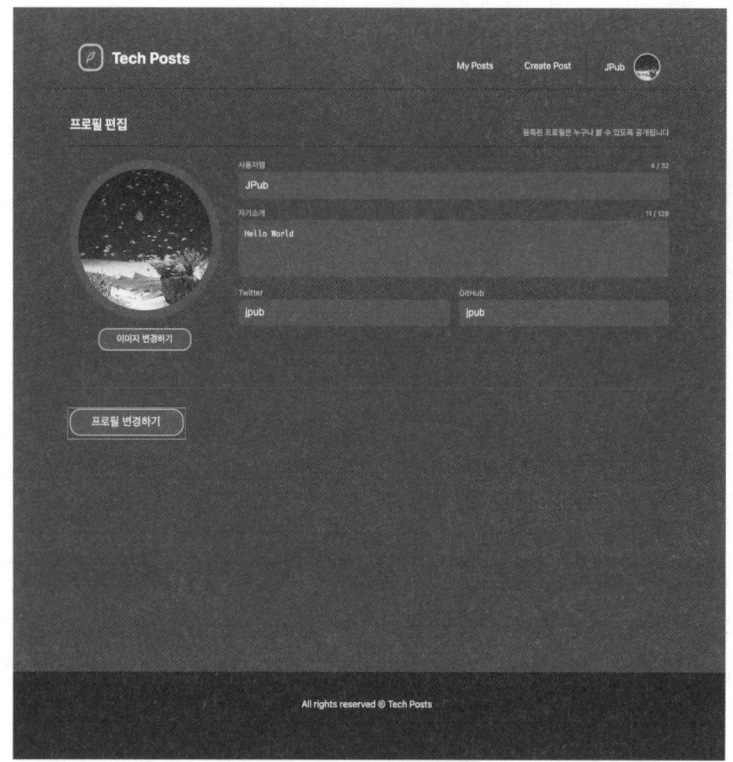

그림 10-12 **프로필 편집 페이지**

E2E 테스트에서는 다음과 같은 작업이 정상적으로 연동되는지 검증한다.

- UI를 조작해서 프로필 갱신 API 요청을 발생시킨다.
- API Routes가 작동하고 데이터베이스 서버에 값이 저장된다.
- 세션에 저장된 값이 갱신된다.
- 새로운 페이지 제목은 갱신된 세션값을 참조한다.

10.7.1 getServerSideProps로 로그인한 사용자 정보 취득하기

서버 사이드 렌더링을 위한 데이터 취득 함수인 `getServerSideProps`는 로그인 상태를 검사하는 고차 함수(`withLogin`)에 래핑돼 있다. 인수인 `user`에는 로그인한 사용자의 정보가 저장됐는데, 해당 로그인 정보를 기반으로 페이지의 데이터를 요청하거나 프로필 정보를 취득한다. `user` 객체는 세션에 저장된 정보를 불러온다(코드 10-18).

코드 10-18 페이지 제목을 동적으로 지정하는 함수

```typescript
Page.getPageTitle = PageTitle(
  ({ data }) => `${data?.authorName}님의 프로필 편집`
);

// 로그인 상태 확인을 포함한 getServerSideProps
export const getServerSideProps = withLogin<Props>(async ({ user }) => {
  return {
    // 프리즈마 클라이언트를 래핑한 함수를 통해 데이터베이스에서 데이터를 취득한다.
    profile: await getMyProfileEdit({ id: user.id }),
    authorName: user.name, // 제목에 사용할 유저명을 Props에 포함시킨다.
  };
});
```

10.7.2 프로필 정보를 갱신하는 API Routes

Next.js 애플리케이션은 API Routes라는 웹 API 구현 기능을 제공한다. UI를 조작해 비동기로 데이터를 취득하거나 갱신하는 요청을 받았을 때 서버 프로세스에서 작업을 처리하여 JSON 같은 형식으로 API 응답을 반환한다.

코드 10-19의 API Routes의 `handler` 함수는 프로필 정보 갱신 요청을 처리한다. `Prisma Client`(`updateMyProfileEdit` 함수)를 사용해서 데이터베이스를 갱신하고, 세션에 있는 로그인한 사용자 정보도 갱신한다.

코드 10-19 로그인 상태 확인을 포함한 API Routes handler 함수

```typescript
const handlePut = withLogin<UpdateMyProfileEditReturn>(async (req, res) => {
  // 입력값이 유효한지 유효성 검사를 실시한다.
  // 유효성 검사에 오류가 발생하면 withLogin 함수에 내장된 오류 핸들러에서 처리한다.
  validate(req.body, updateMyProfileEditInputSchema);
  // 프리즈마 클라이언트를 래핑한 함수를 통해 데이터베이스의 데이터를 갱신한다.
  // 오류가 발생하면 withLogin 함수에 내장된 오류 핸들러에서 처리한다.
  const user = await updateMyProfileEdit({
    id: req.user.id,
    input: req.body,
  });
  // 세션에 저장된 사용자 정보를 갱신한다.
  const session = await getSession(req, res);
  session.user = { ...session.user, name: user.name, imageUrl: user.imageUrl };
  res.status(200).json(user);
});
```

이 페이지의 기능을 대상으로 작성한 E2E 테스트는 코드 10-20과 같다. 세부 내용은 건드리지 않는 **블랙박스 테스트**black-box testing 형식으로 작성했다.

코드 10-20 e2e/ MyProfileEdit.spec.ts

```typescript
import { expect, test } from "@playwright/test";
import { UserName } from "../prisma/fixtures/user";
import { login, url } from "./util";

test.describe("프로필 편집 페이지", () => {
  const path = "/my/profile/edit";
  const userName: UserName = "User-MyProfileEdit";
  const newName = "NewName";

  test("프로필을 편집하면 프로필에 반영된다", async ({
    page,
  }) => {
    await page.goto(url(path));
    await login({ page, userName });
    // 여기서부터 프로필 편집 화면
    await expect(page).toHaveURL(url(path));
    await expect(page).toHaveTitle(`${userName}님의 프로필 편집`);
    await page.getByRole("textbox", { name: "사용자명" }).fill(newName);
    await page.getByRole("button", { name: "프로필 변경하기" }).click();
    await page.waitForURL(url("/my/posts"));
    // 페이지 제목에 방금 입력한 이름이 포함돼 있다.
    await expect(page).toHaveTitle(`${newName}님의 기사 목록`);
    await expect(
      page.getByRole("region", { name: "프로필" })
    ).toContainText(newName);
    await expect(page.locator("[aria-label='로그인한 사용자']")).toContainText(
      newName
    );
  });
});
```

10.8 Like 기능 E2E 테스트

공개된 기사는 누구나 열람할 수 있고, 메인 페이지에는 인기순으로 정렬해 볼 수 있는 기능도 있다. 그리고 로그인한 사용자만 공개된 기사에 [Like]를 누를 수 있다. 단, 자신이 작성한 기사에는 [Like]를 누를 수 없다(그림 10-13).

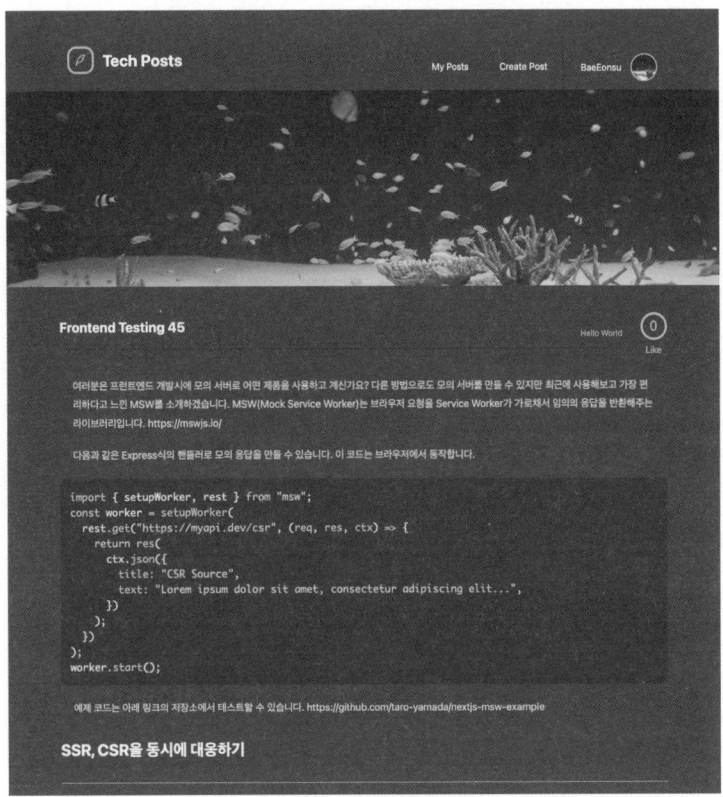

여러분은 프런트엔드 개발시에 모의 서버로 어떤 제품을 사용하고 계신가요? 다른 방법으로도 모의 서버를 만들 수 있지만 최근에 사용해보고 가장 편리하다고 느낀 MSW를 소개하겠습니다. MSW(Mock Service Worker)는 브라우저 요청을 Service Worker가 가로채서 임의의 응답을 반환해주는 라이브러리입니다. https://mswjs.io/

다음과 같은 Express식의 핸들러로 모의 응답을 만들 수 있습니다. 이 코드는 브라우저에서 동작합니다.

```
import { setupWorker, rest } from "msw";
const worker = setupWorker(
  rest.get("https://myapi.dev/csr", (req, res, ctx) => {
    return res(
      ctx.json({
        title: "CSR Source",
        text: "Lorem ipsum dolor sit amet, consectetur adipiscing elit...",
      })
    );
  })
);
worker.start();
```

예제 코드는 아래 링크의 저장소에서 테스트할 수 있습니다. https://github.com/taro-yamada/nextjs-msw-example

SSR, CSR을 동시에 대응하기

그림 10-13 **기사 페이지**

해당 페이지의 E2E 테스트는 다음과 같은 작업이 정상적으로 처리되는지 검증한다.

- 다른 사람이 작성한 기사에는 [Like]를 누를 수 있어야 한다.
- 자신의 기사에는 [Like]를 누를 수 없어야 한다.

10.8.1 다른 사람이 작성한 기사에는 [Like] 버튼을 누를 수 있어야 한다

초깃값으로 데이터베이스에 저장한 기사 데이터는 총 90개다. 이 중에서 66개가 공개된 기사이고 24개가 비공개 기사다. 테스트 사용자인 JPub은 ID가 61~90인 기사의 저자다. JPub 계정으로 로그인해서 E2E 테스트를 실시해보겠다.

ID가 1~60인 기사는 다른 사람이 작성한 것이므로 ID가 10인 기사에 접속하여 [Like]를 누를 수 있는지 테스트해보자(코드 10-21).

코드 10-21 e2e/Post.spec.ts

```typescript
test("다른 사람의 기사에는 Like할 수 있다", async ({ page }) => {
  await page.goto(url("/login"));
  await login({ page, userName: "JPub" });
  await expect(page).toHaveURL(url("/"));
  // 여기서부터 ID가 10인 기사의 페이지
  await page.goto(url("/posts/10"));
  const buttonLike = page.getByRole("button", { name: "Like" });
  const buttonText = page.getByTestId("likeStatus");
  // [Like] 버튼이 활성화되고, 현재 Like 수는 0이다.
  await expect(buttonLike).toBeEnabled();
  await expect(buttonLike).toHaveText("0");
  await expect(buttonText).toHaveText("Like");
  await buttonLike.click();
  // [Like]를 클릭하면 카운트가 1 증가하고, 이미 [Like] 버튼을 누른 상태가 된다.
  await expect(buttonLike).toHaveText("1");
  await expect(buttonText).toHaveText("Liked");
});
```

10.8.2 자신의 기사에는 [Like] 버튼을 누를 수 없어야 한다

ID가 90인 기사는 JPub이 작성한 기사다. 해당 기사에 [Like]를 누를 수 있는지 테스트해보겠다. 코드 10-22를 실행해보면 [Like] 버튼이 비활성화돼 자신의 기사에는 [Like] 버튼을 누를 수 없다는 것을 확인할 수 있다.

코드 10-22 e2e/Post.spec.ts

```typescript
test("자신의 기사에는 Like할 수 없다", async ({ page }) => {
  await page.goto(url("/login"));
  await login({ page, userName: "JPub" });
  await expect(page).toHaveURL(url("/"));
  // 여기서부터 ID가 90인 기사의 페이지
  await page.goto(url("/posts/90"));
  const buttonLike = page.getByRole("button", { name: "Like" });
  const buttonText = page.getByTestId("likeStatus");
  // [Like] 버튼이 비활성화되고, Like라는 문자도 사라진다.
  await expect(buttonLike).toBeDisabled();
  await expect(buttonText).not.toHaveText("Like");
});
```

10.9 신규 작성 페이지 E2E 테스트

이번 절에서는 신규 작성 페이지의 기능을 살펴보겠다(그림 10-14). 투고 기능에는 이른바 **CRUD**라고 부르는 '작성create', '열람read', '수정update', '삭제delete' 기능이 있다. CRUD 기능 테스트는 다른 테스트에 영향을 미치지 않는지 세심하게 살펴야 한다. 예를 들어, 어떤 기사의 제목을 검증하는 테스트 코드가 있다고 가정해보자. 테스트 실행 전에 다른 테스트에서 기사 제목을 수정하면 검증은 실패한다. 따라서 기본적으로 투고 기능 테스트는 새로운 기사를 작성한 후 해당 기사를 대상으로 CRUD를 수행해야 한다.

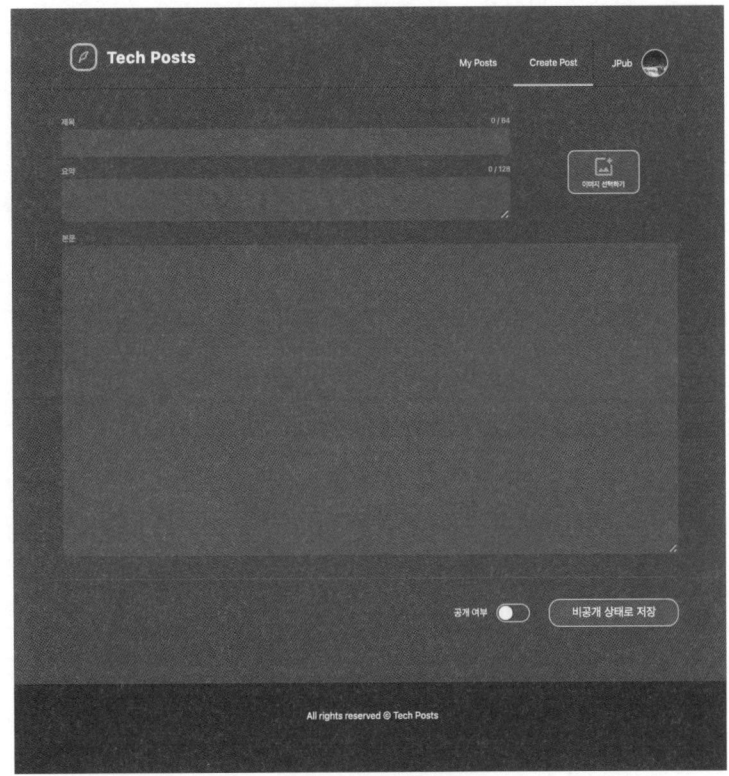

그림 10-14 **신규 작성 페이지**

10.9.1 신규 작성 페이지에 접근해 콘텐츠를 입력하는 함수

앞서 언급했듯이 투고 기능의 E2E 테스트에는 새 기사를 작성하는 작업을 여러 번 실행해야 한다. 이를 위해 콘텐츠 내용은 신경 쓰지 말고 필수 입력 항목만 채우는 인터랙션 함수를 만든다(코드 10-23). 이 함수는 작성자를 선택할 수 있도록 인수로 작성자명을 받는다. 그리고 테스트할 기사 페이지의 제목을 입력하여 CRUD 작업을 수행할 기사를 특정할 수 있게 만든다.

코드 10-23 e2e/postUtil.ts

```typescript
export async function gotoAndFillPostContents({
  page,
  title,
  userName,
}: {
  page: Page;
  title: string;
  userName: UserName;
}) {
  await page.goto(url("/login"));
  await login({ page, userName });
  await expect(page).toHaveURL(url("/"));
  await page.goto(url("/my/posts/create"));
  await page.setInputFiles("data-testid=file", [
    "public/__mocks__/images/img01.jpg",
  ]);
  await page.waitForLoadState("networkidle", { timeout: 30000 });
  await page.getByRole("textbox", { name: "제목" }).fill(title);
}
```

10.9.2 신규 기사를 비공개 상태로 저장하는 함수

신규 기사를 비공개 상태로 저장하는 작업도 여러 번 실행이 필요한 인터랙션이다. 이를 함수로 정리해서 재활용할 수 있게 만들어보자. 직전에 만든 기사 작성 함수를 사용해 신규 기사를 비공개 상태로 저장하는 함수를 만들어보겠다(코드 10-24).

코드 10-24 e2e/postUtil.ts

```typescript
export async function gotoAndCreatePostAsDraft({
  page,
  title,
  userName,
}: {
  page: Page;
  title: string;
  userName: UserName;
}) {
  await gotoAndFillPostContents({ page, title, userName });
  await page.getByRole("button", { name: "비공개 상태로 저장" }).click();
  await page.waitForNavigation();
}
```

```typescript
  await expect(page).toHaveTitle(title);
}
```

10.9.3 신규 기사를 공개하는 함수

신규 기사를 공개하는 함수도 마찬가지로 여러 차례 실행이 필요한 인터랙션이다. 역시 인터랙션도 함수로 정리해서 재활용할 수 있게 만들어보자. 임시 저장과는 다르게 공개하기 전에 확인을 위한 대화창을 띄워서 [네] 버튼을 클릭하는 인터랙션도 있다(코드 10-25).

코드 10-25 e2e/postUtil.ts

```typescript
                                                                    TypeScript
export async function gotoAndCreatePostAsPublish({
  page,
  title,
  userName,
}: {
  page: Page;
  title: string;
  userName: UserName;
}) {
  await gotoAndFillPostContents({ page, title, userName });
  await page.getByText("공개 여부").click();
  await page.getByRole("button", { name: "공개하기" }).click();
  await page.getByRole("button", { name: "네" }).click();
  await page.waitForNavigation();
  await expect(page).toHaveTitle(title);
}
```

10.9.4 지금까지 만든 함수들을 E2E 테스트에 활용하기

앞서 만든 비공개 상태로 저장하는 함수와 공개 함수를 활용해 신규 작성 페이지의 E2E 테스트를 작성해보자. expect 함수를 사용하는 단언문도 앞서 만든 함수들에 포함됐으므로 신규 작성 페이지에 대한 E2E 테스트는 이것으로 완성된다(코드 10-26).

코드 10-26 e2e/MyPostsCreate.spec.ts

```typescript
                                                                    TypeScript
import { test } from "@playwright/test";
import { UserName } from "../prisma/fixtures/user";
import {
  gotoAndCreatePostAsDraft,
  gotoAndCreatePostAsPublish,
} from "./postUtil";
```

```
test.describe("신규 기사 페이지", () => {
  const path = "/my/posts/create";
  const userName: UserName = "JPub";

  test("신규 기사를 비공개 상태로 저장할 수 있다", async ({ page }) => {
    const title = "비공개 상태로 저장하기 테스트";
    await gotoAndCreatePostAsDraft({ page, title, userName });
  });

  test("신규 기사를 공개할 수 있다", async ({ page }) => {
    const title = "공개하기 테스트";
    await gotoAndCreatePostAsPublish({ page, title, userName });
  });
});
```

10.10 기사 편집 페이지 E2E 테스트

작성된 기사는 현재 공개 여부와 무관하게 콘텐츠를 편집하고 공개 여부를 변경할 수 있다(그림 10-15). 이번 절에서는 기사를 편집했을 때 기사 목록에 미치는 영향과 기사를 삭제하는 기능에 대한 E2E 테스트를 알아보겠다. 각 기사가 다른 테스트에 영향을 미치지 않도록 이전 절에서 만들었던 기사 작성 함수를 재활용해 새 기사를 작성한 뒤 편집 또는 삭제를 수행한다.

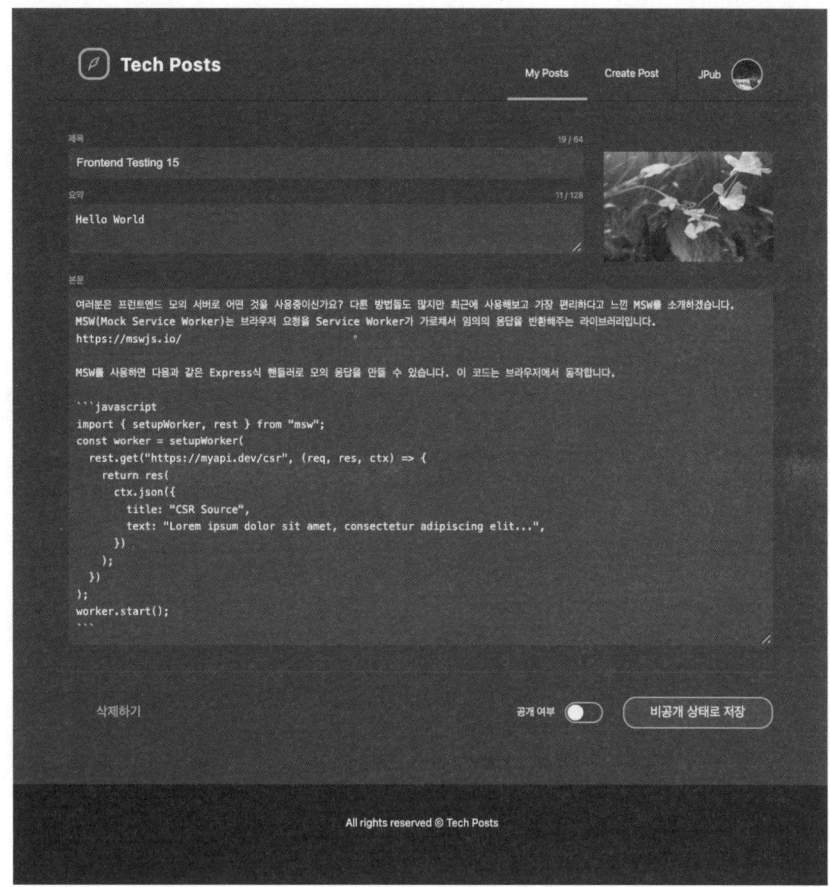

그림 10-15 기사 편집 페이지

10.10.1 새로 추가할 공통 함수

작성된 기사 페이지로 이동한 뒤에 편집 페이지로 이동하는 인터랙션을 함수로 만들겠다(코드 10-27).

코드 10-27 e2e/postUtil.ts

```typescript
export async function gotoEditPostPage({
  page,
  title,
}: {
  page: Page;
  title: string;
}) {
  await page.getByRole("link", { name: "편집하기" }).click();
  await page.waitForNavigation();
```

```
  await expect(page).toHaveTitle(`기사 편집 | ${title}`);
}
```

10.10.2 비공개 상태로 저장한 기사 편집하기

코드 10-28은 비공개 상태로 저장한 기사를 편집해 내용이 갱신되는지 검증하는 E2E 테스트다. 우선 신규 기사를 비공개 상태로 저장한 후 제목을 변경해 갱신된 내용이 반영됐는지 검증한다.

코드 10-28 e2e/MyPostEdit.spec.ts

```
test("비공개 기사를 편집할 수 있다", async ({ page }) => {                    TypeScript
  const title = "비공개 편집 테스트";
  const newTitle = "비공개 편집 테스트 갱신 완료";
  await gotoAndCreatePostAsDraft({ page, title, userName });
  await gotoEditPostPage({ page, title });
  await page.getByRole("textbox", { name: "제목" }).fill(newTitle);
  await page.getByRole("button", { name: "비공개 상태로 저장" }).click();   ◀── 다시 비공개
  await page.waitForNavigation();                                              상태로 저장한다.
  await expect(page).toHaveTitle(newTitle);   ◀── 변경한 새 제목으로
});                                                바뀌었는지 확인한다.
```

10.10.3 비공개 상태로 저장한 기사 공개하기

코드 10-29는 비공개 상태로 저장한 기사를 편집하고 공개 상태로 변경할 수 있는지 검증하는 E2E 테스트다. 우선 신규 기사를 비공개 상태로 저장한 후 공개 여부를 변경해 변경 내용이 반영됐는지 검증한다.

코드 10-29 e2e/MyPostEdit.spec.ts

```
test("비공개 기사를 공개할 수 있다", async ({ page }) => {                    TypeScript
  const title = "비공개 기사 공개 테스트";
  await gotoAndCreatePostAsDraft({ page, title, userName });
  await gotoEditPostPage({ page, title });
  await page.getByText("공개 여부").click();   ◀── 공개 여부 변경하기
  await page.getByRole("button", { name: "공개하기" }).click();
  await page.getByRole("button", { name: "네" }).click();   ◀── 공개할지 확인하는 대화창에서
  await page.waitForNavigation();                               [네] 클릭하기
  await expect(page).toHaveTitle(title);
});
```

10.10.4 공개된 기사 비공개 처리하기

코드 10-30은 공개된 기사를 편집하고 비공개 상태로 변경할 수 있는지 검증하는 E2E 테스트다. 우선 신규 기사를 공개 상태로 저장한 후 공개 여부를 갱신해 비공개 상태로 변경되는지 검증한다.

코드 10-30 e2e/MyPostEdit.spec.ts

```typescript
test("공개된 기사를 비공개할 수 있다", async ({ page }) => {
  const title = "기사 비공개 테스트";
  await gotoAndCreatePostAsPublish({ page, title, userName });  // ← 공개 상태로 저장하기
  await gotoEditPostPage({ page, title });
  await page.getByText("공개 여부").click();  // ← 공개 여부 변경하기
  await page.getByRole("button", { name: "비공개 상태로 저장" }).click();  // ← 비공개 상태로 저장하기
  await page.waitForNavigation();
  await expect(page).toHaveTitle(title);
});
```

10.10.5 공개된 기사 삭제하기

코드 10-31은 공개된 기사를 삭제할 수 있는지 검증하는 E2E 테스트다. 우선 신규 기사를 공개 상태로 저장한 후 해당 기사를 삭제한 뒤 기사 목록으로 이동됐는지 검증한다.

코드 10-31 e2e/MyPostEdit.spec.ts

```typescript
test("공개된 기사를 삭제할 수 있다", async ({ page }) => {
  const title = "기사 삭제 테스트";
  await gotoAndCreatePostAsPublish({ page, title, userName });
  await gotoEditPostPage({ page, title });
  await page.getByRole("button", { name: "삭제하기" }).click();  // ← [삭제하기] 버튼을 클릭하기
  await page.getByRole("button", { name: "네" }).click();  // ← 삭제할지 확인하는 대화창에서 [네] 클릭하기
  await page.waitForNavigation();
  await expect(page).toHaveTitle(`${userName}님의 기사 목록`);
});
```

10.11 게재된 기사 목록 페이지 E2E 테스트

앞서 10.9절에서 신규 기사를 비공개 상태로 저장하는 함수와 신규 기사를 공개하는 함수를 작성했다. 이번 절에서는 10.9절에서 작성한 인터랙션의 후속 처리로 신규 기사가 작성되면 기사 목록에 어떤 영향을 주는지에 대한 E2E 테스트를 다룬다. 기사 목록은 메인 페이지와 마이 페이지 두 곳에 있다(코드 10-16). 비공개 상태로 저장한 기사는 작성자 외에는 열람할 수 없기 때문에 메인

페이지의 기사 목록에는 게재되지 않아야 한다.

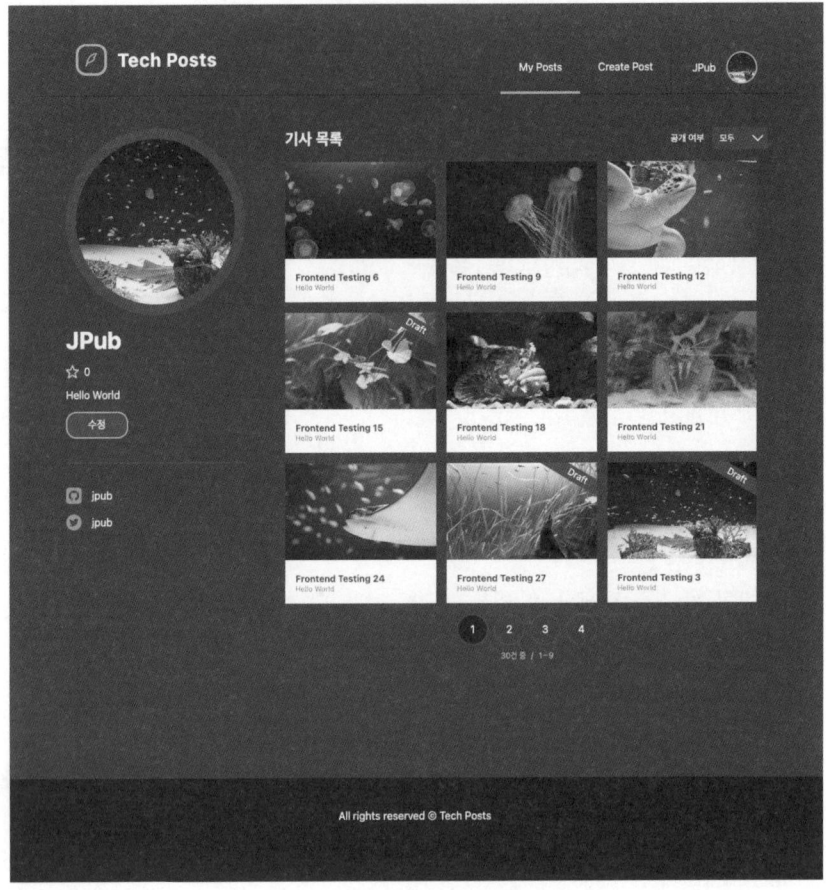

그림 10-16 마이 페이지 기사 목록

10.11.1 작성한 기사가 목록에 추가됐는지 검증하기

코드 10-32는 마이 페이지의 기사 목록에 신규 기사가 추가됐는지 검증하는 E2E 테스트다. 비공개 상태로 저장한 기사와 공개 상태로 저장한 기사 모두 목록에 추가돼야 한다. 기사 제목으로 목록에 기사가 추가됐는지 검증해보자.

코드 10-32 e2e/MyPosts.spec.ts

```TypeScript
import { expect, test } from "@playwright/test";
import { UserName } from "../prisma/fixtures/user";
import {
  gotoAndCreatePostAsDraft,
```

```
  gotoAndCreatePostAsPublish,
} from "./postUtil";
import { login, url } from "./util";

test.describe("게재된 기사 목록 페이지", () => {
  const path = "/my/posts";
  const userName: UserName = "JPub";

  test("신규 기사를 비공개 상태로 저장하면 게재된 기사 목록에 기사가 추가된다", async ({
    page,
  }) => {
    const title = "비공개로 저장된 기사 목록 테스트";
    await gotoAndCreatePostAsDraft({ page, title, userName });
    await page.goto(url(path));
    await expect(page.getByText(title)).toBeVisible();
  });

  test("신규 기사를 공개 상태로 저장하면 게재된 기사 목록에 기사가 추가된다", async ({
    page,
  }) => {
    const title = "공개 상태로 저장된 기사 목록 테스트";
    await gotoAndCreatePostAsPublish({ page, title, userName });
    await page.goto(url(path));
    await expect(page.getByText(title)).toBeVisible();
  });
});
```

10.11.2 공개된 기사가 메인 페이지에 추가됐는지 검증하기

코드 10-33은 메인 페이지의 기사 목록에 신규 기사가 추가됐는지 검증하는 E2E 테스트다. 공개 상태로 저장한 기사만 목록에 추가돼야 한다. 신규 기사를 공개하는 인터랙션으로 기사가 공개됐는지, 그리고 공개된 기사를 비공개로 되돌렸을 때 목록에서 기사가 사라지는지 검증할 수 있다.

코드 10-33 e2e/Top.spec.ts

```
import { expect, test } from "@playwright/test";                    TypeScript
import { UserName } from "../prisma/fixtures/user";
import { gotoAndCreatePostAsPublish, gotoEditPostPage } from "./postUtil";
import { url } from "./util";

test.describe("메인 페이지", () => {
  const path = "/";
  const userName: UserName = "JPub";

  test("신규 기사를 공개 상태로 저장하면 최신 기사 목록에 표시된다", async ({
```

```
    page,
  }) => {
    const title = "공개 저장 후 최신 기사 목록 테스트";
    await gotoAndCreatePostAsPublish({ page, title, userName });
    await page.goto(url(path));
    await expect(page.getByText(title)).toBeVisible();
  });

  test("공개된 기사를 비공개하면 최신 기사 목록에 표시되지 않는다", async ({
    page,
  }) => {
    const title = "비공개 후 최신 기사 목록 테스트";
    await gotoAndCreatePostAsPublish({ page, title, userName });
    await gotoEditPostPage({ page, title });
    await page.getByText("공개 여부").click();
    await page.getByRole("button", { name: "비공개 상태로 저장" }).click();
    await page.waitForNavigation();
    await expect(page).toHaveTitle(title);
    await page.goto(url(path));
    await expect(page.getByText(title)).not.toBeVisible();
  });
});
```

10.12 불안정한 테스트 대처 방법

흔히 E2E 테스트 프레임워크를 통한 테스트는 안정적이지 않다고 생각한다. **불안정한 테스트**flaky test는 네트워크 지연이나 메모리 부족에 의한 서버 응답 지연 등 다양한 원인으로 발생한다. 앞서 언급한 것처럼 테스트 실행 순서의 영향으로 의도하지 않은 상태에서 테스트를 시작하여 문제가 발생하기도 한다.

다양한 원인으로 불안정한 테스트가 발생하는 것은 E2E 테스트에서 피할 수 없는 문제다. 이번 절에서는 불안정한 테스트에 직면했을 때의 몇 가지 대처 방법을 살펴보겠다.

10.12.1 실행할 때마다 데이터베이스 재설정하기

데이터베이스database, DB를 사용하는 E2E 테스트는 테스트를 실행하면 데이터가 변경된다. 일관성 있는 결과를 얻으려면 테스트 시작 시점의 상태는 항상 동일해야 한다. 앞서 테스트를 실행할 때 마다 시드 스크립트로 초깃값을 재설정한 것은 이 때문이다.

10.12.2 테스트마다 사용자를 새로 만들기

프로필 편집 같은 기능을 테스트한다고 기존 사용자 정보를 변경하면 안 된다. 테스트에서는 각 테스트를 위해 생성한 사용자를 사용해야 한다. 테스트가 끝나면 테스트용 사용자는 삭제하자.

10.12.3 테스트 간 리소스가 경합하지 않도록 주의하기

CRUD 기능의 E2E 테스트에서 했던 것처럼 각 테스트에서 매번 새로운 리소스를 작성하도록 하자. 플레이라이트 테스트는 병렬처리되기 때문에 테스트 실행 순서를 보장할 수 없다. 불안정한 테스트가 발견되면 리소스 경합이 발생하고 있는지 검토해야 한다.

10.12.4 빌드한 애플리케이션 서버로 테스트하기

Next.js 애플리케이션을 개발할 때는 개발 서버에서 디버깅하며 코드를 작성하지만 E2E 테스트는 개발 서버에서 실행하지 않도록 주의해야 한다. 빌드한 Next.js 애플리케이션은 개발 서버와 다르게 작동하기 때문이다. 또한, 개발 서버는 응답 속도도 느려서 불안정한 테스트의 원인이 된다.

10.12.5 비동기 처리 대기하기

이미지 업로드 예제에서는 이미지를 업로드하는 인터랙션이 일어난 뒤에 네트워크 통신이 완료될 때까지 기다려야 했다. 이처럼 시간이 걸리는 작업은 단위 테스트에서 했던 것처럼 비동기 처리 응답을 대기해야 한다. 만약 조작할 요소가 존재하고 문제없이 인터랙션이 할당됐음에도 테스트가 실패한다면 비동기 처리를 제대로 대기하는지 확인해야 한다.

10.12.6 --debug로 테스트 실패 원인 조사하기

불안정한 테스트의 원인을 파악하려면 디버거를 활용해야 한다. 플레이라이트는 실행할 때 `--debug` 옵션을 붙이면 디버거를 실행할 수 있다. 직접 디버거에서 한 줄씩 작동을 확인하면 테스트가 실패하는 원인을 빠르게 찾을 수 있다.

10.12.7 CI 환경과 CPU 코어 수 맞추기

로컬에서 테스트를 실행했을 때는 모두 통과하지만 CI 환경에서는 실패하기도 한다. 이 경우에는 로컬 기기의 CPU 코어 수와 CI의 코어 수가 동일한지 확인해야 한다. 플레이라이트나 제스트는 코어 수를 명시적으로 지정하지 않으면 실행 환경에서 실행 가능한 만큼 테스트 스위트를 병렬처리한다. 따라서 병렬처리되는 숫자는 실행 환경의 CPU 코어 수 때문에 변동된다.

이때는 CPU 코어 수가 변동되지 않도록 고정하는 설정을 추가한다(테스트 러너에 지정할 수 있다). CI의 코어 수에 맞춰 설정한 후, 로컬에서도 모든 테스트가 통과하면 문제가 해결된 것이다. 만약 해결되지 않으면 대기 시간의 상한을 늘리는 것도 방법이다. 물론 전체 테스트에 많은 시간이 걸릴 수 있지만 전체적으로 보면 CI에서 테스트가 실패해 계속 재시도하는 것보다 시간을 단축시킬 수 있다.

10.12.8 테스트 범위 최적화

상황에 따라 E2E 테스트로 검증하는 것이 적절한지 살펴봐야 한다. 테스트 피라미드의 상층부에 가까운 테스트일수록 실제 상황과 유사한 테스트가 가능하지만, 반대로 불안정성이 증가하고 실행 시간도 길어진다. 따라서 E2E 테스트를 넓은 범위의 통합 테스트로 대체할 수 있으면 더 적은 비용으로 안정적인 테스트를 할 수 있다. 검증 내용에 맞는 최적의 테스트 범위를 찾아야 불안정한 테스트가 생길 가능성이 낮아진다.

APPENDIX

A

한국어판 부록: 깃허브 액션에서 UI 컴포넌트 테스트 실행하기

A.1 깃허브 액션 핸즈온

깃허브 액션 GitHub Actions은 빌드, 테스트, 배포 파이프라인을 자동화할 수 있는 CI 및 CD(지속적 배포)continuous delivery 플랫폼이다. 깃허브 액션은 깃허브 저장소에 yaml 파일을 배치시키는 것만으로 테스트를 자동화할 수 있다. 기본 개념을 익히기 위해 아주 간단한 테스트를 깃허브 액션에서 실행해보겠다.

- https://github.com/frontend-testing-book-kr/github-actions-example

A.1.1 저장소 만들기

저장소 이름은 원하는 것으로 하면 된다. 필자는 github-actions-example이라는 이름으로 저장소를 만들겠다. Node.js가 설치된 개발 환경에서 저장소를 클론하고, npm init을 실행해 `package.json` 파일을 생성한다. 그리고 다음 커맨드로 제스트를 설치한다.

```bash
$ npm install jest --save-dev
```

`package.json` 파일의 기본 구성은 코드 A-1과 같다.

코드 A-1 package.json

```json
{
  "name": "github-actions-example",
  "private": true,
  "scripts": {
    "test": "jest"
  },
  "devDependencies": {
    "jest": "^29.6.3"
  }
}
```

A.1.2 간단한 테스트 작성하기

간단한 테스트를 만들기 위해 제스트 공식 사이트에 있는 함수와 테스트를 가져온다(코드 A-2 및 A-3).

코드 A-2 sum.js

```javascript
function sum(a, b) {
  return a + b;
}
module.exports = sum;
```

코드 A-3 sum.test.js

```javascript
const sum = require("./sum");
test("adds 1 + 2 to equal 3", () => {
  expect(sum(1, 2)).toBe(3);
});
```

이 상태에서 npm test를 실행한다. 다음과 같은 테스트 결과를 확인할 수 있다.

```bash
PASS  ./sum.test.js
  √ adds 1 + 2 to equal 3 (1 ms)

Test Suites: 1 passed, 1 total
Tests:       1 passed, 1 total
Snapshots:   0 total
Time:        0.221 s
```

A.1.3 워크플로 파일 작성하기

이어서 워크플로 파일을 작성한다(코드 A-4). 깃허브 액션에서 워크플로는 일련의 작업들로 구성된 자동화 프로세스를 의미한다. 저장소에 .github/workflows라는 디렉터리를 생성하고 워크플로 파일을 배치한다. 이 작업만으로 깃허브 액션을 실행할 수 있다.

코드 A-4 .github/workflows/ci.yaml

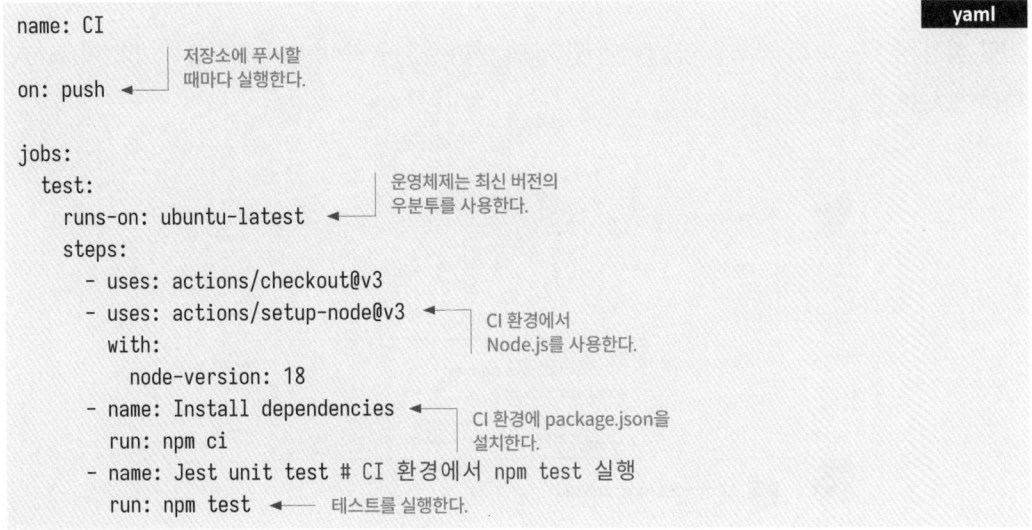

```yaml
name: CI

on: push                        ← 저장소에 푸시할
                                  때마다 실행한다.

jobs:
  test:
    runs-on: ubuntu-latest      ← 운영체제는 최신 버전의
                                   우분투를 사용한다.
    steps:
      - uses: actions/checkout@v3
      - uses: actions/setup-node@v3   ← CI 환경에서
        with:                           Node.js를 사용한다.
          node-version: 18
      - name: Install dependencies    ← CI 환경에 package.json을
        run: npm ci                      설치한다.
      - name: Jest unit test # CI 환경에서 npm test 실행
        run: npm test     ← 테스트를 실행한다.
```

A.1.4 풀 리퀘스트 생성하기

브랜치를 저장소에 푸시하고 풀 리퀘스트를 생성한다. 아이콘이 황색일 때는 테스트가 실행 중이라는 의미다(그림 A-1).

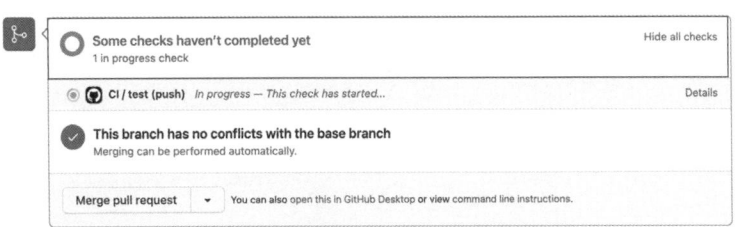

그림 A-1 테스트를 실행 중인 풀 리퀘스트 메시지

1분 정도 기다리면 아이콘이 녹색이 되고 테스트가 성공했음을 알린다(그림 A-2).

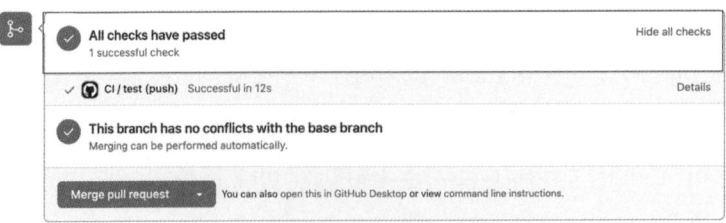

그림 A-2 테스트가 성공한 풀 리퀘스트 메시지

커밋 해시 옆에는 녹색 체크 아이콘(✓)이 있다. 이 아이콘을 클릭하면 다음과 같이 팝업이 표시된다(그림 A-3).

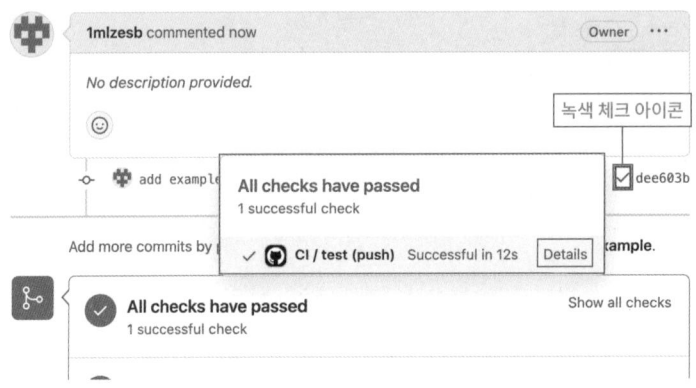

그림 A-3 테스트가 성공한 커밋의 팝업

팝업의 [Details]라는 텍스트 링크를 클릭하면 실행된 작업 내역을 볼 수 있는 화면으로 이동한다(그림 A-4).

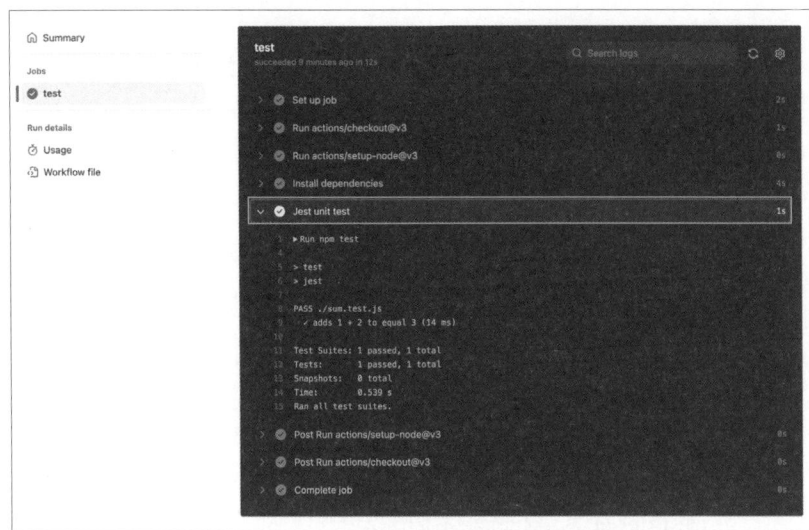

그림 A-4 **실행된 작업 내역 화면**(전부 통과됐다)

테스트 스텝에 있는 [Jest unit test] 노드를 클릭하면 개발 환경에서 실행했을 때와 동일한 로그를 확인할 수 있다. 이와 같이 작업 내역 화면에서 테스트가 통과 혹은 실패한 이유를 검증할 수 있다.

A.1.5 테스트 실패시키기

테스트가 실패하면 어떤 화면이 나타나는지 살펴보자. 앞서 작성한 테스트가 실패하도록 수정한다(코드 A-5).

코드 A-5 **sum.test.js**

```javascript
const sum = require("./sum");
test("adds 1 + 2 to equal 3", () => {
  expect(sum(2, 2)).toBe(3);  // ◀── 2 + 2로 수정
});
```

풀 리퀘스트에 커밋을 추가하면 테스트가 다시 실행된다. 의도한 대로 테스트가 실패하면서 커밋 해시 옆에 ✕ 아이콘이 나타나는 것을 확인할 수 있다(그림 A-5).

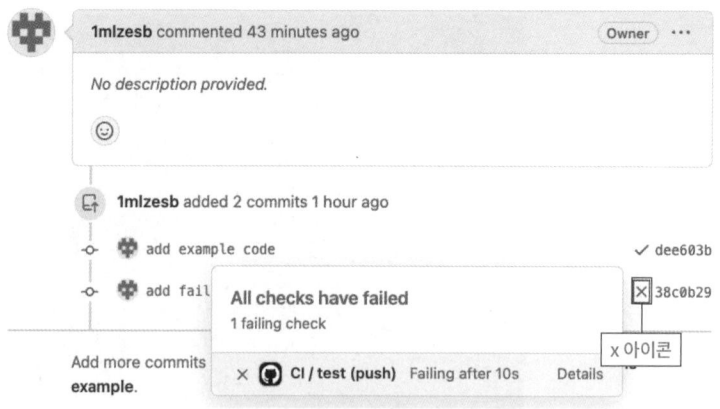

그림 A-5 테스트가 실패한 커밋의 팝업

풀 리퀘스트 하단의 메시지에서도 테스트가 실패했음을 확인할 수 있다(그림 A-6).

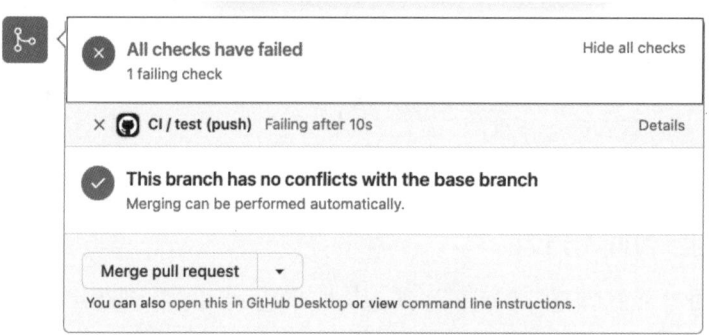

그림 A-6 테스트가 실패한 풀 리퀘스트 메시지

A.1.6 테스트가 실패한 풀 리퀘스트를 병합할 수 없도록 설정하기

새로 생성한 저장소는 테스트가 실패한 상태여도 병합이 가능하다. 의도하지 않은 병합이 일어나지 않게 하려면 저장소의 [Settings] ➡ [Branches] 페이지에서 **브랜치 보호 규칙**Branch protection rule을 설정해야 한다.

우선 규칙을 적용하려는 브랜치명 패턴을 'Branch name pattern'에 입력한다. 여기서는 main 브랜치를 대상으로 한 모든 풀 리퀘스트에 적용되도록 'main'을 입력한다. 이어서 'Require status checks to pass before merging(병합 이전에 상태 검사가 통과되어 있어야 함)'을 체크한다(그림 A-7).

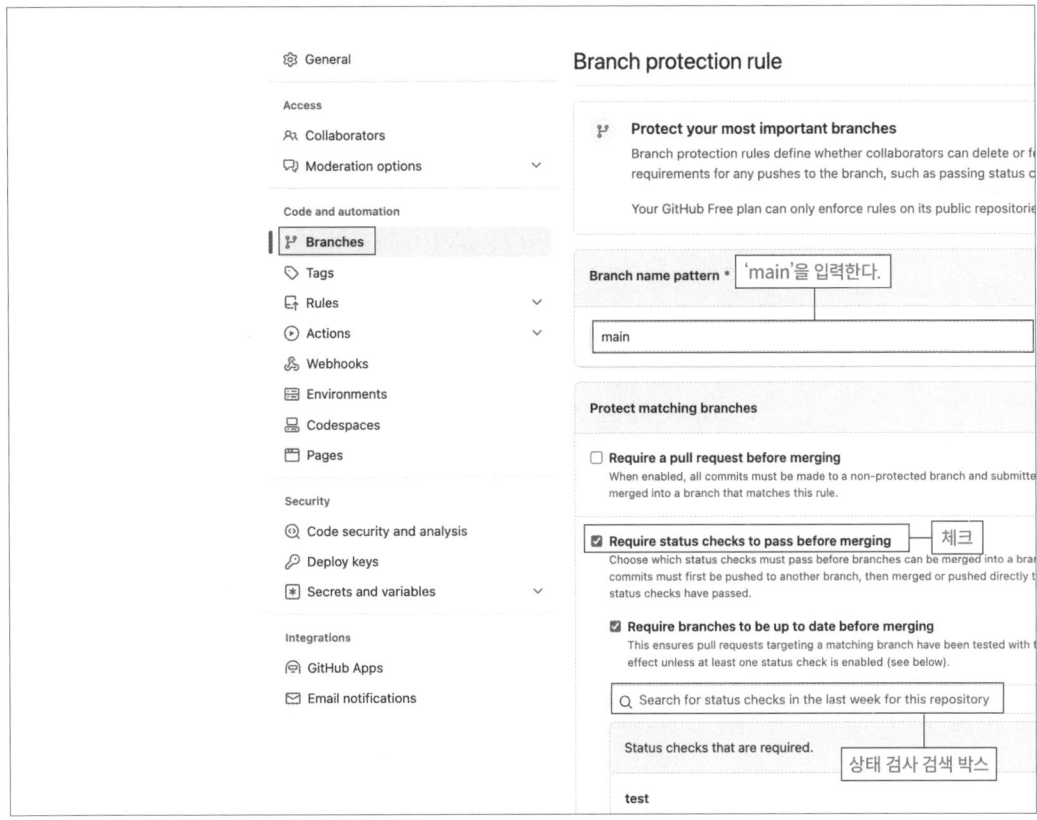

그림 A-7 브랜치 보호 규칙 설정 화면

그리고 상태 검사 검색 박스에 작업 이름을 입력해서 해당 작업을 상태 검사 대상으로 선택할 수 있다. test(yaml 파일에 지정했던 작업 이름)를 입력하고 목록에서 test를 선택한다. 마지막으로 페이지 하단의 [Create] 버튼을 클릭하면 설정이 완료된다. 다시 테스트에 실패한 풀 리퀘스트 화면을 보면 이전과는 다른 메시지가 나타난 것을 확인할 수 있다(그림 A-8).

실패한 상태로 병합하려면 체크 박스를 체크해야 하므로 의도치 않게 병합하는 일을 방지할 수 있다. 이 메시지는 어딘가에 버그가 있다는 의미이므로 풀 리퀘스트의 내용을 수정해야 한다.

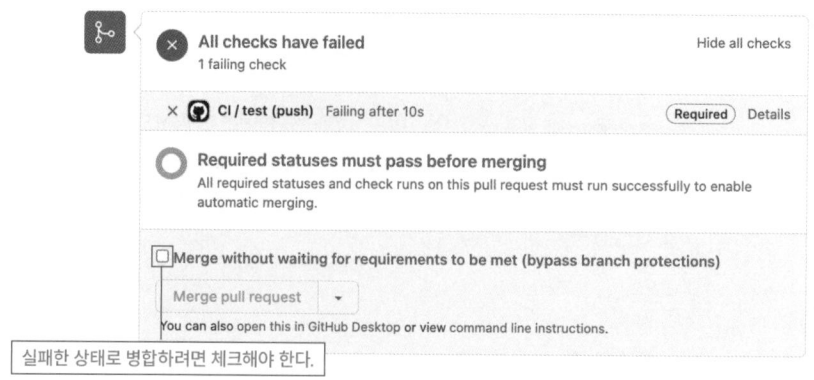

실패한 상태로 병합하려면 체크해야 한다.

그림 A-8 테스트에 실패한 풀 리퀘스트의 메시지

A.2 워크플로 파일 작성법

깃허브 액션에서 워크플로는 일련의 작업들로 구성된 자동화 프로세스를 의미한다. 워크플로를 실행시킬 트리거와 워크플로의 내용을 기술하는 작업을 조합하면 원하는 CI/CD 파이프라인을 구축할 수 있다. 워크플로는 다양한 방법으로 작성이 가능하다. 여기서는 예제 코드에 있는 워크플로를 중심으로 설명한다.

A.2.1 이름(name)

워크플로 파일 맨 위에 있는 name에는 워크플로를 잘 나타내는 이름을 작성한다. 이름은 실행 결과 등을 쉽게 식별할 수 있도록 지어야 한다. 이 이름이 풀 리퀘스트나 액션 이력에서 식별을 위한 레이블로 사용된다.

```yaml
name: Test UI
```

A.2.2 환경 변수(env)

워크플로 파일 상단에 위치한 env에는 워크플로에 있는 작업에서 참조할 수 있는 환경 변수들을 정의한다.

```yaml
env:
  REG_NOTIFY_CLIENT_ID: abcd1234
  AWS_BUCKET_NAME: my-bucket-name
```

환경변수는 주로 ID, 비밀번호 등 크리덴셜 정보를 참조할 때 사용한다. 이런 민감한 정보는 소스 코드에 직접 커밋해서는 안 되며, 적절한 접근 권한이 부여된 다른 곳에서 관리해야 한다. 저장소마다 있는 'Actions secrets'에 환경 변수를 설정하면 워크플로 파일에서 참조할 수 있다. 다음과 같이 `${{ secrets.환경 변수명 }}` 형식의 템플릿 문자열로 워크플로에서 'Actions secrets'에 저장된 크리덴셜 정보를 참조한다.

```yaml
env:
  REG_NOTIFY_CLIENT_ID: ${{ secrets.REG_NOTIFY_CLIENT_ID }}
  AWS_BUCKET_NAME: ${{ secrets.AWS_BUCKET_NAME }}
```

A.2.3 트리거(on)

워크플로 파일 상단에 위치한 on에는 워크플로를 실행할 타이밍을 지정한다. 예를 들어 푸시할 때마다 테스트가 실행되도록 하려면 다음과 같이 지정하면 된다.

```yaml
on: push
```

그런데 모노레포monorepo[1]로 구성된 저장소에는 위 코드처럼 트리거를 지정하면 문제가 생긴다. 테스트 대상과 상관없는 파일이 푸시됐을 때도 워크플로가 실행되기 때문이다. 이와 같은 문제를 방지하려면 특정 패키지에 포함된 소스 코드가 푸시됐을 때만 워크플로가 실행되도록 세부 경로를 지정해야 한다. 예를 들어 다음과 같이 작성하면 packages/app에 있는 파일이 푸시됐을 때만 워크플로를 실행한다.

```yaml
on:
  push:
    paths:
      - packages/app/**
```

A.2.4 작업(jobs)

워크플로 파일 상단에 위치한 jobs에는 워크플로에서 수행할 작업들을 단계별로 지정한다.

---

1   하나의 저장소에서 프런트엔드, 백엔드 등 서로 다른 영역의 코드를 함께 관리하는 구성을 말한다.

❶ runs-on

작업을 실행할 가상 환경의 운영체제를 지정한다. 예제에서는 ubuntu-latest를 지정하여 최신 버전의 우분투를 사용하도록 설정했다. 상황에 맞는 여러 운영체제를 선택할 수 있으며 선택 가능한 운영체제 목록은 공식 문서[2]에서 확인하자.

```yaml
runs-on: ubuntu-latest
```

❷ steps

작업에서 실행할 모든 스텝을 그룹화한다. 그룹에는 개별 액션 또는 셸 스크립트를 포함시킬 수 있다.

```yaml
steps:
```

❸ uses

uses는 스텝에서 액션을 사용할 때 선언한다. actions/checkout은 가장 많이 사용되는 액션이다. actions/checkout은 CI 환경에서 저장소에 접근할 때 사용하는 액션이므로 대부분 작업에서 사용한다.

```yaml
- uses: actions/checkout@v3
```

프런트엔드 프로젝트에서는 actions/setup-node도 대부분 작업에서 사용한다. 다음과 같이 버전을 지정하면 특정 버전의 Node.js가 CI 환경에 설치된다.

```yaml
- uses: actions/setup-node@v3
  with:
    node-version: 18
```

---

2 [옮긴이] https://docs.github.com/en/actions/using-github-hosted-runners/about-github-hosted-runners/about-github-hosted-runners#supported-runners-and-hardware-resources

❹ run

run에는 CI 환경에서 실행할 커맨드를 작성한다. 프로젝트에서 실행할 수 있는 커맨드를 모두 사용할 수 있으므로 package.json에 작성한 npm scripts도 실행할 수 있다.

```yaml
run: npm test
```

이 책에서는 CI만 다루지만, 액션을 조합하거나 셸 스크립트를 등록해 CD 파이프라인도 만들 수 있다. 빌드된 애플리케이션을 배포하는 것뿐만 아니라 빌드된 스토리북을 호스팅 환경에 전송하는 등 다양한 작업이 가능하므로 프런트엔드 개발 환경 구축에 적극적으로 활용해보길 바란다.

A.3 작업을 병렬처리해서 워크플로 최적화하기

작업을 실행한 결과물(설치한 모듈 혹은 빌드된 파일 등)은 캐싱caching이 가능하다. 캐시cache를 활용하면 실행 시간을 단축시킬 수 있고 여러 작업에서 결과물을 공유할 수도 있다.

지금까지 살펴본 예제에서는 한 개의 작업만 실행했지만, 원래 깃허브 액션의 워크플로는 여러 작업의 병렬처리도 가능하다. 제대로 병렬처리를 실시하면 모든 작업이 완료될 때까지 걸리는 시간을 단축시킬 수 있다.

A.3.1 한 개의 작업만 가진 워크플로

7장에서 10장까지 사용했던 Next.js 예제 저장소에는 여러 개의 UI 컴포넌트 테스트가 있다. 이 테스트들을 한 개의 작업에서 처리하고자 한다면 코드 A-6처럼 작성해서 실행하자.

코드 A-6 한 개의 작업에서 모든 테스트를 실행하는 예시

```yaml
name: Test UI

on: push

env:
  REG_NOTIFY_CLIENT_ID: ${{ secrets.REG_NOTIFY_CLIENT_ID }}
  AWS_BUCKET_NAME: ${{ secrets.AWS_BUCKET_NAME }}

jobs:
  tests:
    runs-on: ubuntu-latest
```

```yaml
steps:
  - uses: actions/checkout@v3
    with:
      fetch-depth: 0
  - uses: actions/setup-node@v3
    with:
      node-version: 18
  - name: Configure AWS Credentials
    uses: aws-actions/configure-aws-credentials@master
    with:
      aws-access-key-id: ${{ secrets.AWS_ACCESS_KEY_ID }}
      aws-secret-access-key: ${{ secrets.AWS_SECRET_ACCESS_KEY }}
      aws-region: ap-northeast-2
  - name: Install dependencies  ◀── 의존 모듈 설치
    run: npm ci
  - name: Run Type Check  ◀── 타입 검사 실행
    run: npm run typecheck
  - name: Run Lint  ◀── 실행
    run: npm run lint
  - name: Run Unit Tests  ◀── 단위 테스트 실행
    run: npm test
  - name: Build Storybook  ◀── 스토리북 빌드
    run: npm run storybook:build --quiet
  - name: Run Storybook Tests  ◀── 스토리북 UI 테스트
    run: npm run storybook:ci
  - name: Run Storycap  ◀── 스토리북 캡처
    run: npm run vrt:snapshot
  - name: Run reg-suit  ◀── 스토리북을 활용한
    run: npm run vrt:run        시각적 회귀 테스
```

워크플로의 실행 결과를 저장소의 [Actions] 탭에서 확인해보자. 결과 개요 페이지를 보면 'tests'라는 작업에 7분 정도 걸렸다는 것을 알 수 있다(그림 A-9). 테스트에 걸리는 시간을 단축시키고자 해당 작업을 여러 개로 세분화하고 병렬처리해보겠다.

그림 A-9 **한 개의 작업만 가진 워크플로**

A.3.2 작업 간 병렬처리 계획하기

개발 환경과 동일하게 CI 환경에 `node_modules`를 설치하면 다음과 같은 태스크를 실행할 수 있게 된다. 세 가지 태스크에는 의존관계가 없기 때문에 각각을 하나의 작업으로 분할해서 병렬처리할 수 있다.

- 타입 검사, Lint 실행
- 단위 테스트 실행
- 스토리북 빌드

다음 두 개의 태스크는 빌드된 스토리북을 대상으로 테스트를 실시한다. UI 테스트와 시각적 회귀 테스트는 서로 의존하지 않기 때문에 병렬처리할 수 있다.

- 스토리북을 활용한 UI 테스트
- 스토리북을 활용한 시각적 회귀 테스트

정리하자면 코드 A-7과 같이 세 개의 스텝(❶~❸)으로 구분할 수 있으며, 스텝별로 병렬처리가 가능하다.

코드 A-7 작업의 병렬처리 순서

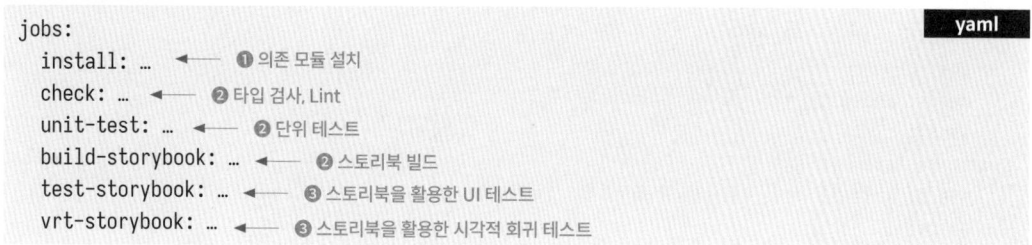

이와 같은 의존관계에 따라 작업을 재구성한 워크플로를 실행하면 그림 A-10과 같은 실행 결과를 얻을 수 있다. 동일한 타이밍에 실행된 작업이 세로로 나열됐고, 의존관계가 선으로 연결됐다. 또한, 작업 완료까지 5분 정도 단축됐다.

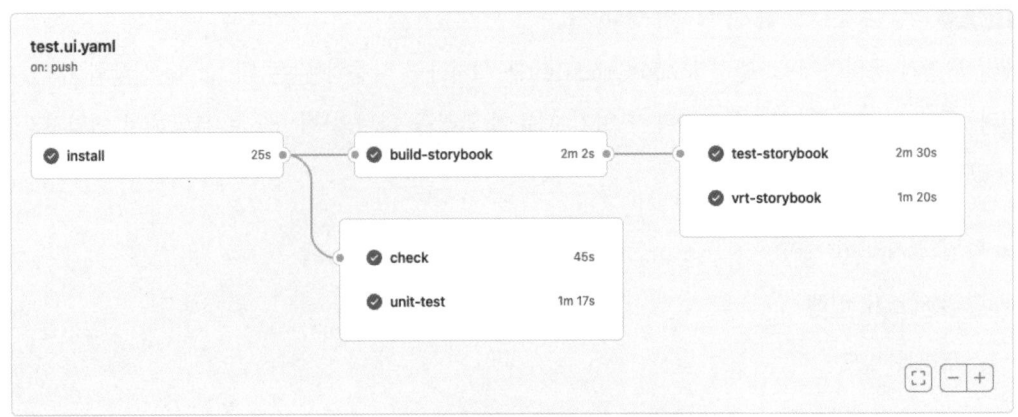

그림 A-10 **여러 작업으로 구성된 워크플로**

A.3.3 작업 간 의존관계 구성하기

워크플로를 구성하려면 작업들 간 의존관계를 설정해야 한다(코드 A-8). 작업의 `needs`라는 프로퍼티에 의존하는 작업 명칭을 지정하면 의존하는 작업이 완료될 때까지 해당 작업은 실행하지 않고 대기한다. 이것으로 작업 간 의존관계가 설정된다.

코드 A-8 **작업 간 의존관계 구성하기**

```yaml
jobs:
  install: …        ←── ❶
  check: …
    needs: install  ←── ❶ install이 완료될 때까지 대기한다.
    steps: …
  unit-test: …
    needs: install  ←── ❶ install이 완료될 때까지 대기한다.
    steps: …
  build-storybook: …  ←── ❷
    needs: install  ←── ❶ install이 완료될 때까지 대기한다.
    steps: …
  test-storybook: …
    needs: build-storybook  ←── ❷ build-storybook이 완료될 때까지 대기한다.
    steps: …
  vrt-storybook: …
    needs: build-storybook  ←── ❷ build-storybook이 완료될 때까지 대기한다.
    steps: …
```

A.3.4 의존하는 작업들 간에 캐시 활용하기

모든 작업에는 프로젝트에 설치된 `node_modules`가 필요하다. 따라서 `npm ci`로 `node_modules`를 먼저 설치해야 하지만 단순히 설치만 해서는 후속 작업에서 공유할 수 없다.

깃허브 액션이 지원하는 `actions/cache`를 사용하면 지정한 명칭의 애셋asset을 캐싱하거나 캐싱된 에셋을 불러올 수 있다. 이처럼 한 작업에서 캐싱한 에셋을 다른 작업에서 불러올 수 있게 되면 독립된 여러 작업 간에 에셋을 공유할 수 있게 된다.

먼저 `install`을 살펴보자. `if` 문으로 작성한 조건은 '`node_modules_cache`라는 ID로 특정 가능한 캐시가 없다면'이다. 즉 캐시가 없으면 설치를 시작하고 캐시가 있으면 스텝을 종료한다는 의미다.

`path`에는 캐시의 경로를, `key`에는 캐시에 사용할 키를 지정한다. 코드 A-9에서는 `hashFiles` 함수를 사용해 `package-lock.json` 내용으로 **해시 키**hash key를 생성한다. `package-lock.json`에 갱신된 내용이 없으면 캐시를 재활용하게 된다.

코드 A-9 의존하는 작업 간 캐시 활용

```yaml
jobs:
  install:
    runs-on: ubuntu-latest
    steps:
      - uses: actions/checkout@v3
      - uses: actions/setup-node@v3
        with:
          node-version: 18
      - name: Cache node_modules      ◀── 캐시가 있는지 검사
        uses: actions/cache@v3
        id: node_modules_cache
        with:
          path: node_modules      ◀── 캐싱할 의존 모듈
          key: ${{ runner.os }}-${{ hashFiles('**/package-lock.json') }}
      - name: Install dependencies      ◀── 캐시가 없으면 설치한다.
        if: steps.node_modules_cache.outputs.cache-hit != 'true'
        run: npm ci
```

A.3.5 캐싱한 node_modules 불러오기

`check`라고 명명한 작업에서는 타입 검사와 Lint를 실행한다(코드 A-10). `Restore node_modules`에서는 `install`에서 캐싱했던 `node_modules`를 불러온다. 캐싱했을 때와 코드는 동일하지만, 지금은

워킹 디렉터리에 캐싱한 에셋을 불러오는 역할이다.

동시에 병렬처리하는 unit-test에서도 같은 방식으로 캐시를 불러와 테스트를 실행한다.

코드 A-10 캐싱했던 node_modules를 불러오기

```yaml
jobs:
  install: …
  check:
    needs: install
    runs-on: ubuntu-latest
    steps:
      - uses: actions/checkout@v3
      - uses: actions/setup-node@v3
        with:
          node-version: 18
      - name: Restore node_modules    ◀─── 캐싱한 의존 모듈을 불러온다.
        id: node_modules_cache
        uses: actions/cache@v3
        with:
          path: node_modules
          key: ${{ runner.os }}-${{ hashFiles('**/package-lock.json') }}
      - name: Run Type Check    ◀─── 타입 검사 실행
        run: npm run typecheck
      - name: Run Lint    ◀─── Lint 실행
        run: npm run lint
```

A.3.6 빌드된 스토리북 캐싱하기

스토리북 테스트를 안정적으로 실행하려면 미리 CI 환경에 스토리북을 빌드한 후, node_modules 설치와 동일하게 후속 작업을 위해 빌드된 스토리북을 캐싱한다. 지금은 캐시용 키로 github.sha 를 사용하므로 같은 커밋 내에서만 캐시를 공유할 수 있다(코드 A-11).

코드 A-11 빌드된 스토리북 캐싱하기

```yaml
jobs:
  install: …
  check: …
  unit-test: …
  build-storybook:
    needs: install
    runs-on: ubuntu-latest
    steps:
      - uses: actions/checkout@v3
```

```yaml
      - uses: actions/setup-node@v3
        with:
          node-version: 18
      - name: Restore node_modules   ◄─── 캐싱한 의존 모듈을 불러온다.
        id: node_modules_cache
        uses: actions/cache@v3
        with:
          path: node_modules
          key: ${{ runner.os }}-${{ hashFiles('**/package-lock.json') }}
      - name: Cache Storybook   ◄─── 빌드된 스토리북을 캐싱한다.
        uses: actions/cache@v3
        id: storybook_cache
        with:
          path: storybook-static
          key: ${{ runner.os }}-${{ github.sha }}
      - name: Build Storybook   ◄─── 캐싱한 빌드 결과물을 불러온다.
        if: steps.storybook_cache.outputs.cache-hit != 'true'
        run: npm run storybook:build --quiet
```

A.3.7 빌드된 스토리북을 불러와서 테스트에 활용하기

끝으로 빌드된 스토리북을 불러와서 테스트를 실행한다(코드 A-12). 빌드된 스토리북은 UI 테스트
와 시각적 회귀 테스트에 사용한다.

코드 A-12 **빌드된 스토리북을 불러와서 테스트에 활용하기**

```yaml
jobs:
  install: …
  check: …
  unit-test: …
  build-storybook: …
  test-storybook:
    needs: build-storybook
    runs-on: ubuntu-latest
    steps:
      - uses: actions/checkout@v3
      - uses: actions/setup-node@v3
        with:
          node-version: 18
      - name: Restore node_modules   ◄─── 캐싱한 의존 모듈을 불러온다.
        id: node_modules_cache
        uses: actions/cache@v3
        with:
          path: node_modules
          key: ${{ runner.os }}-${{ hashFiles('**/package-lock.json') }}
```

```
      - name: Restore Storybook  ◄──  캐싱한 빌드된 스토리북을 불러온다.
        id: storybook_cache
        uses: actions/cache@v3
        with:
          path: storybook-static
          key: ${{ runner.os }}-${{ github.sha }}
      - name: Install Playwright  ◄──  스토리북을 활용한 UI 테스트에 필요한 의존 모듈
        run: npx playwright install --with-deps chromium
      - name: Run Storybook Tests
        run: npm run storybook:ci
```

이와 같이 작업을 재조합하면 실행 시간을 단축시킬 수 있으며, 테스트 코드가 많아질수록 작업을 병렬처리한 효과도 극대화된다. 여기서는 여러 개의 작업을 가진 워크플로에서만 `package-lock.json`을 활용했지만, 한 개의 작업만 가진 워크플로에서도 활용할 수 있다.

B

한국어판 부록: 깃허브 액션에서 E2E 테스트 실행하기

B.1 깃허브 액션에서 E2E 테스트 실행하기

데이터베이스나 외부 서버와 연동된 애플리케이션을 개발할 때는 도커 컴포즈를 많이 사용한다. E2E 테스트에도 데이터베이스나 외부 서버와 연동이 필요할 때는 도커 컴포즈를 사용해서 시스템을 재현한다.

10장에서 다뤘던 예제에서는 개발 환경에서 E2E 테스트를 실행했다. 이번 부록에서는 깃허브 액션에서 E2E 테스트를 실행하기 위해 도커파일Dockerfile과 도커 컴포즈 파일을 사용한다.

컨테이너 중에는 E2E 테스트를 실행하고 종료하는 컨테이너가 있다. 만약 해당 컨테이너가 실행한 프로세스가 시그널이 0인 상태로 종료되면 작업은 성공한 것으로 판정된다. 반대로 1인 상태로 exit하면 작업은 실패한 것으로 판정된다.

도커 컴포즈로 연동이 필요한 컨테이너들을 실행하고 E2E 테스트를 실행하는 컨테이너를 마지막에 실행하여 가상 환경에서 E2E 테스트를 실시해보자. 깃허브 액션에서는 이와 같은 흐름으로 E2E 테스트가 실행된다.

- https://github.com/frontend-testing-book-kr/nextjs

Next.js 예제에 E2E 테스트용으로 작성한 .github/workflows/test.e2e.yaml 파일에는 다음과 같은 내용이 있다(코드 B-1).

- `Install dependencies`: `node_modules` 설치
- `Docker Compose Build`: E2E 테스트용 빌드
- `Docker Compose Up As E2E Testing`: E2E 테스트 실행

코드 B-1 .github/workflows/test.e2e.yaml

```yaml
name: Test E2E

on: push

jobs:
  build:
    runs-on: ubuntu-latest
    steps:
      - uses: actions/checkout@v3
      - uses: actions/setup-node@v3
        with:
          node-version: 18
      - name: Install dependencies
        run: npm ci
      - name: Docker Compose Build
        run: npm run docker:e2e:build
      - name: Docker Compose Up As E2E Testing
        run: npm run docker:e2e:ci
```

B.1.2 npm scripts

코드 B-2는 워크플로에 사용한 npm 스크립트 내용이다. `-f docker-compose.e2e.yaml` 옵션으로 파일명을 지정하여 빌드하고 실행한다. `npm run docker:e2e:ci`가 실행에 사용되는 커맨드다. 이 커맨드의 내용에서 주목해야 할 부분은 `--exit-code-from e2e`다. e2e라는 이름의 컨테이너 종료 시그널을 가지고 도커 컴포즈를 종료한다는 의미이며, 해당 시그널값에 따라 작업의 성패가 결정된다.

코드 B-2 **package.json**

```json
{
  "scripts": {
    "docker:e2e:build": "docker compose -f docker-compose.e2e.yaml build",
    "docker:e2e:ci": "docker compose -f docker-compose.e2e.yaml up --exit-code-from e2e"
  }
}
```

B.2 도커파일 작성법

깃허브 액션에서 실행할 스텝 중 하나인 Docker Compose Build를 살펴보자. docker-compose 파일을 빌드한다(코드 B-3).

코드 B-3 **package.json**

```json
{
  "scripts": {
    "docker:e2e:build": "docker compose -f docker-compose.e2e.yaml build"
  }
}
```

빌드할 docker-compose.e2e.yaml 파일의 설정 중에는 E2E 테스트용 이미지 빌드를 위해 Dockerfile.e2e 파일이 지정됐다(코드 B-4).

코드 B-4 **docker-compose.e2e.yaml**

```yaml
services:
  db: ...
  redis: ...
  minio: ...
  createbuckets: ...
  e2e:
    build:
      context: .
      dockerfile: Dockerfile.e2e
      args:
        DATABASE_URL: postgresql://root:password@db:5432/app-db?schema=public
```

Dockerfile.e2e는 다음과 같은 세 가지 스테이지로 구성됐다.

- deps: `node_modules` 설치
- builder: Next.js 애플리케이션 빌드
- runner: 애플리케이션 및 E2E 테스트 실행

B.2.1 deps 스테이지

코드 B-5는 의존 모듈을 설치하는 스테이지다. `package.json`과 `package-lock.json`을 복사해 `node_modules`를 설치한다.

코드 B-5 Dockerfile.e2e

```Dockerfile
# deps
FROM node:18-alpine AS deps
RUN apk add --no-cache libc6-compat

WORKDIR /app

COPY package.json package-lock.json ./

RUN npm ci
```

B.2.2 builder 스테이지

코드 B-6은 애플리케이션을 빌드하는 스테이지다. deps 스테이지에서 설치한 `node_modules`를 스테이지에 복사한다. 그다음 `npx prisma generate`를 실행한 뒤 Next.js 애플리케이션을 빌드하기 위해 `npm run build`를 실행한다.

`npx prisma generate`를 실행하는 것은 Next.js 애플리케이션에서 사용하는 객체 관계 매핑인 프리즈마에서 스키마 파일을 읽어 먼저 프리즈마 클라이언트를 생성해야 하기 때문이다. 환경 변수인 `DATABASE_URL`은 프리즈마용으로 사용된다.

코드 B-6 Dockerfile.e2e

```Dockerfile
# builder
FROM node:18 AS builder

WORKDIR /app

COPY --from=deps /app/node_modules ./node_modules
COPY . .
```

```
ARG DATABASE_URL
ENV DATABASE_URL=$DATABASE_URL
ENV NEXT_TELEMETRY_DISABLED 1

RUN npx prisma generate
RUN npm run build
```

`NEXT_TELEMETRY_DISABLED`는 Next.js 빌드 시 전송되는 **텔레메트리**(원격 측정법)telemetry을 없애는 옵션이다. 자세한 내용은 다음 링크를 참고하자.

- https://nextjs.org/telemetry

B.2.3 runner 스테이지

이제 **도커 허브**Docker Hub에 배포된 마이크로소프트의 공식 플레이라이트 이미지를 사용하자. 그리고 `builder` 스테이지에서 다음 내용을 복사하자(코드 B-7).

- 빌드한 Next.js 애플리케이션
- 프리즈마 관련 구현(E2E 테스트 실시 직전 마이그레이션을 위한)
- E2E 테스트 파일과 플레이라이트 설정

코드 B-7 Dockerfile.e2e

```
# runner                                                          [Dockerfile]
FROM mcr.microsoft.com/playwright:v1.27.1-focal AS runner

WORKDIR /app

COPY --from=builder /app/package.json          package.json
COPY --from=builder /app/public                public
COPY --from=builder /app/.next                 .next
COPY --from=builder /app/prisma                ./prisma
COPY --from=builder /app/e2e                   e2e
COPY --from=builder /app/playwright.config.ts  playwright.config.ts
COPY --from=builder /app/node_modules          node_modules

EXPOSE 3000

ENV NEXT_TELEMETRY_DISABLED 1
ENV NODE_ENV production
ENV CI true
```

```
ENV PORT 3000

CMD ["npm", "run", "docker:e2e:start"]
```

B.2.4 npm scripts

컨테이너를 실행하면 `docker:e2e:start`라는 npm 스크립트가 실행된다(코드 B-8). 이 커맨드로 다음세 가지 작업이 순서대로 실행된다.

❶ `npm run prisma:reset`으로 데이터베이스에 초기 데이터를 주입

❷ `npm start`로 Next.js 애플리케이션을 실행

❸ `npm run test:e2e`로 E2E 테스트 실행

코드 B-8 **package.json**

```json
{
  "scripts": {
    "start": "next start",
    "test:e2e": "npx playwright test",
    "prisma:reset": "prisma migrate reset --force",
    "docker:e2e:start": "npm run prisma:reset && start-server-and-test 'npm start' 3000
'npm run test:e2e'",
  }
}
```

`start-server-and-test`라는 npm 패키지는 애플리케이션 서버 실행과 테스트를 동시에 수행할 수 있다. 애플리케이션 서버가 실행되기까지 기다렸다가 테스트를 실시한 후 테스트가 완료되면 애플리케이션 서버를 종료한다.

B.3 도커 컴포즈 파일 작성법

다음으로 깃허브 액션에서 실행할 `Docker Compose Up As E2E Testing`을 살펴보자. 도커 컴포즈로 E2E 테스트를 실시한다(코드 B-9).

코드 B-9 **package.json**

```json
{
  "scripts": {
```

```
    "docker:e2e:ci": "docker compose -f docker-compose.e2e.yaml up --exit-code-from e2e"
  }
}
```

B.3.1 컨테이너 간 의존관계

우선 E2E 테스트에 필요한 컨테이너들 간 의존관계를 depends_on에 지정한다. depends_on이 설정된 컨테이너는 의존하는 컨테이너들의 실행이 완료된 뒤 실행된다. 예를 들어 코드 B-10에서 e2e 컨테이너는 createbuckets가 실행될 때까지 기다렸다가 실행된다.

코드 B-10 **docker-compose.e2e.yaml**

```
services:                                                          yaml
  db: …
  redis: …
  minio: …
  createbuckets:
    depends_on:
      - minio
  e2e:
    depends_on:
      - db
      - redis
      - createbuckets
```

B.3.2 MinIO로 초기 버킷 생성하기

createbuckets는 AWS S3와 호환 가능한 서버인 MinIO(minio)를 실행하기 위한 컨테이너. 이 컨테이너에서는 E2E 테스트를 실시하기 전 필요한 초기 설정으로 애플리케이션에서 사용하는 이미지를 업로드할 버킷을 생성한다. MinIO 공식 도커 이미지인 minio/mc를 사용하면 명령줄 인터페이스에서 MinIO 클라이언트를 조작하는 커맨드를 사용할 수 있다(코드 B-11).

코드 B-11 **docker-compose.e2e.yaml**

```
services:                                                          yaml
  db: …
  redis: …
  minio: …
  createbuckets: …
    image: minio/mc
    depends_on:
```

```
      - minio
  entrypoint: >
    /bin/sh -c "
    /usr/bin/mc alias set myminio http://minio:9000 root password;
    /usr/bin/mc mb myminio/image --region=ap-northeast-2;
    /usr/bin/mc anonymous set public myminio/image;
    tail -f /dev/null;
    "
  e2e: …
```

컨테이너 시작과 함께 실행되는 `entrypoint`에서는 다음과 같은 MinIO 클라이언트 커맨드를 실행한다.

- `alias set myminio http://minio:9000 root password;`: http://minio:9000에 `myminio`라는 이름의 에일리어스를 만든다.
- `mb myminio/image --region=ap-northeast-2;`: `myminio`에 `image`라는 이름의 버킷을 생성한다.
- `anonymous set public myminio/image;`: `image` 버킷의 접근 권한을 퍼블릭으로 설정한다.
- `tail -f /dev/null;`: 프로세스가 종료되지 않도록 대기한다.

`docker compose up`의 `--exit-code-from` 옵션은 컨테이너 중 하나만 종료돼도 프로세스를 종료한다. 이 때문에 버킷 초기화를 완료한 후에도 컨테이너가 종료되지 않도록 `tail -f /dev/null;`로 프로세스를 유지한다.

도커 컴포즈의 `--exit-code-from` 옵션은 특정 컨테이너의 종료 시그널을 반환받는다. 이를 위해 npm 스크립트의 `docker:e2e:ci`에 `e2e`를 지정한 것이다. 이는 `--abort-on-container-exit`를 내포해 컨테이너가 한 개라도 중지되면 모든 컨테이너가 중지되면서 E2E 테스트를 실시할 수 없게 된다. 현재로서는 특정 컨테이너의 종료 시그널을 무시하는 설정이 없기 때문에 이와 같은 임시방편을 사용한다.

B.3.3 외부 컨테이너 호스트를 E2E 컨테이너에 매핑하기

깃허브 액션이 실행되는 가상 환경에서는 로컬 개발 환경처럼 `localhost`나 `0.0.0.0` 같은 호스트명을 사용할 수 없다. 대신 컨테이너명을 참조하면 컨테이너 간 통신이 가능하다. 예를 들어 `DATABASE_URL`은 `localhost` 대신 `db`라는 컨테이너명을 사용한다(코드 B-12).

코드 B-12 docker-compose.e2e.yaml

```yaml
version: "3"
services:
  e2e:
    build:
      context: .
      dockerfile: Dockerfile.e2e
      args:
        DATABASE_URL: postgresql://root:password@db:5432/app-db?schema=public
    environment:
      REDIS_HOST: redis
      REDIS_PORT: 6379
      AWS_S3_ENDPOINT: http://minio:9000
      AWS_ACCESS_KEY_ID: root
      AWS_SECRET_ACCESS_KEY: password
      DATABASE_URL: postgresql://root:password@db:5432/app-db?schema=public
    depends_on:
      - db
      - redis
      - createbuckets
    ports:
      - "3000:3000"
```

이번 절에서 다룬 docker-compose.e2e.yaml 파일의 전체 내용은 다음과 같다(코드 B-13).

코드 B-13 docker-compose.e2e.yaml

```yaml
version: "3"
services:
  db:
    image: postgres:13.3
    environment:
      POSTGRES_USER: root
      POSTGRES_PASSWORD: password
    ports:
      - 5432:5432
  redis:
    image: redis:latest
    ports:
      - 6379:6379
  minio:
    image: minio/minio:latest
    environment:
      MINIO_ROOT_USER: root
      MINIO_ROOT_PASSWORD: password
    command: server --console-address ":9001" /data
```

```
    ports:
      - 9000:9000
      - 9001:9001
  createbuckets:
    image: minio/mc
    depends_on:
      - minio
    entrypoint: >
      /bin/sh -c "
      /usr/bin/mc alias set myminio http://minio:9000 root password;
      /usr/bin/mc mb myminio/image --region=ap-northeast-2;
      /usr/bin/mc anonymous set public myminio/image;
      tail -f /dev/null;
      "
e2e:
  build:
    context: .
    dockerfile: Dockerfile.e2e
    args:
      DATABASE_URL: postgresql://root:password@db:5432/app-db?schema=public
  environment:
    REDIS_HOST: redis
    REDIS_PORT: 6379
    AWS_S3_ENDPOINT: http://minio:9000
    AWS_ACCESS_KEY_ID: root
    AWS_SECRET_ACCESS_KEY: password
    DATABASE_URL: postgresql://root:password@db:5432/app-db?schema=public
  depends_on:
    - db
    - redis
    - createbuckets
  ports:
    - "3000:3000"
```

찾아보기